辽宁大学中国档案文化研究中心主办
本辑由云南大学图书情报与档案管理一级学科资助出版

U0740602

中国档案研究

【第九辑】

赵彦昌　胡　莹◎主编

辽宁大学出版社
Liaoning University Press

图书在版编目（CIP）数据

中国档案研究. 第九辑/赵彦昌，胡莹主编. —沈阳：辽宁大学出版社，2021.6

辽宁大学中国档案文化研究中心主办

ISBN 978-7-5698-0270-2

Ⅰ.①中…　Ⅱ.①赵…②胡…　Ⅲ.①档案学—研究—中国　Ⅳ.①G279.2

中国版本图书馆 CIP 数据核字（2020）第 271275 号

中国档案研究. 第九辑

ZHONGGUO DANGAN YANJIU. DI JIU JI

————————————————————————————

出 版 者：辽宁大学出版社有限责任公司

　　　　　（地址：沈阳市皇姑区崇山中路 66 号　　邮政编码：110036）

印 刷 者：沈阳市第二市政建设工程公司印刷厂

发 行 者：辽宁大学出版社有限责任公司

幅面尺寸：170mm×240mm

印　　张：19.75

字　　数：305 千字

出版时间：2021 年 6 月第 1 版

印刷时间：2021 年 6 月第 1 次印刷

责任编辑：张　蕊

封面设计：韩　实

责任校对：齐　悦

————————————————————————————

书　　号：ISBN 978-7-5698-0270-2

定　　价：45.00 元

联系电话：024-86864613

邮购热线：024-86830665

网　　址：http://press.lnu.edu.cn

电子邮件：lnupress@vip.163.com

《中国档案研究》编委会

卷首语：SSCI、CSSCI崇拜也须尽快破除

徐拥军

2020年2月19日，教育部、科技部联合印发《关于规范高等学校SCI论文相关指标使用树立正确评价导向的若干意见》，力图消除当前科研评价中的"SCI至上"现象，这是一个可喜的进步。其实，与自然科学领域存在的"SCI至上"现象类似，我国人文社会科学领域也存在严重的"SSCI至上""CSSCI至上"现象，这也应予以大力消除。

SSCI即社会科学引文索引（Social Sciences Citation Index），为SCI的姊妹篇，是20世纪六七十年代美国科学信息研究所（ISI）建立的人文社会科学领域的引文索引系统。SSCI收录了经济、法律、管理、心理学、区域研究等58个学科的3400多种学术期刊，其中英语类期刊占95％以上。CSSCI即中文社会科学引文索引（Chinese Social Sciences Citation Index），是2000年由南京大学中国社会科学研究评价中心开发研制的数据库，用来检索中文社会科学领域的论文收录和文献被引用情况。目前，CSSCI收录了包括法学、管理学、经济学等在内25大类的568种学术期刊。如同SCI在我国自然科学领域的"至上"地位一样，SSCI、CSSCI在我国人文社会科学领域也被顶礼膜拜，其成为评价人文社会科学成果的"指挥棒"，继而

作者简介：徐拥军，中国人民大学信息资源管理学院教授、博士生导师。

摇身变成人才评价、课题立项、学位评定、经费分配、高校排名、学科评估、期刊评价等的重要指标；许多高校甚至还针对 SSCI 论文、CSSCI 论文以现金奖励，以至于师生盲目崇拜 SSCI、CSSCI，造成诸多恶果。

一是违背人文社会科学研究初心。在巨额奖励的诱导和科研考核的压力下，一些学者一味追求 SSCI、CSSCI 论文的数量，以至于为写论文而写论文、为发表而发表，而忘了学者和学术的初心：为天地立心，为生民立命，为往圣继绝学，为万世开太平。一些论文成为学者自娱自乐的玩物，而实际上于理论无贡献、于实践无促进。

二是导致"自我殖民化倾向"。SSCI 由西方发达国家、英语期刊占据绝对主导，存在严重的意识形态偏见与文化歧视。认为英文 SSCI 论文即是高质量论文，对 SSCI 盲目崇拜，导致我国人文社会科学界"自我殖民化"，主动拥抱西方话语体系。为了发表英文 SSCI 论文，一些学者唯西方马首是瞻：或者西方研究什么，我们也研究什么；或者虽是研究本土问题，但是只研究西方关心的本土问题；或者直接援引西方理论来解读（甚至是曲解）本土问题；或者为了印证西方理论，而对中国的传统和现实全盘否定和批判。我们要坚持中国特色社会主义道路自信、理论自信、制度自信、文化自信，构建中国特色、中国风格、中国气派的人文社会科学体系，必须从破除盲目追捧 SSCI 开始。

三是忽视人文社会科学自身的特点与规律。首先，不同于自然科学的"普遍适用性"，人文社会科学的原理、方法在不同国家、民族、地区，以及不同的语言文化、历史文化背景下有较明显的差异，所以不宜采取 SSCI、CSSCI 式的简单的统一量化评价标准。其次，人文社会科学具有较强的积累性和学术传统。例如，哲学、伦理学等领域的学术成果的影响力，可能在数十年之后才显现。古代史、古文字学等学科的知识新陈代谢较慢，论文写作周期较长，因而10年乃至20年前发表的论文至今仍有价值。这就远超SSCI一年一次与CSSCI两年一次的评价周期。再次，某些学科、学者的论文写作风格，或者期刊、编辑的排版风格有其个性和偏好，不愿意采用适应SSCI、CSSCI统计引用率要求的论文格式。一些期刊、论文为了适应SSCI、CSSCI削足适履，反而失去可读性和特色，甚至借形式的"规范""漂亮"掩盖内容的空洞、苍白。

四是阻碍"绝学"、冷门学科和交叉学科的发展。习近平总书记在哲学社会科学工作座谈会上提出："要重视发展具有重要文化价值和传承意义的'绝学'、冷门学科。这些学科看上去同现实距离较远，但养兵千日、用兵一时，需要时也要拿得出来，用得上。"许多"绝学"、冷门学科因为CSSCI刊物极少，学者发CSSCI论文太难，以至于评职称无望，被迫转行，造成这些学科后继无人。档案学即是如此，在SSCI来源期刊目录中，严格来说没有一本刊物属于档案学；而在CSSCI来源期刊中，档案学也仅有《档案学研究》《档案学通讯》2本刊物，远低于图书馆学、情报学的18本刊物。由于SSCI、CSSCI刊物少，无论是课题立项、成果评优，还是人才评选、学科评估，档案学都处于极为不利的困境。此外，SSCI、CSSCI目前仍囿于传统的学科分类方式，导致一些交叉学科、跨学科研究的刊物、论文找不到归属。

五是造成国内学术期刊诸多乱象。首先，过于重视SSCI、CSSCI造成"以刊评文"的"错位"，引导优质稿源集中于少数SSCI、CSSCI期刊，加剧马太效应。其次，国内学术期刊将CSSCI视为唯一标准，导致刊物建设以提高影响因子为己任，摒弃办刊初衷，偏离科学精神和社会需要。再次，CSSCI所附载的巨大利益，加剧世俗化、功利化倾向，滋生了关系稿、买卖版面、强制作者引用本刊论文、期刊之间拉帮结派增加互引等乱象。

　　对于因 SSCI、CSSCI 崇拜而引致的上述种种弊端，此前已有许多有识之士予以痛批，但收效甚微。此次，我们应借破除 SCI 崇拜之机，一并予以破除。当然，我们也应避免破除"唯 SSCI""唯 CSSCI"之后，人文社会科学评价又退化为"唯人情""唯关系"。

目　录

档案信息化

档案学术史

少数民族档案学

档案学教学改革

云端档案学术论坛综述

【档案学术研究前沿】

档案服务业企业知识产权现状
分析及对策建议①

李姊忆　　王　毅

（辽宁大学历史学院　沈阳　110136）

摘　要：随着档案相关工作日趋发展，我国档案服务业企业发展迅速，规模不断扩大。为了促进档案服务业企业的繁荣和发展，我们应正确认识并重视企业的知识产权问题。本文以天眼查企业信息查询平台为数据来源，分别从专利权、著作权和商标权等方面进行发展现状分析，探究档案服务业企业知识产权发展中存在的问题，并提出富有针对性的对策建议。

关键词：档案服务业企业　知识产权　档案专利权　档案软件著作权

档案服务业企业是档案事业发展的必然产物。我国档案服务业企业经历二十多年的不断发展，促使档案行业不断地发展壮大，市场竞争也愈来愈激烈。档案服务业企业通过提供与档案相关的各类专业产品和服务产生了不可替代的价值，不仅为我国市场注入了新鲜的血液，使之更加多元化，同时也满足了社会上寻求档案服务的需求。在知识经济时代，科学技术创新飞速发展，企业之间的竞争日益表现为技术创新的竞争，而技术创新又与知识产权紧密联系，成为企业提高经济效益、占据市场的有力武器和赢得激烈行业竞争的内在动力。档案服务业企业要想稳步长远发展，就要加强企业技术创新能力，

作者简介：李姊忆（1995—），女，辽宁大学历史学院档案学 2017 级研究生，辽宁沈阳人，研究方向为企业档案管理。王毅（1982—），男，副教授，辽宁大学历史学院副院长，研究方向为档案服务业理论、信息政策与法律等。

①　基金项目：本文系国家社科基金青年项目"大数据时代档案服务业理论与实践研究"（项目编号：17CTQ0048）阶段性研究成果。

形成自主知识产权，保护和运用好自身的知识产权，提高企业的市场竞争力。

1　档案服务业企业知识产权现状及分析

本文现状分析数据来源于天眼查企业信息查询平台，截至 2019 年 12 月 31 日，以"档案"为关键词，限定搜索范围为经营范围，限定机构类型为企业，搜索查询到 80981 家企业。在进行仔细筛选和清洗数据后，得出共计 32985 家档案服务业企业。其中，具有知识产权的档案服务业企业 5492 家，具有专利权的共有 365 家，具有著作权的共有 888 家，具有商标权的共有 5003 家。

1.1　档案服务业企业专利权现状分析

1.1.1　专利年度趋势分析

如图 1—1 所示，我国档案服务业企业在 1993—2019 年专利申请总量为 6404 项。从专利申请量的增长趋势来看，档案服务业企业专利申请情况可分为两个阶段：第一阶段是 1993—2009 年的蓄力发展阶段，档案服务业企业共申请 379 项专利，增势较为平稳；第二阶段是 2010—2016 年的加速发展阶段，档案服务业企业共申请 3818 项专利，2016 年专利数量更达近 1000 项。

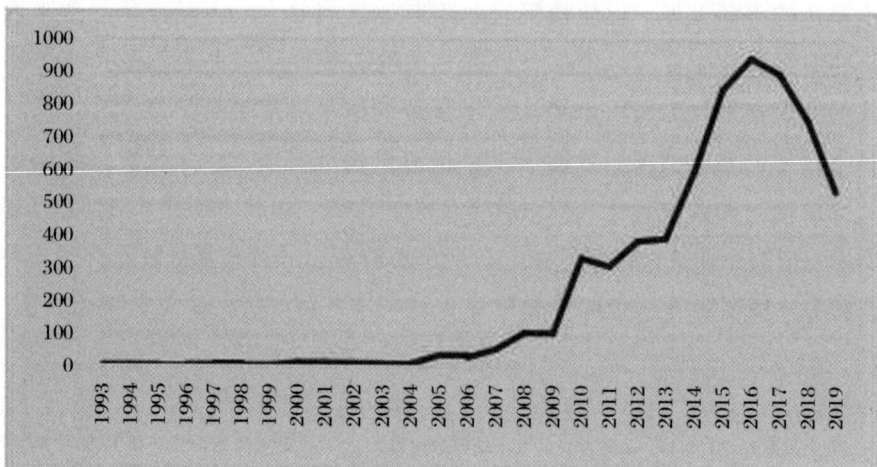

图 1—1　档案服务业企业专利申请趋势

1.1.2　专利申请类型分析

由图1－2所示，在三种专利申请中，发明专利共2060项，占申请量的32.17％；实用新型专利共3450项，占申请量的53.87％；外观设计专利共894项，占申请量的13.96％。可见，实用新型专利占主导地位，占比超过半数，其次是发明专利，最少的是外观设计专利。虽然发明专利没有占绝对主导地位，但专利结构还算合理，科技创新在逐步推进。

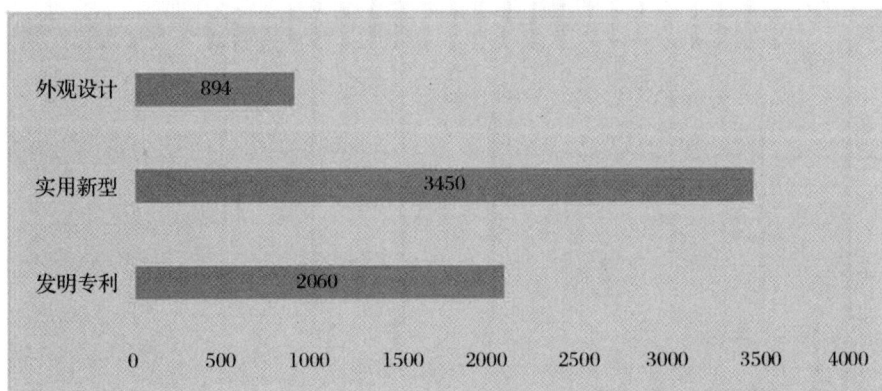

图1－2　档案服务业企业专利分类分布

1.1.3　专利申请地区分析

从图1－3和图1－4可以看出，全国各地区档案服务业企业的专利申请量差别较大，发展不均衡。通过详细比对可以发现，专利申请量最多的地区与专利申请量最少的地区相差几百倍以上，专利申请数量在我国平均值以上的只有7个地区，七成以下地区的企业专利申请数量都在平均值以下，还有几个地区的企业专利申请数量只有个位数，可见我国不同地区的档案服务业企业专利申请数量相差之大。但由图1－4也可以看到，专利申请已经覆盖了全国82.35％的省级行政区，档案服务业企业专利的覆盖面逐渐扩大，企业专利意识也在不断增强。

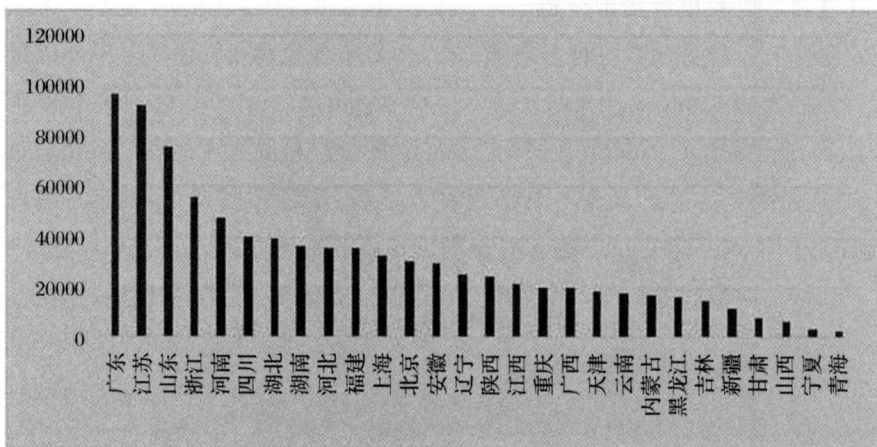

图 1-3 2018年全国部分地区 GDP 排名

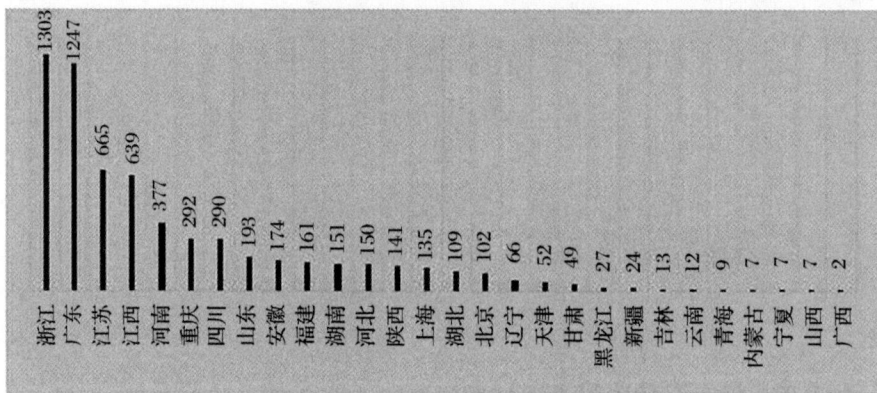

图 1-4 各地区企业专利数量

浙江省的专利申请量最多，为1303项，占申请总量的20.35%。如图1-3所示，虽然浙江省GDP排名为第四位，但档案服务业企业专利数量占据第一位。由此可见，一个地区的经济发展水平不是专利水平的唯一决定因素。浙江省在1992年就设立了全国第一家档案服务机构，经过二十多年的发展，企业已趋于稳定和成熟。另外，浙江省对档案服务业也十分重视，相关政策规范的不断出台促进了行业健康有序的创新发展。

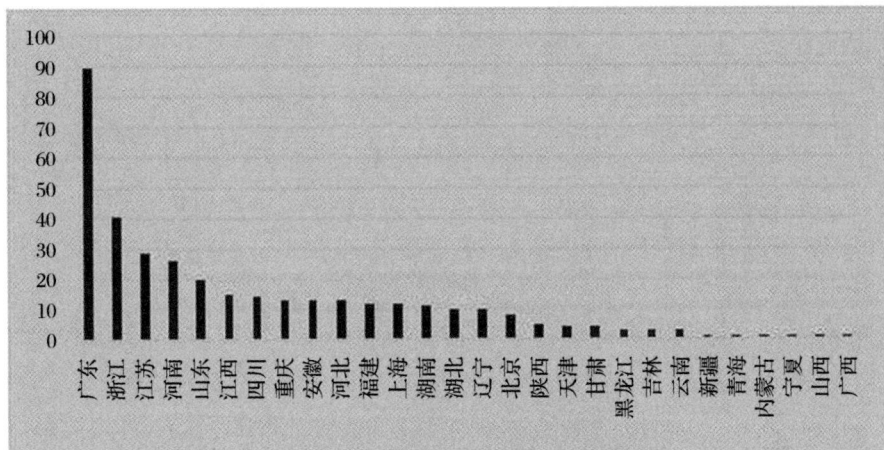

图1-5 档案服务业企业地区分布

广东省作为中国第一经济大省，是我国经济规模最大、经济综合竞争力最强的省份，人才资源丰富、科研能力雄厚、创新能力强，再加上大量政策的落实，档案服务业不断繁荣发展，相应的知识产权工作也是发展飞速。由图1-5可以看出，广东省具有专利的企业数量独占鳌头，由此得出，市场经济水平对档案服务业企业的创新发展有着直接影响。

1.1.4 档案专利现状分析

通过详细的数据统计，1993—2019年档案服务业企业的专利申请量为6404项，然而真正属档案类的专利只有187项，可见档案服务业企业申请的专利只有接近百分之三是真正的档案专利。由图1-6所示，2000—2011年档案类专利申请数量呈现出不断增长的趋势，2012年骤减后再次呈现上升趋势，在2016年后略有起伏。从档案类专利申请数量可以看出，由于档案服务业行业的特点，大多数企业只是兼职档案工作，企业核心技术真正属于档案类的还是很少的。

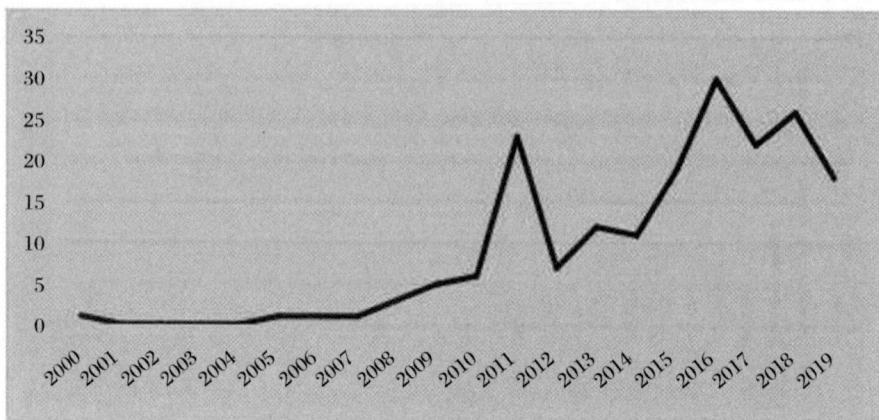

图 1－6　档案类专利申请数量趋势

由图 1－7 所示，发明专利共 67 项，占申请量的 35.83%；实用新型专利共 109 项，占申请量的 58.29%；外观设计专利共 11 项，占申请量的 5.88%。每种类型分布比例与档案服务业企业总体专利类型分布相似，实用新型专利占主导地位，占比超过半数，其次是发明专利，最少的是外观设计专利。

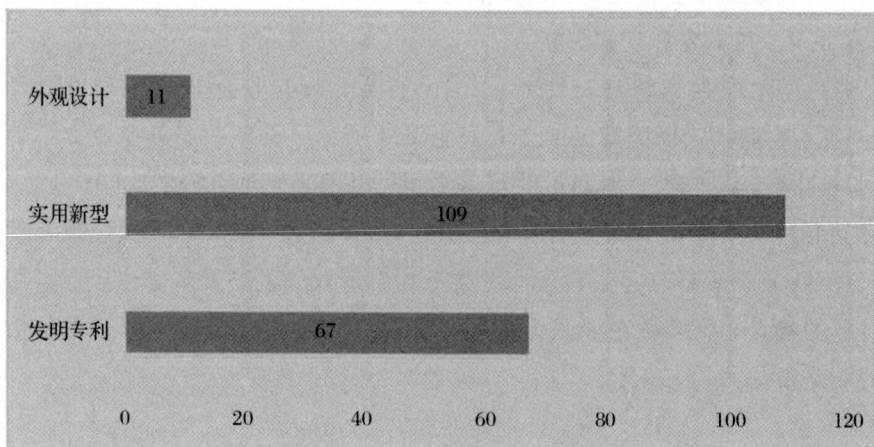

图 1－7　档案专利类型分布

1.2　档案服务业企业著作权现状分析

通过对档案服务业企业著作权分析发现，除软件著作权以外，其余著作权中没有一项与档案有关，因而本文对著作权现状的分析主要以软件著作权为主。我国档案服务业企业共登记软件著作权16028项，其中有3542项是与档案有关的软件著作权。

1.2.1　年度趋势分析

从图1-8可以看出，在1997—2006年阶段，档案服务业企业软件著作权登记数量较少，软件著作权年登记量未超过100项，企业还处于软件发展的初级阶段；2007—2014年阶段，软件著作权登记数量迅速增加，2014年的登记量超出2006年的登记量一百倍之多；2015—2018年阶段，在经历2015年数量骤减后，软件著作权的登记数量快速增长，尤其是在2016年登记数量直线上涨。在2018年时，软件登记数量更是达到了3522项。从近些年软件著作权申请量来看，除2015年有明显下降以外，总体是呈现持续快速上升趋势的。

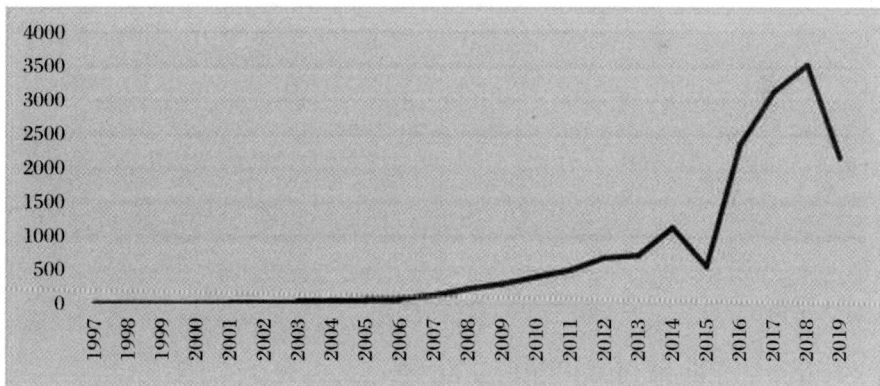

图1-8　软件著作权登记数量

1.2.2　企业地区分布分析

由图1-9所示，我国登记软件著作权的档案服务业企业和申请专利的档案服务业企业地区分布十分相似，其中广东、江苏等地区仍位居前列。由图1-10所示，档案服务业企业之间的软件著作权数量差距很大，较少的为个位数，多的达到上百项，差距较为明显。从图中也可以看出，登记软件著作权的企业已经达到了 30 个地区，其中软件数量较多的档案服务业企业多分布在广东、浙江、江苏等地区，反映出该地区企业对软件著作权较为重视，企业技术创新能力较强。

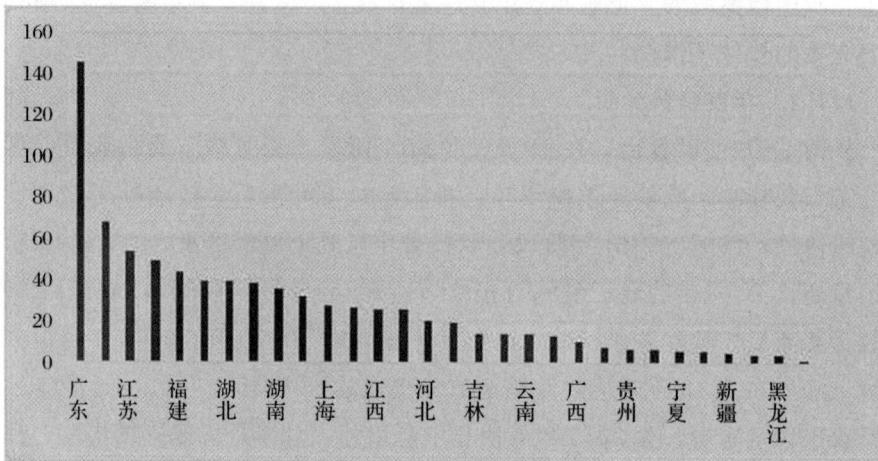

图 1—9　具有软件著作权的企业数量

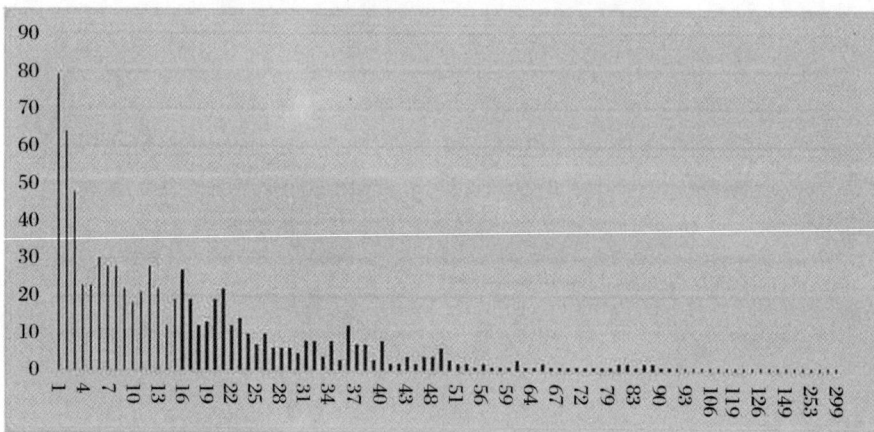

图 1—10　每个企业的软件著作权数量

1.3　档案服务业企业商标权现状分析

1.3.1　年度趋势分析

我国具有商标权的档案服务业企业共有 5002 家，共计 61316 项商标权。从图 1－11 中可以看出，1988—2009 年，档案服务业企业商标权数量较少，年登记量未超过 1000 项，说明企业对商标权的重视程度还较低；2009—2014 年，商标权数量稳步增长；2015—2017 年，商标权数量急速增长，在 2017 年，达到了近年来的顶峰，年数量近 13000 项。从数量增长趋势来看，虽略有浮动，但总体是呈现上升趋势的，总体涨势也很可观。

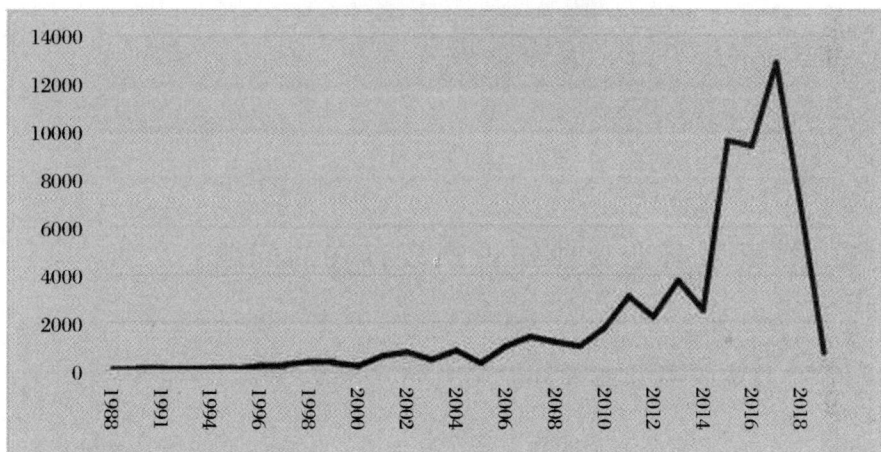

图 1－11　商标年度趋势分析

1.3.2　商标状态分析

由图 1－12 所示，已注册商标 41563 项，占总数的 67.78%；失效商标 12778 项，占比为 20.84%；实质审查商标 5056 项，占比为 8.25%；初审商标 1919 项，占比为 3.13%。"商标本身并不受法律保护，只有经法定注册核准的注册商标才受法律保护。"[①] 也就是说，失效的、实质审查中的、初审中的商标都不能算是注册商标，不能享有法律的保护。因此，享有法律保护的

---

① 钟安石，李小燕. 浅议商标权价值 [J]. 价值工程，2006（02）：25－26.

商标只有 41563 项，约 32％的商标都是不能够享有法律保护的。

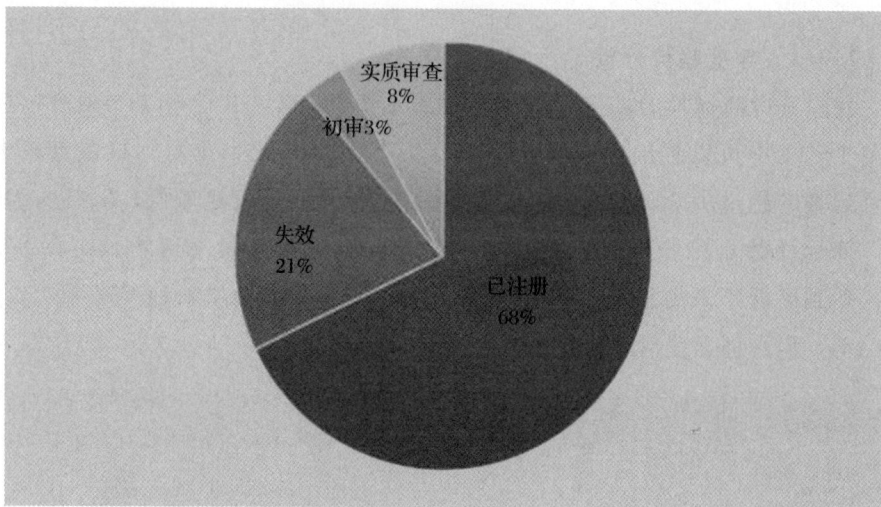

图 1-12 商标状态分析

2 档案服务业企业知识产权存在的问题

2.1 档案服务业企业知识产权水平较低

近年来，档案服务业企业知识产权逐年增长，整体形势还是十分乐观的，但与国内其他行业相比对，我们可以明显发现拥有知识产权的企业数量较少，企业研发自主知识产权的数量也较少。由于档案服务业企业自身的特殊情况，很多大规模档案服务业企业都是其他行业企业跨界发展的，真正与档案相关的知识产权可以说是非常少。目前，我国的档案企业业务范围杂而不精，专业水平徘徊于基础业务层面，没有形成自身优势和核心竞争力。① 很多档案服务业企业的发展和成长是依靠多样化的服务及技术含量较低的产品来积累财富、占领市场的，在企业发展过程中几乎没有或很少创造属于自己的知识

---

① 孙军. 我国档案企业数据与启示 [J]. 档案管理，2018（06）：47-50.

产权。

　　我国档案服务业企业自主知识产权的质量还比较低，呈现出一种"多而不优"的态势。尤其在申请专利的类型方面，申请量半数以上属于实用新型类专利，创造性要求较高的发明专利申请量所占比例比较低，存在着知识产权质量与数量不相匹配的问题。企业知识产权的发展是一个厚积薄发的过程，每个档案服务业企业既要高度重视知识产权，又不能唯知识产权数量论。

　　我国档案服务业企业分布广泛，规模和发展水平相差悬殊，由此造成了知识产权发展存在着较为严重的区域发展不均衡现象。在地方经济发展水平、经济结构、知识产权意识等因素的影响下，档案服务业企业知识产权发展非常不平衡、地区间创新水平差异较大，领先地区和落后地区之间存在显著差异，这在一定程度上制约了企业之间的协调发展。

2.2　档案服务业企业知识产权保护意识较弱

　　我国企业知识产权保护工作起步较晚，目前许多档案服务业企业对这一无形资产的保护有所忽视。在实际中，由于知识产权纠纷的技术性与复杂性，诉讼是一般企业解决知识产权纠纷的主要途径。中小企业的知识产权风险，包括被侵权风险与侵权风险两个维度。[①] 通过天眼查网站，笔者获取档案服务业企业知识产权诉讼的相关信息，我国具有知识产权的档案服务业企业共有 5492 家，只有 78 家企业进行知识产权纠纷维权，然而有近百家企业被诉讼，涉及知识产权侵权问题，陷入知识产权纠纷。我国档案服务业企业知识产权保护意识还比较弱，对自身的知识产权在市场上的情况没有了解并进行详细的调查，非常可能会在无形中导致自身资产的流失，或者侵犯他人的知识产权，陷入知识产权危机中。同时，由于档案本身的独特性，相对于其他行业的企业，档案服务业企业在知识产权保护方面受到社会、法律等方面的约束要更多。

---

　　① 周茜，胡玉明，陈晓敏. 行业知识产权风险与企业自主创新投资研究：基于广东省高技术企业调查数据的实证分析 [J]. 科技进步与对策，2012，29（17）：109－115.

2.3 档案服务业企业运用知识产权能力较差

目前，多数档案服务业企业的关注点在知识产权的研发上，对知识产权本身的价值认识不够、运用知识产权能力较差。从统计出的数据来看，我们没有发现有档案服务业企业有知识产权融资的情况。仅有 18 家档案服务业企业出现知识产权转让或许可交易行为，而且都是专利权的转让与许可。在知识产权运用方面，多以专利权为主，且数量较少、方式较为单一和初级，多数档案服务业企业仍是以"自产自用"为主。因此得出，档案服务业企业的知识产权运用情况不理想，行业内没有形成效果良好的知识产权流通和交易，企业自身创新成果运用转化不理想，业内并未形成知识产权运用的良性循环。

3 档案服务业企业知识产权问题的对策建议

3.1 提供创新政策支持

针对我国档案服务业企业知识产权发展现状，政府可以提供动力型政策支持：通过积极推广创新政策，吸引高素质科研人才；培养"知识产权示范企业"，引导形成地区创新型企业群；鼓励企业通过提高工资待遇、知识产权入股等形式，激发研发人员的工作积极性。

政府可以提供引导型政策支持：对满足特定条件的档案服务业企业，其知识产权的申请费用、商标权的延长费用可享受相应的减免优惠，优化提升企业知识产权申请的相关服务；也可以向档案服务业企业知识产权申请提供相应的政府补贴，提升企业知识产权的审批效率。政府在完善企业知识产权申请工作的同时，也应当重视对知识产权质量的政策导向，提高企业知识产权的质量意识，以防企业出现"重数量轻质量"的现象。

政府还可以提供保护型政策支持：建立并完善知识产权立项申报和审批制度。政府要把控好前端的知识产权审批流程，从根源维护企业自身知识产权的合法利益；政府还应充分发挥行政管理和规制职能，加强净化市场环境，维护经济秩序。同时，出台相应政策降低档案服务业企业的维权门槛和成本，加大对知识产权侵权行为的打击力度，树立良好的知识产权保护氛围。

3.2 建立企业知识产权战略

"知识产权战略可以促进企业产权制度的完善，优化企业产权结构，实现企业资源的优化配置，是建立现代企业制度的应有之举。"① 档案服务业企业应该在条件允许的情况下，建立有效合理的知识产权战略。无论何种产业创新形态，无论何种规模和市场地位的企业都应该重视知识产权能力的提升。由于知识产权的时间性等特点，企业知识产权水平的提升并不能一蹴而就。随着档案工作的日益发展和完善，档案服务业企业日益受到重视，这需要档案服务业企业早规划、早安排、早行动。档案服务业企业要根据自身知识产权的结构特点，对知识产权研发、申请、运用等各个方面和环节进行有针对性的分析，阶段性地、计划性地建立符合未来发展的知识产权战略。

3.3 建立健全知识产权宣传机制

针对目前大多数档案服务业企业出现的"侵权易，维权难"的实际问题，政府应建立并健全企业知识产权宣传机制，我们可以通过线下与线上结合的方式，对知识产权维权成功的档案服务业企业进行大力宣传，并将因知识产权侵权受到重罚的典型案例公开，借此鼓励档案服务业企业用法律维护自身知识产权的合法权益。同时，在档案服务业企业的知识产权获得认定后，相关部门应及时在公共平台进行公布和宣传，使社会和企业能够查询到获得认定的知识产权的相关信息，这样做一是可以避免出现重复研发的现象，增强企业知识产权研发的有效性和针对性；二是可以帮助企业鉴别和评估知识产权，避免企业再上当受骗，而陷入知识产权纠纷；三是可以帮助政府更好地了解某一行业的技术创新发展水平，便于政府制定更加有效的政策。

3.4 拓展企业知识产权运用渠道

企业利用知识产权获益的方式有很多，我国档案服务业企业普遍具有的

---

① 杨志祥. 论知识经济时代我国企业的知识产权战略 [J]. 企业经济，2008（09）：37.

知识产权数量少，质量较低，大多数档案服务业企业可以选择知识产权许可和转让的方式为企业带来收益。档案服务业企业可以考虑将知识产权分时段、分区域许可给需要的企业，或者也可以考虑转让一部分自身知识产权。这样既可以防止自己的知识产权闲置，又能获得企业的预期利润，使知识产权能够在市场运作中发挥更大的价值。

一些规模较大、自身知识产权质量较高的档案服务业企业，可以选择知识产权质押融资的方式获益。对于企业而言，知识产权质押融资可以迅速缓解企业创新发展中出现的资金短缺问题，实现知识产权价值变现。对于银行而言，它不仅能够开拓银行的金融业务，还能够为银行培育大量的优质客户，两者相互助力、共同发展。正因如此，我国法律法规和政策对企业知识产权质押融资给予了明确肯定，我国企业知识产权质押融资在很大程度上也是由政府主导实施的。① 档案服务业企业应抓住质押融资政策的亮点，加强与银行之间的沟通，为自己获得可贵的融资，加速自主知识产权的开发和自主品牌的打造。

当前，我国档案服务业企业的发展迎来了良好的前景，进入了一个多元化发展的阶段，但企业的发展机遇与挑战并存，寻求适合自身创新发展的模式、提高核心竞争力是档案服务业企业发展的当务之急。档案服务业企业应正确认识并重视知识产权问题，通过依靠自主创新形成知识产权开拓市场，推动知识产权布局与企业发展战略的双向促进。

---

① 冯晓青. 我国企业知识产权质押融资及其完善对策研究［J］. 河北法学，2012，30（12）：39—46.

【中国档案史】

清咸丰时期盛京内务府皇庄管理研究①

——基于《黑图档·咸丰朝》的史料研究

赵彦昌　樊　旭

（辽宁大学历史学院　沈阳　110136；

辽宁省历史学会历史文化资源开发研究基地　沈阳　110136）

摘　要：皇庄关系到皇室经济，盛京皇庄又是清代皇庄的重要组成部分，清代统治者对其盛京皇庄管理十分重视，各项事务均需由盛京内务府及相关部门报总管内务府管理。本文主要通过全面梳理《黑图档·咸丰朝》中有关皇庄的史料，从庄头和庄丁人员管理、赋役征收等方面深入研究咸丰朝时期盛京内务府皇庄管理。

关键词：《黑图档》　皇庄　庄头　庄丁　赋役征收　盛京内务府

1　引言

清朝在土地管理上呈现一定特色，实行八旗土地管理制度，即将土地分为民地和旗地两类。民地的管理基本与之前土地制度等同，而旗地则是为了维护满族统治，保持其传统的生产方式而采取的经济措施。旗地按照所属关系可分为皇庄、王庄、一般旗地三种。其中，王庄是"皇帝赏给皇室贵族、

作者简介：赵彦昌（1978—），男，汉族，教授，博士生导师，河北晋州人，辽宁大学历史学院档案学系主任，辽宁大学中国档案文化研究中心主任，研究方向为中国档案史、档案信息开发等。樊旭（1995—），女，江苏南通人，辽宁大学历史学院档案学硕士研究生，研究方向为中国档案史。

①　基金项目：本文系辽宁省教育厅 2019 年度科学研究经费年度项目"辽宁省档案馆藏《黑图档》与清史研究"阶段性研究成果；本文系 2021 年度辽宁经济社会发展项目"辽宁省档案馆藏《黑图档》与清代东北史研究"阶段性研究成果。

有功的臣子或将领的庄园"①；一般旗地即八旗官兵庄田，是皇帝拨给普通八旗官兵的庄田，用来维持其基本的生产生活需要；皇庄是皇帝的私有土地，主要是为了满足皇室生活的需要，通过交纳事务赋贡等，供应皇室的生活。皇庄按照地理位置分为"畿辅地区皇庄和东北地区皇庄"②，其中盛京作为清朝的"龙兴之地"，盛京地区的皇庄数量较多，种类丰富。需注意的是，根据《盛京通志》记载，东北地区皇庄有"盛京户部所属、盛京礼部所属、盛京内务府所属"③ 等，即皇庄并非均属于内务府。有学者将其分为皇庄、官庄分别研究，内务府所属为皇庄，户部礼部所属为官庄。例如，乌廷玉等编著的《东北土地关系史研究》④ 中将盛京内务府官庄和户部礼部官庄分两节，分别研究其各自的分布、管理等；定宜庄在《有关清朝八旗人丁户口册的几个问题》一文中明确解释"'庄'并非都属于内务府"⑤。本文主要探讨的是内务府所属皇庄，2016 年辽宁省档案馆将馆藏《黑图档》汇编出版，这为研究者研究盛京内务府提供了重要的史料，黑图档为盛京总管内务府同北京总管内务府、盛京将军、奉天府府尹、盛京五部等衙门来往公文的抄存稿簿，其中"涉及了以盛京为主体整个东北地区的政治、经济、军事、教育、风俗、建筑、司法、民族、外交等内容"⑥，所以本文主要以《黑图档·咸丰朝》为参考，研究盛京内务府皇庄的种类及有关管理。

2　皇庄种类及其所属内务府部门

皇庄由庄田、庄头、庄丁组成，庄田是构成皇庄的物质基础。"盛京内务府皇庄根据用途分为粮庄、盐庄、棉庄、蓝（靛）庄、果园等。"⑦ 此外，还

---

① 王萍. 清康雍乾时期盛京皇庄研究 [D]. 沈阳：辽宁大学，2018.
② 祁美琴. 清代内务府 [M]. 北京：中国人民大学出版社，1998：194.
③ 阿桂等纂修. 盛京通志·卷 37 [M]. 沈阳：辽海出版社，1997：685.
④ 乌廷玉，张云樵，张占斌. 东北土地关系史研究 [M]. 长春：吉林文史出版社. 1990：50－73.
⑤ 定宜庄. 清代东北"三庄"名称辨析 [J]. 欧亚学刊，2000（02）：154.
⑥ 赵彦昌，姜珊. 改革开放以来东北地区清代档案编纂研究 [J]. 辽宁大学学报：哲学社会科学版，2018（6）：193.
⑦ 祁美琴. 清代内务府 [M]. 北京：中国人民大学出版社，1998：197.

有碱庄、打牲乌拉处等，以下是各皇庄种类和其内务府所属机构，以及各皇庄主要分布、人丁数量、每年应交项。

粮庄归盛京内务府会计司主管，每年根据庄头等级上报粮石。"盛京内务府会计司额设领催9名，所属官庄80处。现有庄头80名，壮丁3834名，自乾隆元年编定等第。每年头等庄头每名报粮382石，二等庄头每名报粮352石，三等庄头每名报粮307石，四等庄头每名报粮192石。每岁共应报粮两万三千九百二十二石。庄头等承种官地除水冲沙压外现有官地七十二万一千一百六十亩七分。"①

棉庄、靛庄、盐庄、碱庄由盛京内务府广储司主管。"广储司所属三旗织造库，棉花庄25处，庄头45名，内辽阳界4处，海城界7处，盖平界13处，熊岳界1处；靛庄6处，庄头11名，内承德界3处，辽阳界3处；盐庄3处，庄头3名，海城界2处，盖平界1处。碱庄1处，在熊岳界，庄头1名。额共庄头60名，壮丁3333名，染机各匠役138名。岁征棉花二万六千二百余斤，靛二万二千二百斤，盐三万二千一百余斤，碱一千五百余斤。除每年应用外，所剩棉花、盐、靛俱照例折银交该衙门贮库，入于司库清册，年终报销。所有匠役人等岁织家机粗细布纺线等项，除应用外，俱送在京内务府。"②

果园由盛京内务府掌仪司主管。"盛京内务府掌仪司所属旧有辽河东果园56处，果子山场34处，辽河西果园75处。乾隆十年因清厘各处果园山场，现有盛京、辽阳、开原、铁岭、广宁、义州、牛庄等七界果园105处。辽阳界樱核林子55处，辽阳、岫岩、牛庄等三界山场71处。每岁应交樱核、梨皮、榛子、化红、山裹红、香水梨、雪梨、红肖梨等项俱有定额。"③ 果园内的园丁数量主要是"三旗园丁2923名，广宁三旗园丁801名"④。

此外还有打牲，归盛京内务府都虞司主管，即"都虞司掌管各种

① 阿桂等纂修. 盛京通志·卷38 [M]. 沈阳：辽海出版社，1997：681.
② 阿桂等纂修. 盛京通志·卷38 [M]. 沈阳：辽海出版社，1997：681.
③ 阿桂等纂修. 盛京通志·卷38 [M]. 沈阳：辽海出版社，1997：682.
④ 阿桂等纂修. 盛京通志·卷39 [M]. 沈阳：辽海出版社，1997：701.

'户'"①，"都虞司额设采蜜领催 3 名，蜜丁 1654 名，每岁交蜜一万七千九百五十斤，并交蔺蒿锉草"②。另外，还有"打乌翎丁 33 名，每岁交乌翎一百五十副。捕水獭丁 18 名，每岁应交獭皮七十二张。捕鱼丁 781 名，每岁应交腌鲜鱼二万五千五百斤。捕细鳞鱼丁 140 名，每岁应交细鳞鱼一千五百尾，向系京师差官看捕解送，乾隆元年改由盛京内务府派员交纳。王多罗树打牲甲丁 30 名，每岁应交鹿肉二千七百束，猪熊各六十头"③。

3　庄头任免与惩罚

庄头作为皇庄的组成要素之一，是皇庄的直接管理者，即内务府皇庄虽隶属于盛京内务府各部门，但皇庄内部日常事务管理及定期收缴租税等均由皇庄内的庄头直接统一负责，其上设有内务府的官职领催、催长、笔帖式等各督其属。由于皇庄内部管理直接关系到生产及赋税征收等，因而内务府对皇庄的控制十分严密，盛京皇庄的各项管理事无巨细，均需经过盛京内务府之手。对庄头的任免、惩罚等也需由内务府办理，并由盛京内务府具呈上报总管内务府，经准许后方可正式实行。

3.1　庄头的任免

清太祖时，曾"以报粮多的庄户派当头目，封为皇庄头"，后来"凡是投充，均以大户地多定名庄头"④。根据《黑图档》有关记载，咸丰时期关于庄头的任免有以下两种：

第一，承袭。承袭即现任庄头因病故或年老多病等因缺出，所遗之缺由其子弟承袭，袭替的顺序即按照传统的长子长孙之例。《总管内务府为准许病故庄头边孔喜次子边世贵承袭事咨盛京内务府》载："本府庄头病故遗缺，例

---

①　祁美琴. 清代内务府 [M]. 北京：中国人民大学出版社，1998：203.
②　阿桂等纂修. 盛京通志·卷 38 [M]. 沈阳：辽海出版社，1997：681.
③　阿桂等纂修. 盛京通志·卷 39 [M]. 沈阳：辽海出版社，1997：701.
④　盛京时报. 光绪三十三年三月一日. 转引自乌廷玉. 东北土地关系研究史研究 [M]. 长春：吉林文史出版社，1990：57.

应更与伊长子袭替，如无长子向系次子三子袭替。如无次子三子者，应按照长子长孙之例办理。"① 如无子嗣则从其胞兄胞弟或族中能胜任者中选择，如咸丰三年（1853 年）庄头边孔喜病故，因其长子已病故，其所遗之缺由其次子边世贵承袭。又载："庄头边孔喜物故，遗有三子，长子边万贵、次子边世贵、三子边亨贵。其长子边万贵与父相继物故，妻刘氏并未生有子嗣，所遗之缺蒙恩传凡照例准伊次子边世贵袭替。"② 咸丰三年庄头应得馨病故，所遗之缺由其子报群承袭。"今据盛京内务府咨称，以该处病故庄头应得馨之子报群呈请照例袭替庄头等情核与丁档家谱各色以及更名之例相符，应如所咨准其更名与伊子报群顶替当差。"咸丰七年庄头夏永富因捐贡笔帖式辞去庄头，其虽有二子，但均年幼，所以将庄头让与同族中亲丁夏永增。《总管内务府为头等庄头夏永富因捐纳贡生学习笔帖式辞去庄头交由夏永增接充事咨盛京内务府》载："庄头捐纳笔帖式夏永富呈称，情因前业捐局劝捐身捐贡，现由贡捐学习笔帖式上进当差，不能催办该庄头差务。而庄头按年应当各差皆因紧要，身自当庄头以来，应当各差均系年清，年疑并无拖欠。再身生有二子尚年幼不能充当庄头恐误官，身情愿将庄头辞退与近族亲丁。夏永增为人诚朴，堪可充当庄头催办官租。"③

为了贯彻执行庄头的"承袭"制度，内务府还为庄头编制家谱。《掌图记佐领岫云等为声明庄头家谱丁档已送交事呈请咨总管内务府》记载："查乾隆五十九年十二月内奉堂谕交会计司等处庄园人等，内遇有事故出缺者因该司官员并不祥查出缺人远近支派亦不遵照旧例牲丁滥行瞻拘捕放争控之事。每每由此而生着交各司各处将现在所有庄园牲丁灰炭炸军人等全行祥查，计其各户支派远近。每家造具家谱两份，一份送堂存查，一份贮该司。俟有庄头园头缺出，该管官将其家谱呈阅本堂定拟后再将应行灯体之人坐补等谕遵此。后经呈明请嗣后三年一次更正办理各在案，查庄头等更名顶替以及过继子嗣接充庄缺全以家谱丁册为凭。"④ 可见，家谱丁档定期造具送府备查，是为庄

① 辽宁省档案馆. 黑图档·咸丰朝（一）[M]. 北京：线装书局，2016：119.
② 辽宁省档案馆. 黑图档·咸丰朝（一）[M]. 北京：线装书局，2016：119.
③ 辽宁省档案馆. 黑图档·咸丰朝（一）[M]. 北京：线装书局，2016：215.
④ 辽宁省档案馆. 黑图档·咸丰朝（一）[M]. 北京：线装书局，2016：330.

头壮丁缺出更补的凭证，以避免各类竞争之事。例如，庄头应得馨咸丰三年病故，其有一过继之子和一幼子，在承袭庄头时，因其过继之事为私下行为，并未造入比丁册，后由其幼子承袭庄头。《总管内务府为准许病故庄头应得馨次子报群承袭事咨盛京内务府》载："氏夫在日时生有二子，俱系幼小物故无存，氏夫年逾四旬恐其乏嗣，私典五胞弟商议过继伊次子应恩为子，五胞弟夫妻应允。氏夫于比丁时将应恩私行报入谱册，氏夫畏惧私行冒人之罪，彼时未敢呈明，因循至今。蒙斟凡现界氏夫病故遗留庄缺，氏即同族中人等商议五胞弟应得润亦甘愿具结应领恩，将庄缺令亲子报群袭当。"①

第二，选充。咸丰八年（1858）京来档中记载："凡革退庄头遗缺，除伊亲孙子，亲孙不准充当外，准限内具呈亲丁完欠接充。"② 现任庄头欠粮及缘事革退的，不能再由其子孙承袭，于本庄及别属壮丁内选补，若因欠粮革退者，被选庄头必须在限期内赔补前任庄头所欠粮租，方可接充。具体的选充方式是，因为欠差等而被强制革退的庄头，所遗之缺首先晓谕其本族内的亲丁，如有情愿接充的，需要在一定期限内将被革退庄头所欠之差补上，即可顶替；如果本族内没有人在限期内愿意补齐欠项，则晓谕其他四路庄头亲丁，如有愿意并在限期内将革退庄头欠项补齐者，即可顶替。《总管内务府为革退庄头刘光绪遗缺准由庄丁徐佩青接充事咨盛京内务府》载："咨开现行则例内载，庄头如遇欠差革退，其缺传谕本亲丁，如有情愿接充者，于四个月限内携带钱粮赴案具呈，即准其顶替。限满无人具呈，即晓谕另姓亲丁，如有情愿接充者，于三个月限内携带钱粮赴案具呈，即准其顶替。"③ 例如，咸丰元年（1851）庄头刘光绪因欠差被革退，其刘姓族内亲丁因艰窘无力赔补欠项，不能接充，后由另姓庄头徐维青名下亲丁徐佩青将革退庄头所欠差徭照数呈交并接充庄头。"刘光绪拖欠差徭将庄头革退，本衙门照例给限四个月，于咸丰元年十月十四日立限起即出票晓谕刘姓合族亲丁等，无论远近支派有能赔补欠项者，于限内携带钱粮赴案具呈包欠接充庄头等情明白晓谕。据刘姓族

---

① 辽宁省档案馆. 黑图档·咸丰朝（一）[M]. 北京：线装书局，2016：122.
② 辽宁省档案馆. 黑图档·咸丰朝（一）[M]. 北京：线装书局，2016：288.
③ 辽宁省档案馆. 黑图档·咸丰朝（一）[M]. 北京：线装书局，2016：106.

中各户人等出具家遇艰窘无力赔补欠项不能接当庄头甘结存档备查。今核计咸丰二年二月十四日四个月限满，刘姓族中无人包欠随遵，依定例给限三个月二年二月十五日立限起出票晓谕四路庄头子弟等，有能赔补欠项者于限内赴案具呈接充庄头等情晓谕去后仅有庄头徐维青名下亲丁徐佩青赴案具呈，情愿赔补欠项。本署于五月十一日呈明即将刘光绪所遗之缺照例补放亲丁徐佩青充当庄头，刘光绪名下所欠各项差徭核计银两即领新放庄头徐佩青照数呈交。"①

在更补庄头时，不管是承充的还是接充的，均需有担保人，新放庄头如果日后有拖欠官差的情况，担保人需要承担赔补的责任，如新放庄头徐佩青接充被革庄头刘光绪时，由四等庄头徐维青担保。"四等庄头徐维青具保新放庄头徐佩青，倘日后有拖欠官差之处，徐维青代为赔补。"②《总管内务府为准许病故庄头边孔喜次子边世贵承袭事咨盛京内务府》载边世贵承袭其父病故父亲边孔喜所遗之缺时，由头等庄头边福来担保。③庄头的充当除了以上两种合理方式之外，在咸丰时期皇庄上还有谋夺庄缺的现象，如咸丰六年（1856）前庄头王常刚之妻控王福士、王昭福、王自富等勾串作弊，故意违抗官差，致使王常刚被革以夺取庄缺。《盛京刑部为查办王昭福被控违抗官差谋夺庄缺致使庄头王常刚遭革事咨盛京内务府》载："盛京刑部为咨行事肃纪前司案呈咸丰六年五月十八日，据具呈人王周氏系内务府镶黄旗岫云佐领下庄头王常刚之妻呈称，为抗违官差不纳合伙谋夺庄缺肯恩以伸冤屈事情。因氏夫自祖上承当庄头今已七辈，咸丰元年有族人王昭福等代办咸丰四年止共租钱一万七千七百吊，交官差钱八千六百，交氏夫钱三千一百吊，下剩钱六千吊并未交差。代办人利谋与王自富勾串谋夺庄头使王福从接当，衙门未双勾串王福士接当亦是王自富主使，谋接竟敢作弊，未放庄缺时王福士指官地二十余日借姜舆周钱一千。王昭福等应取咸丰五年地租钱四千八百钱，交官差钱一千二百钱，下剩钱三千六百钱，氏夫欠官差钱三千四百钱，伊等若能

————————

①　辽宁省档案馆. 黑图档·咸丰朝（一）[M]. 北京：线装书局，2016：106.
②　辽宁省档案馆. 黑图档·咸丰朝（一）[M]. 北京：线装书局，2016：106.
③　辽宁省档案馆. 黑图档·咸丰朝（一）[M]. 北京：线装书局，2016：119.

交足，氏夫焉能革去庄头，小妇人知情新庄头王福士指官地借钱一事不敢隐瞒一并直陈，叩恩案下恩准……"① 咸丰十年（1860）也有盛京户部查办臧鹏岠谋夺庄缺的记录，详见《盛京户部为查办臧鹏岠谋夺庄缺典卖官地事咨盛京内务府》。② 根据《黑图档·咸丰朝》整理的咸丰时期的庄头更补情况，见表3-1。

表3-1 咸丰朝时期盛京内务府皇庄庄头更补情况表

时间	原庄头	更补原因	补放庄头	二人关系	担保人
咸丰二年	刘光绪	欠差革退	徐佩青	另姓亲丁	徐维青
咸丰三年	边孔喜	病故	边世贵	父子（次子）	边福来
咸丰三年	应得馨	病故	报群	父子（长子）	不详
咸丰三年	全永镇	欠差革退	全永坤	亲丁（兄弟）	全安青
咸丰五年	陈士新	病故	陈谧	父子（长子）	申天恩
咸丰五年	舒秉太	病故	舒培然	爷孙（长孙）	翟长庆
咸丰五年	依力布	病故	海丰额	爷孙（次孙）	金有
咸丰六年	王常刚	欠差革退	王福士	亲丁	徐维青
咸丰六年	牛有俊	病故	牛玉崑	父子（长子）	陈有
咸丰六年	贾相文	欠差革退	高仲谟	另姓亲丁	高仲典
咸丰七年	夏永富	因捐贡辞去庄头	夏永增	亲丁	不详
咸丰七年	魏思元	因病告退	魏明	爷孙（长孙）	乌凌阿
咸丰八年	孙喜	欠差革退	孙廷贞	亲丁	施亮功
咸丰十年	庄文焕	病故	庄玉仓	父子（长子）	边福来
咸丰十一年	崔得安	病故	崔秉君	父子（长子）	申天恩
咸丰十一年	李玉吉	病故	李作刚	父子（次子）	边福来

3.2 庄头的惩罚

为了使各庄头能勤于管理庄园，如期完纳额赋租粮，以保障内务府的收入和皇室经济支出，会对欠差庄头进行惩罚。对庄头的惩罚主要依据是完成额赋的情况，而不是皇庄的生产情况。③ 咸丰三年的京来档《总管内务府庄

---

① 辽宁省档案馆. 黑图档·咸丰朝（七）[M]. 北京：线装书局，2016：53.
② 辽宁省档案馆. 黑图档·咸丰朝（八）[M]. 北京：线装书局，2016：173.
③ 魏鉴勋，关嘉录. 康熙朝盛京内务府皇庄的管理 [J]. 故宫博物院院刊，1984（2）：21-25.

头全永镇拖欠差役予以革退遗缺补放其胞弟全永坤事咨盛京内务府》中记载
有"查定例内载，庄头等拖欠差徭六成至十成者，例应仓禁严追三个月限满
无差，照例枷号鞭责革退"①，即皇庄庄头负责统一交纳租粮，不能完纳的庄
头，要受鞭刑、革退，如庄头全永镇因欠差十成且硬行抗违不交被革，"今全
永镇欠元年分各项差徭核计已至十成例应斥革□之开新征两个月之久，伊仍
前硬行抗违不交，但查传数次该庄头置若罔闻，抗传已极并不赴署交差，实
属疲玩之至。若不将伊庄头斥革，众皆效尤，实于官差无益理合，将全永镇
庄头按照欠差之例先行斥革"②。庄头王常刚因欠差以及私用官差、盗典官地
被革退枷责。《掌图记佐领岫云等为庄头王常刚拖欠官差革退由庄丁王福士更
补事呈请咨总管内务府》载："王常刚亲供认理念催租除交陈新各差外，内有
代伊还债并按年搂使钱二千五百余吊，又使元年分豆米柴前五百九十三吊，
核计搂使官差钱三千余吊。再查王常刚前曾结认前差银三十余两差钱二千余
吊仓粮三百九十余斤，前后统计陈新拖欠各差核计已逾十成，例应斥革以示
警众。再查王常刚搂使官差央恳亲丁等帮办包差已有头绪，即拟身控告硬行
狡展亲丁当堂交伊自办非止一次且伊王常刚声称将官地违例盗典有约可稽，
更兼容心狡展阻挠较前由甚，实属梗顽并不以官差为要，致令陵寝仓库紧
要……碍难宽缓，恐众效尤，即将各情呈明奉堂□□将搂差之王常刚庄头缺
革退照例枷责发落。"③

4 庄丁的管理和清查

4.1 庄丁管理

庄丁是皇庄的主体劳动者，每个皇庄都是由若干个庄丁家庭组成。盛京
内务府对于皇庄庄丁的管理十分严格，根据《黑图档·咸丰朝》记载，对庄

---

① 辽宁省档案馆. 黑图档·咸丰朝（一）[M]. 北京：线装书局，2016：147.
② 辽宁省档案馆. 黑图档·咸丰朝（一）[M]. 北京：线装书局，2016：147.
③ 辽宁省档案馆. 黑图档·咸丰朝（二）[M]. 北京：线装书局，2016：231.

丁的管理控制主要有以下几个方面：

第一，庄丁的安置。根据各处人丁的多缺或切实需要，请准内务府进行人丁的分拨安置。例如，《署正白旗佐领事务骁骑校际德等线丁不足原额由棉鱼蜜盐靛鸡等丁内拨给恭亲王府事呈请咨总管内务府》记载的咸丰元年署正白旗佐领事务骁骑校际德请示总管内务府，将棉、鱼、蜜、盐、靛、鸡等丁内拨给恭亲王府。① 咸丰十年盛京总管内务府将二等庄头等分派给醇郡王府，《总管内务府为查收分给醇郡王府庄头人丁事咨盛京内务府》记载："总管内务府为知照事会计司案呈，今准盛京总管内务府出派委员佐领兆麟，将分给醇郡王府盛京二等庄头高奎一名并三佐领下人丁三十户委头目三名造具清册咨送前来，当经本司转送醇郡王门上查收，并据该府门上声称醇郡王奉旨镶白旗满洲旗分相应一并知照盛京总管内务府查照可也。"②

第二，庄丁的惩罚。庄丁如有抗租、偷典盗压等弊，则被呈送衙门照例惩办，如《盛京将军衙门为拘送拖欠官租之壮丁管玉成等事咨盛京内务府》详细记录了咸丰七年（1857）壮丁管玉成因拖欠官租被拘送盛京将军衙门事宜③。咸丰四年（1854）部来档《盛京将军衙门为查办拖欠租佃之壮丁舒秉顺等人事咨盛京内务府》记载："亲壮人丁旗民佃户各名下租官地若干应纳官租若干，照依庄头历年收租底账赶紧严为催办，如数征齐汇总呈交衙门，以便当纳紧要各差。倘有抗租之丁佃将官租扣抵私债，抑或偷典盗压等弊，即拘出契纸呈送衙门之按例惩办。"④ 对于欠租不交严重违抗情节严重的，会撤出庄丁所领种官地退予庄头，如《盛京内务府为将拖欠官租庄丁王宗元等领种官地撤退予庄头王宗有等事咨盛京户部》记载咸丰八年庄丁王宗元因拖欠官租，其所承领官地被撤出退予庄头王宗有⑤；还会施以枷责，如咸丰六年《盛京将军衙门为庄头全永坤收回佃户魏清书压租之官地并各佃欠租事咨盛京内务府》载："会计司案呈据署理催长事务委署主事成诰等呈称，据属下庄头

① 辽宁省档案馆. 黑图档·咸丰朝（一）[M]. 北京：线装书局，2016：397.
② 辽宁省档案馆. 黑图档·咸丰朝（一）[M]. 北京：线装书局，2016：318.
③ 辽宁省档案馆. 黑图档·咸丰朝（七）[M]. 北京：线装书局，2016：303.
④ 辽宁省档案馆. 黑图档·咸丰朝（六）[M]. 北京：线装书局，2016：7.
⑤ 辽宁省档案馆. 黑图档·咸丰朝（十三）[M]. 北京：线装书局，2016：271.

全永坤呈称情因身名下亲壮人丁旗民佃户等拖欠咸丰三年分官租未交前，蒙委员会同该界催办唯四方台房身等处民佃魏清书等伙同拖违官租，当经魏清书传案解送来署枷责治罪……"①

第三，庄丁的婚配控制。庄头内的婚嫁之事要报内务府，需由内务府确认其婚嫁之事是否属实，不可私自嫁娶，如咸丰元年壮丁程得普娶觉罗贵喜之女，报盛京内务经掌图记佐领岫云等确认属实再呈盛京将军衙门。《掌图记佐领岫云等为壮丁程得普娶觉罗贵喜之女为妻属实事呈请咨盛京将军衙门》记载："镶黄旗掌图记佐领岫云等呈为咨复事，据骁骑校安福等呈称由堂抄出，准盛京将军衙门咨开左户司案呈，据宗室觉罗总族长吉明呈称为呈行事，据觉罗贵喜呈称，为关领恩赏银两事等因前来随传。据甲丁程兆俊呈称伊子程得普于咸丰元年正月十九日娶得觉罗贵喜之长女得珠为妻是实等情，据此查得甲丁程兆俊之子壮丁程得普娶得觉罗贵喜之长女得珠为原配妻属实理合，呈请咨复祈转施行等情，据此相应呈堂咨复盛京将军衙门可也。"②

4.2　丁口清查

为了保证额赋的征收，防止隐瞒丁壮，严格管理庄头庄丁等，内务府还要定期清查庄园人丁，每三年清查更正一次，并造具清册送内务府备查，即为"比丁"。从雍正时期开始，比丁之事由户部负责督催管理，各处造具的比丁册均应在一定限期内送至户部汇总，不得延迟。《盛京内户部为催请造送比丁册事咨盛京内务府》记载："盛京户部为咨催事档案房呈誊查雍正十一年八月准户部咨开查三年一次比丁，照祖秉恒条奏分析开造一样清册二本咨送本部，务于八月内咨送汇总编查具奏其各处应造比丁册遵照限内送到，勿得迟延，若一处到迟，本部碍难合总，以致不能依限具奏，所关匪轻，本部必将迟延怠玩之处声明指恭等因知照遵行在案。"③ 比丁册以旗色为单位，旗下根据各类庄丁分别造册，如咸丰十一年（1861）盛京内务府发至盛京户部的公

①　辽宁省档案馆. 黑图档·咸丰朝（七）[M]. 北京：线装书局，2016：94.
②　辽宁省档案馆. 黑图档·咸丰朝（二）[M]. 北京：线装书局，2016：86.
③　辽宁省档案馆. 黑图档·咸丰朝（三）[M]. 北京：线装书局，2016：297.

文《盛京内务府为造送正白旗比丁册事咨盛京户部》中提到："咸丰十一年分本衙门正白旗佐领下壮丁册三本，棉花、盐、靛、采蜜、打乌大法寺等项壮丁册三本，兼在佐领下京玺庄丁册三本，吾尔占壮丁册三本，另配册三本，开档投充装订册三本，官员领催执事人兵丁闲散人等家奴册三本，共二十一本。内钤用印册七本、白册十四本，并无遗漏捏报冒入等弊，差派承办领催庆云赴部核对，相应咨送盛京户部查照可也。"① 同年，盛京内务府咨盛京户部有关镶黄旗比丁册的行文《盛京内务府为造送镶黄旗比丁册事咨盛京户部》② 中也有类似记载。

5　赋役征收

盛京皇庄的差赋杂役名目繁多，并且在不同时期也有所差异，并非一成不变。咸丰朝时期盛京皇庄上的差赋杂役主要有以下三种形态。

5.1　实物地租

粮庄、棉庄、靛庄、盐庄等，其纳租的主要标准就是上交实物地租。盛京内务府粮庄根据庄头等第一等、二等、三等、四等分别报粮，《盛京内务府为造送一年出入粮石销算清册事咨总管内务府》中记载："头等庄头二十六名，每名应报粮三百二十二仓石，牙猪四口折粮六十仓石，计报粮三百八十二仓石；二等庄头四名，每名应报粮二百九十二仓石，牙猪四口折粮六十仓石，计报粮三百五十二仓石；三等庄头四名，每名应报粮二百六十二仓石，牙猪三口折粮四伍仓石，计报粮三百零七仓石；四等庄头三十名，每名应报粮一百九十二仓石。"③ 盛京内务府棉庄、靛庄、盐庄的实物上交则因旗而异。据《掌图记佐领岫云等为销算棉靛盐事呈请咨总管内务府》记载："棉庄：镶黄旗棉庄每年每丁交花七斤二两，正黄旗棉庄每年每丁交花十三斤四

① 辽宁省档案馆. 黑图档·咸丰朝（十四）[M]. 北京：线装书局，2016：65.
② 辽宁省档案馆. 黑图档·咸丰朝（十四）[M]. 北京：线装书局，2016：73.
③ 辽宁省档案馆. 黑图档·咸丰朝（二）[M]. 北京：线装书局，2016：378.

刃，正白旗棉庄每年每丁交花十三斤七刃。靛庄：镶黄旗共应交靛八千四百三十八斤二两，正黄旗共应交靛五千零六十一斤十三两，正白旗共应交靛九千六百斤。盐庄：镶黄旗每年每丁一百五十七斤十一刃，正黄旗每年每丁一百三十二斤十三两，正白旗每年每丁一百二十五斤。"①

5.2 货币地租

货币地租是实物地租的辅助形式，果园、牲丁等按规定要交纳的实物地租可以折银上缴，具体折银的方式复杂多样。果园园丁交纳银两按照总额计算，果园内每丁应交银没有定额，如园内人丁有增减，即将应缴银两均分摊到每丁，如咸丰六年《掌图记佐领岫云等为解送广宁园丁应交之钱粮银事呈请咨总管内务府》载："查得广宁应交钱粮旧有园丁一百七十名，内除催长一名，领催三名，下剩应交钱粮园丁一百一十三名，每名应交银三两，共计银三百三十九两。乾隆六年彻底查出闲散丁六百七十六名，于咸丰五年比丁合并新陈共丁七百八十九名，按差丁均分每丁银四钱二分九厘六毫六系共计银三百三十九两。"② 这种征银方式保证了皇室每年赋役收入。各"户"牲丁的折银方式，根据《总管内务府为催交蜜鱼等各项牲丁应交折差银两事咨盛京内务府》记载，有：蜜户应交蜂蜜每瓶折银五钱，猎户应交海龙皮每张折银一两，鹯户应交大鹯翎每副折银三钱，细鳞渔户应交细鳞鱼每尾折银四分，网户应交各样鱼每斤折银三分。③

在征收赋役时，遇特殊情况如旱涝灾害等造成庄粮减产或绝收，也会相应请示总管内务府减免租赋额，如咸丰元年庄头魏常禄承种官地被水冲刷照例请免差粮。《总管内务府为庄头魏常禄承种官地被水冲刷照例请免差粮事咨盛京内务府》载："盛京总管内务府咨开会计司案呈，据属下庄头魏常禄呈称情因身承领官地坐落广宁正黄旗界内魏家屯处当差，官地四千四百亩。前于道光二十九年间被水冲沙压实不能开垦地二千二百亩并被水灾九分，呈报会

---

① 辽宁省档案馆. 黑图档·咸丰朝（一）[M]. 北京：线装书局，2016：324.

② 辽宁省档案馆. 黑图档·咸丰朝（二）[M]. 北京：线装书局，2016：258.

③ 辽宁省档案馆. 黑图档·咸丰朝（一）[M]. 北京：线装书局，2016：149.

查在案尚未复准。现届身除前报被水冲之地仅剩官地二千二百亩耕种当纳各项差徭，今于本年五六月间雨水连绵，柳河沟水泛滥，将身官地冲对坑沟成河并沙石压盖地约一千余亩，禾稼尽被冲去，实系不能耕种，身只得据实呈报。查庄头等承种官地按年应当各差皆关紧要綦重綦严，事关官产未便任意率行，首报冲压希图免减差徭，若非履亩清查流弊滋甚理合，呈请示派委员笔帖式清格持剖，会同该界官亲诣地□履亩详细查验此项官地究否堪重，查明有无被水冲对沙石压盖，若果属实，被水冲官地不堪耕种若干亩数加具会衔印结印册呈报相应咨行。"① 具体的减免根据地亩受灾情况而定，受灾程度越大，则豁免力度越大。咸丰三年部来档《盛京户部为催收承种之未遭灾地亩租银事咨盛京内务府》中记载："查本衙门庄头乌林阿等六名地亩被灾分数豁免银两数目造册送部以便核对，查被灾定例内开被灾五六分者豁免一成，七分者豁免两成，八分者豁免四成，九分者豁免六成，十分者豁免七成。"②

5.3　劳役负担

盛京内务府皇庄庄丁在承担大量实物地租、货币地租的同时，还要承担繁重的劳役。盛京内务府皇庄中涉及的劳役种类繁多，涉及皇室生活的方方面面，需要进贡各类食物、线麻等。每年向总管内务府交纳肥鸡、鸭、鹅、鱼等，交纳蘑菇、木耳、蕨菜、葡萄干、枸杞、小根菜、黄花菜、蕾蒿菜、茜草、线麻、鹰尾飘翎等，还要派人上山打松子、挖人参、捕捉活鹿等，这些物品可用于皇室的日常生活和供奉等。如咸丰元年掌图记佐领岫云为进送广宁三旗园丁应交榛子等行文咨总管内务府："掌图记佐领岫云等呈为咨送事据掌仪司司库记名催长格诚等呈称，本年广宁三旗园丁应交榛子十二仓石外，添供高宗纯皇帝暨仁宗睿皇帝，又添供宣宗成皇帝。圣荣前不闰月年共应加添榛子三十四仓石二斗一升四勺，内除本处园丁共应交加添榛子二十五仓石三斗四升六合四勺，随本处年例应交榛子另行咨送外，广宁园丁共应分交加添榛子八仓石八斗六升……交与领催宋永兆送交之处。伏祈核转施行等情，

---

① 辽宁省档案馆. 黑图档·咸丰朝（一）[M]. 北京：线装书局，2016：48.
② 辽宁省档案馆. 黑图档·咸丰朝（五）[M]. 北京：线装书局，2016：175.

据此相应呈堂送总管内务府并知会崇文门山海关税务衙门可也，为此具呈。"① 此外，总管内务府与盛京内务府之间有众多行文事关进贡之物，如为添取供奉所用榛子松子等②、收到布匹③、蘑菇木耳④、槽盆⑤等。另外，还要进贡各类零用物品。由于皇室内的各类杂事由内务府负责，所以内务府皇庄也需提供各类杂事所需物品，包括维修房屋用的高粱秸、草、镰刀等，采摘山货用的瓢、刷帚，做蜜饯食品所需烧柴，扫院子用的扫帚、抬筐，宫内打糊窗户所用糨糊的原料（面粉），宫内值班房内用的席子等，如咸丰二年《工部为奏准修缮太庙配殿应需工料款项等事咨盛京内务府》中就记载了修缮太庙配殿时所需工料由内务府提供⑥，转而即成为内务府皇庄中庄丁的劳役负担。

　　总之，盛京作为清王朝的"龙兴之地"，盛京内务府对其所属皇庄包括庄头、庄丁及赋役等各项管理，其实质均是为了维护皇室奢靡生活，以及本民族在盛京地区乃至东北地区的统治利益。咸丰时期虽然国家在外已面临着被侵略、国土被侵占的威胁，但清政府依然保持着对内部皇庄的严格管理，剥削人民。虽然相较于之前康雍乾等时期，咸丰朝清政府已放宽对庄园内庄丁等的剥削，如明确规定受灾地亩可按受灾比例减免差徭，在皇庄上允许一般民人领种田地实行招佃纳租的封建制，但其外在剥削之壳依然存在，只是由庄丁与内务府、清朝统治者之间的直接矛盾转为庄丁与土地承包庄头之间的矛盾。本文通过《黑图档·咸丰朝》主要研究的是盛京内务府对其所属皇室庄园的日常管理，而对于庄园内部庄丁与庄头、庄丁与庄丁等关系，庄园内经济矛盾、刑事管理等并未涉及。可以说，内务府皇庄虽为皇室私有庄园，但其很多内容也反映了清朝东北地区的人民生活。2016 年出版的《黑图档》为历史、管理、经济等学术研究提供了重要的参考资料，期待未来有更多学者利用《黑图档》丰富并深入学术研究，取得更为丰硕的学术成果。

① 辽宁省档案馆. 黑图档·咸丰朝（一）[M]. 北京：线装书局，2016. 378.
② 辽宁省档案馆. 黑图档·咸丰朝（一）[M]. 北京：线装书局，2016：10.
③ 辽宁省档案馆. 黑图档·咸丰朝（一）[M]. 北京：线装书局，2016：13.
④ 辽宁省档案馆. 黑图档·咸丰朝（一）[M]. 北京：线装书局，2016：17.
⑤ 辽宁省档案馆. 黑图档·咸丰朝（一）[M]. 北京：线装书局，2016：18.
⑥ 辽宁省档案馆. 黑图档·咸丰朝（一）[M]. 北京：线装书局，2016：61.

《黑图档·嘉庆朝》所见清代东北自然灾害书写及政府赈灾路径[①]

赵彦昌　　王依凡

（辽宁大学历史学院　沈阳　110136）

摘　要：为了解清代东北地区的环境变迁及清政府对东北地区自然灾害的书写和应对路径，本文主要通过利用《黑图档·嘉庆朝》内相关自然灾害档案，对清代东北地区所遇涝灾、旱灾、虫灾、雹灾等进行分析，并在此基础上归纳研究清政府所施行的蠲缓和赈济两种主要的赈灾路径，以期补充对清代东北环境及自然灾害的相关研究。

关键词：《黑图档》　自然灾害　清代　东北　环境史　蠲缓　赈济

1　引言

康乾盛世之后，中国人口不断攀升，在嘉庆、道光时期达到巅峰。清朝百姓为满足自身发展和生存需要不断地砍伐林木、私开荒地、偷猎采盗等，对当时的环境造成严重的破坏，东北地区的生态环境在逐步恶化。生态环境变差导致极端天气频繁出现，自然灾害频发。旱灾、涝灾、冰雹、虫灾等灾害给当时的百姓生活和社会稳定都带来了严重的影响。面对严重的灾害，百姓生计难以维持。清政府积极展开救助，逐渐形成了一套较为完善的赈灾路

作者简介：赵彦昌（1978—），男，汉族，教授，博士生导师，河北晋州人，辽宁大学历史学院档案学系主任，辽宁大学中国档案文化研究中心主任，研究方向为中国档案史、档案信息开发等。王依凡（1996—），女，河北邢台人，辽宁大学历史学院硕士研究生，主要研究方向为东北清代档案史。

①　基金项目：本文系 2020 年教育部哲学社会科学研究后期资助重大项目"嘉道咸三朝《黑图档》研究"（项目编号：20JHQ012）阶段性研究成果之一。

径，以期帮助百姓维持正常的生活。

目前，对清代环境、自然灾害及赈灾路径的研究数量较少，还没有形成完整的体系，但仍有一些优秀的著作值得借鉴。例如，陈跃《清代东北地区生态环境变迁研究》① 在利用档案、实录、方志和考察笔记等资料的基础上，以"自然生态、自然灾害、政府管理、民众开发"四个相关层面的研究视角，对清代东北地区生态环境变迁分阶段进行研究。尚振华《清代东北地区的救灾与济贫》② 在分析清代东北地区社会发展和灾害状况的基础上，主要研究了清代东北地区的救灾程序和措施。有关清代自然灾害及其赈济与环境的论文目前也有近百篇，具体内容不再一一赘述。由辽宁省档案馆整理编纂的《黑图档·嘉庆朝》于 2016 年出版，收录了嘉庆二十五年间盛京内务府与总管内务府、六部、盛京五部、盛京将军衙门等往来的两万余件文书档案，为我们研究清代东北地区自然灾害及环境情况提供了丰富的史料。本文以《黑图档·嘉庆朝》为基础，对清政府对东北地区的自然灾害书写及赈灾路径作初步探讨。

2　《黑图档·嘉庆朝》所见清代东北地区灾害书写

随着东北地区生态环境的逐步恶化，极端天气频繁出现，自然灾害不断发生。在嘉庆二十五年间，自然灾害发生频率到达巅峰。据《黑图档·嘉庆朝》记载，约有十八起涝灾、两起旱灾、两起雹灾、三起虫灾。其中，嘉庆十二年（1807）是多种自然灾害频繁爆发的一年。嘉庆十七年（1812），涝灾辐射面积广阔，有复州、广宁、锦州、牛庄、小黑山、辽阳、铁岭、开原、金州、盖州等处。如此频繁的自然灾害反映了当时生态环境的脆弱，同时也对人们生存造成了严重影响。嘉庆年间因发生自然灾害较多故史料相对充足，但文章篇幅有限，无法对每起灾害的书写情况具体介绍。因此，我们对每次自然灾害只选取一件档案列出，并对某几件档案书写展开具体分析。具体情

① 陈跃. 清代东北地区生态环境变迁研究 [M]. 北京：中国社会科学出版社，2017.
② 尚振华. 清代东北地区的救灾与济贫 [D]. 哈尔滨：黑龙江大学，2010.

况见表1。值得注意的是，档案中记载时间与灾害发生时间相比有一定的延迟，表1采用档案记载时间。

表1　　　　　　　　　　　嘉庆年间自然灾害档案

序号	档案记载时间	灾害类型	相关档案
1	嘉庆三年（1798）	涝灾	《盛京将军衙门为查处各处地亩被水受灾情况事咨盛京内务府》
2	嘉庆四年（1799）	涝灾	《会计司为粮庄地亩受灾歉收减免钱粮事咨盛京内务府》
3	嘉庆六年（1801）	涝灾	《盛京将军衙门为户部奏准永定河泛滥请令士民报捐事咨盛京内务府》
4	嘉庆七年（1802）	涝灾	《盛京将军衙门为派员查勘牛庄等城被水淹涝地亩各情形事咨盛京内务府》
5	嘉庆七年（1802）	涝灾	《盛京内务府为派人查勘广宁等处被灾地亩分数事咨盛京将军衙门》
6	嘉庆八年（1803）	涝灾	《盛京户部侍郎等为因秋雨连绵禾稼歉收领催兵于民仓借米事咨盛京内务府》
7	嘉庆九年（1804）	涝灾	《盛京将军衙门为查明辽阳界黄泥洼地亩是否积水不堪耕种等事》
8	嘉庆十年（1805）	涝灾	《盛京将军衙门为查勘辽河发涨被水地亩分数事咨盛京内务府》
9	嘉庆十年（1805）	雹灾	《盛京将军衙门为辽阳等处被水雹灾请派员会同核办具题赈恤事咨盛京内务府》
10	嘉庆十一年（1806）	涝灾	《盛京将军衙门为河水泛滥冲塌旗人房屋奉旨赏给修费事咨盛京内务府》
11	嘉庆十二年（1807）	涝灾	《盛京内务府为查明庄头马金等名下被水冲沙压地亩能否垦复事咨盛京户部》
12	嘉庆十二年（1807）	旱灾	《盛京内务府为派员会查盖州旗地被旱成灾分数事咨盛京将军衙门》

序号	档案记载时间	灾害类型	相关档案
13	嘉庆十二年（1807）	虫灾	《盛京将军衙门为造送锦州界内旗人红余册地被虫灾分数册结事咨盛京内务府》
14	嘉庆十二年（1807）	雹灾	《盛京将军衙门为造送开原旗人地亩被雹灾分数册结事咨盛京内务府》
15	嘉庆十三年（1808）	涝灾	《盛京内务府为更正庄头黄希贤等名下水冲沙压地亩数目清册事咨总管内务府》
16	嘉庆十五年（1810）	涝灾	《盛京将军等衙门为查明辽阳兴京等地涝灾情形事咨盛京内务府》
17	嘉庆十七年（1812）	涝灾	《盛京将军衙门为派员查明复州等处地亩被淹情形事咨盛京内务府》
18	嘉庆十九年（1814）	涝灾	《盛京将军衙门为会查各界遭受涝灾淹涝处所及田禾受灾亩数事咨盛京内务府》
19	嘉庆十九年（1814）	虫灾	《盛京将军衙门为会查凤凰城界内遭受涝灾淹涝虫伤处所及田禾受灾亩数事咨盛京内务府》
20	嘉庆二十年（1815）	涝灾	《盛京将军衙门为查报三旗界内田禾被水淹涝情形事咨盛京内务府》
21	嘉庆二十二年（1817）	旱灾	《盛京将军衙门为造送中后所等处旗人被旱成灾地亩及应赈户口细册事咨盛京内务府》
22	嘉庆二十二年（1817）	虫灾	《盛京将军衙门为派员会查复州旗人被旱虫伤分数等事咨盛京内务府》
23	嘉庆二十三年（1818）	涝灾	《盛京将军衙门为奉上谕派员确查辽阳等处低洼田禾被浸情形事咨盛京内务府》
24	嘉庆二十四年（1819）	涝灾	《盛京将军衙门为派员查明牛庄界内旗人地亩被涝成灾情形事咨盛京内务府》
25	嘉庆二十五年（1820）	涝灾	《盛京将军衙门为查勘巨流河等处旗地被水情形事咨盛京内务府》

2.1　涝灾书写

雨水不断，河流上涨是造成涝灾的重要原因。嘉庆时期东北地区几乎每年都会有涝灾的出现。嘉庆十一年（1806），《盛京内务府为庄头黄希贤等五人河兑地亩应照被水冲沙压地亩之例减交庄粮事咨总管内务府》中有记载："因前来查得庄头黄希贤、刘得、英铨、张富、马金等五人承种官地俱临河沿，因被河水冲占，是以原册内注写，河兑字□至庄头。"① 《盛京内务府为造送庄头被灾地亩成数及蠲免差粮数目细册事咨总管内务府》则记载了河水上涨是由于降雨较多所造成，进而发展为涝灾："盛京抚顺等城界内居住承领官地因于本年五六月间，大雨连绵，河水泛涨将身等所种禾稼俱被水淹涝，为此身等呈明叩□恩准施行等情呈报，前来查得嘉庆四年经总管内务府。"② 嘉庆十九年（1814）仍有涝灾发生。在《盛京将军衙门为奏报麦收成数并雨水情形事咨盛京内务府》中就有这样的书写："盛京将军衙门，为咨行事左户司案，呈本衙门跪奏为麦秋收成分数并雨水情形，恭折奏闻，仰祈圣鉴。事窃查盛京所属各城，自入夏以来，雨泽调匀，奏报二麦俱已刈，收成六七分，余不苛大天均各畅茂至六月中旬以后，连日大雨禾稼沾足可望，有秋施七月初旬，辽阳等城防守尉苛后，禀秋该境内阜平原地亩禾稼均已吐颖结穗，秋成大有可望。第沿河一带地亩，因浑河塔思哈河、辽河涨，发抵灌田禾向被水淹浸等情，奴才苛后，得现在天时晴霁多日，积水渐次消涸，除饬令改城守尉苛，将该病沿河抵灌地亩被淹之处，现于禾稼有无伤损，实履堪外统俟结报到日是否成灾，奴才等再行确查具奏，所麦秋分数雨水情形，合理先行恭折奏。"③ 我们从上述档案书写中可见：在涝灾发生之前，雨水丰沛，丰收在即。然而雨水使河塔思哈河、辽河河水上涨，沿河地亩被淹。"雨泽调匀"的雨水致使灾害的发生。这说明当时东北地区的环境承载力较差，非极端天气就会导致灾害的发生，生态环境体系脆弱。在此之后又有后续书写记载：

---

① 辽宁省档案馆. 黑图档·嘉庆朝（四）[M]. 北京：线装书局，2016：282.
② 辽宁省档案馆. 黑图档·嘉庆朝（四）[M]. 北京：线装书局，2016：327.
③ 辽宁省档案馆. 黑图档·嘉庆朝（二十三）[M]. 北京：线装书局，2016：69.

《盛京将军衙门为造送庄头蔡永基名下被水冲压地亩册结事咨盛京内务府》中"庄头蔡永基名下承领官地内，于嘉庆十九年间被水冲压地三百亩，实不能垦复"①。嘉庆十九年的涝灾使庄头承种官地被水冲压，收成全无。这给当时百姓的生活带来极大的影响，百姓生活难以得到保障，无以为继。

2.2　旱灾书写

旱灾指因气候严酷或不正常的干旱而形成的气象灾害。旱灾的出现严重影响了农作物的收成情况，造成减产或歉收，从而带来粮食问题，甚至引发饥荒。在《黑图档·嘉庆朝》中也有针对东北地区旱灾情况的书写，嘉庆十二年中《盛京将军衙门为造送小凌河等处旗人红余册地被旱虫成灾分数印结事咨盛京内务府》有记载："据锦州协领和忠禀称，锦属八旗并小凌河、松岭子、明水塘等处旗人红余册地，坐落山冈者居多，今岁春夏未降透雨，不唯旱亢兼起腻虫。"② 此档案书写了旱灾之后又有虫灾等，自然灾害相应出现。又有嘉庆二十二年（1817）八月的相应记载，在《盛京将军衙门为造送中后所等处旗人被旱成灾地亩及其应赈户口细册事咨盛京内务府》中："掌路记佐领因禾苗抗旱，当经具禀呈报协宪嗣经转饬速急会同民员，查勘秋成究竟如何，俟呈报到日再行查办，骁骑校前因奉文出差与七月十五日竣，到任接管界务遵即亲诣各屯村详细查勘得：未降透雨以前，实系亢后于七月初八至十二日等，日幸得透雨，其洼下平原地亩间有焦篓枯萎，尚望有秋唯山冈沙滩禾稼虽有吐穗，籽粒不足者共三十八屯，实系亢旱致灾。其余各村屯，现在赶紧查办有无致灾……先行录文移复掌路佐领查照。"③ 从上述档案书写中，我们可以了解到在嘉庆年间因雨水不足，平原地亩禾稼有枯萎的现象，而沙滩和禾稼虽然吐穗，但籽粒不足，收成不好。雨水不足导致的旱灾直接影响了庄稼的产量和百姓的生活。随后，关于二十二年的旱灾，《盛京将军衙门为奉上谕复州等处受旱灾旗民借给口粮等事咨盛京内务府》还有如下记载："奉

---

① 辽宁省档案馆. 黑图档·嘉庆朝（二十六）[M]. 北京：线装书局，2016：135.
② 辽宁省档案馆. 黑图档·嘉庆朝（十六）[M]. 北京：线装书局，2016：171.
③ 辽宁省档案馆. 黑图档·嘉庆朝（二十六）[M]. 北京：线装书局，2016：323.

天省复州等处遍隅被旱□，经降旨分别蠲缓抚恤该旗民等，糊口有资，自可无虞失所，唯念今春青黄不接之时生计未能充裕，着加恩，将复州等处被灾八分旗户量加展赈并宁海县、复州、宁远州等处灾歉各户有力贫民，酌量借给口粮。"① 旱灾之后会有许多其他灾害相应发生，给百姓及生态环境造成恶劣的影响。针对当时生态环境恶劣，清政府并没有相应的整改路径，但针对百姓无法自给自足的情况，政府会对受灾情况逐一排查并造册记载，为日后的赈灾做准备。在这件档案中也有相应书写："将去岁被旱各村屯歉收旗户逐一详细认真查明，开造户口细册，加具并无遗漏。"

2.3　虫灾雹灾书写

除了旱灾、涝灾之外，还有虫灾、冰雹等灾害。这些灾害虽发生频率不高，但这也是生态环境恶化的一种表现，给人们的生活带来了巨大的不便。在《黑图档·嘉庆朝》就有记录虫灾和冰雹会同时发生的情况。嘉庆十二年是记载多种自然灾害频繁爆发的一年。《盛京将军衙门为造送盖州界内旗人红册地被旱虫成灾分数印结事咨盛京内务府》就有对其的书写："盛京等处将军衙门，为咨行事左户司案呈前处盖州防尉知县等详报盖州界内所种禾稼被旱虫伤一案，当即派委佐领福谯等，会同该防守尉确查结报去□□该委员领福谯等，会同查报该届各旗界内旗人名下纳粮红册地亩所种禾稼实系被旱成灾五分余。"② 同年九月，小凌河等处也爆发了旱灾和雹灾，《盛京将军衙门为造送小凌河等处旗人红册地被旱虫成灾分数印结事咨盛京内务府》公文中有如下记载："据锦州协领和忠禀称，锦属八旗并小凌河、松岭子明水塘等处，人红余册地亩落山冈者居多。今岁春夏未降透雨，不唯旱亢兼起腻虫、蒿黎等虫害苗并被风雹打伤，禾稼除详细复勘是否成灾，零星呈报等情曾奉堂谕今岁各城田禾尚属礼禾锦属雨水虽少，愆期迄至六月二十五日以后。"③ 另外，还有多地方受到雹灾所害，《盛京将军衙门为造送开原旗人地亩被雹灾分

① 辽宁省档案馆. 黑图档·嘉庆朝（二十七）[M]. 北京：线装书局，2016：14.
② 辽宁省档案馆. 黑图档·嘉庆朝（十六）[M]. 北京：线装书局，2016：178.
③ 辽宁省档案馆. 黑图档·嘉庆朝（十六）[M]. 北京：线装书局，2016：171.

数册结事咨盛京内务府》记载："奏前于九月十五日申□接到岭正白旗防御俄典厄禀报，□□内下石碑山上、石碑山、山城子、百官屯等四屯旗人所种红册地内，禾稼八月十六日未及收割，均被冰雹打伤，穗粒遂落在地，随冰水而去。"① 由于嘉庆十二年，降雨稀少，庄稼被旱虫所害，甚至雪上加霜，庄稼还饱受风雹的摧残，在多种自然灾害的作用下，盛京将军衙门积极呈报，勘察受灾的情况。

这些频发的自然灾害给当时的生态环境和百姓的生产生活都造成了影响。从环境角度来看，自然灾害的频繁发生在一定程度上反映了当时环境逐渐恶劣；从社会角度来看，自然灾害降低了粮食产量，使农作物减产或绝收，给当时百姓的生活造成困扰，甚至影响了社会的稳定。

3　清政府应对各种自然灾害路径解析

面对频繁发生的自然灾害，清政府在总结历代经验的基础上，形成了一套较为完备的赈灾制度体系，可称"集历代之大成，最为全面完备，凡古代赈济济贫之术，靡不毕举"②。总结起来，清代应对自然灾害的路径有蠲缓、赈济、调粟、借贷、除害、安辑、抚恤七个方面，其中蠲免和赈济是清政府最常用的赈灾手段。《黑图档·嘉庆朝》中关于政府赈灾的书写内容较为丰富，以下我们主要针对《黑图档·嘉庆朝》的记载对蠲缓和赈济展开分析。

3.1　蠲缓

蠲缓是清代赈灾的重要措施，主要包括蠲免和缓征。蠲免是指对受灾较重地区不同程度地免除赋税钱粮。缓征则是对受灾较轻地区赋税的暂缓征收。

关于灾后政府蠲免差粮的实施办法，嘉庆皇帝仍照乾隆之旧例。例如，在嘉庆十一年东北地区大雨连绵、河水泛滥。辽阳、牛庄、盖州、广宁、抚顺等处的庄稼被涝成灾，在盛京内务府造报总管内务府后，即有批复。在

---

① 辽宁省档案馆. 黑图档·嘉庆朝（十六）[M]. 北京：线装书局，2016：192.
② 李向军. 清代荒政研究 [M]. 北京：农业出版社，1995：28.

《盛京内务府为造送庄头被灾地亩成数及蠲免差粮数目细册事咨总管内务府》中有记载：“奏准庄头等承种官地照依乾隆四十七年以前之例，如遇歉收一分即免一成钱粮，其卖给口粮之虞仍行停止并饬令地方官秉公详查据实确报等。”① 不仅如此，当时清政府对蠲免的钱粮数目把控严格，禁止有丝毫差错。在这件档案的后半段中有这样的记载：“奏准庄头等遇有被灾地亩按照地方官册结尽报尽，免其被灾一分四厘钱粮，即免一分四厘钱粮，既不得少免。而被灾一分六厘，即免一分六厘钱粮，亦不得多免。等因知照，亦在案本衙门庄头等官地被灾，自愿遵照新例办理。”从《黑图档·嘉庆朝》我们可以发现，嘉庆时期赈灾的蠲免政策基本延续乾隆之例，并严格按照上报的钱粮数蠲免，不得有多免或少免的现象。政府对其有较为严格的把控。

缓征与蠲免有着根本的区别：蠲免可以免除部分钱粮；而缓征只是暂纾民力，事后仍要补上未收钱粮。嘉庆时期财政困难，缓征逐渐成为经常施行的赈灾措施，并且清政府也有相应的缓征政策。在嘉庆十一年涝灾之后，清政府对此也有相应的赈灾路径。《盛京内务府为庄头黄希贤等五人河兑地亩应照被水冲沙压地亩之例减交庄粮事咨总管内务府》有记载：“盛京内务府快速查明应按何项地亩办理之咨复盖到日再行核办等。因前来查得庄头黄希贤等五人名下承种官地，于嘉庆十年报灾册内注有河兑字样，查河兑地亩与水冲压地亩，事同一律照例，一顷以上给限二年，五顷以上给限三年。俟限满时，本衙门出派委员会同该界官，查明是否尚能垦复。该界官会衙加结呈报如能垦复仍当原是，如不能垦复照例按成减免差粮。”② 从上述材料中我们可以了解到，清政府虽有灾后实行相应的缓征的路径，但缓征之后，百姓日后却要面对更为沉重的赋役，这使百姓生活更为困苦，清政府的缓征路径没有从根本上解决问题。

缓征限满之后，政府还会派人查明被灾地亩是否可以继续开垦，并上报给内务府。在《盛京内务府为报嘉庆十五年庄头被水冲沙压地亩不能开垦续免差粮事咨总管内务府》中记载如下：“盛京庄头等承种官地亩于嘉庆十五年

---

① 辽宁省档案馆. 黑图档·嘉庆朝（四）[M]. 北京：线装书局，2016：327.
② 辽宁省档案馆. 黑图档·嘉庆朝（四）[M]. 北京：线装书局，2016：282.

被涝成灾，沙石压盖地亩，一顷以上者给限二年，五顷以上者给限三年，十顷以上者给限四年。今其开垦届限之时，仍照旧例征差限满，如果不能开垦，俟该庄头呈报，派委员会同地方官复行详细查验，交与地方官注册，照现有好地核算征差等语。今查十顷以上给限四年者，以届限满，随据庄头方正吉呈报，身此项水冲压地亩，自呈报以来，其近河者已被水冲于河稍远，俱成坑坎，沙石压盖，实不能开垦等情呈报前来。今已届限满，本衙门出派委员催长叶天文携带部发四至会同该界官亲诣地所，同庄头查丈明确分析造册，呈报相应开录庄头方正吉名下冲压地亩粘单呈请转呈等情，据此相应咨行。"① 内务府核对情况属实之后，会将缓征政策变为蠲免，免除一部分赋税。例如，"嘉庆十五年被水冲压地亩一千四亩，现查实不能开垦，照例按亩通算核计，照例续免差补二成"②。

3.2 赈济

赈济是指将钱粮发放给灾民，是最直接的赈灾方式。清代主要的赈灾赈济的路径有正赈、大赈、展赈、摘赈四种。《黑图档·嘉庆朝》中记录了百姓受灾之后，政府采取的相应的赈济措施。

正赈，又称急赈或者普赈，是指凡遇水灾、旱灾地区的百姓，不论成灾分数，不分级次贫民，都要行一概赈济一个月。在嘉庆十年（1805）的水灾中，政府积极展开正赈，《盛京将军衙门为造送辽阳等处地亩被水灾户关领一月口米细册事咨盛京内务府》这样记载："为咨行事左户司案呈查，今岁本城辽阳、广宁、牛庄、铁岭等处界内旗人所种田禾被水成灾之后，前经奏明。奉旨恩赏被灾户一月口粮，钦此。遵随经咨取旗民仓贮米数以凭酌发去后今准。"③ 从上述档案中我们可以看出，政府展开正赈需要造册记录关领口米人数，以备查考。不仅如此，清政府还需要对受灾地亩及灾分数目造册，以免出现冒名领粮等现象。随后关于此水灾的赈济中又有这样的公文书写，《盛京

---

① 辽宁省档案馆. 黑图档·嘉庆朝（六）[M]. 北京：线装书局，2016：085.

② 辽宁省档案馆. 黑图档·嘉庆朝（六）[M]. 北京：线装书局，2016：85.

③ 辽宁省档案馆. 黑图档·嘉庆朝（十四）[M]. 北京：线装书局，2016：23.

户部为请派员关领被灾人等应领一月赈米事咨盛京内务府》记载："盛京内务府衙门咨开查得本衙门正黄旗、镶黄旗、正白旗三旗并掌仪司、会计司内管领等处各所属被灾旗人名下红册地亩及灾分数目，应赈男妇大小人口、应行赏给一月口米，理合造具细册各二本，咨送盛京户部查照等。"①

大赈是正赈之后的赈济措施。"待勘灾、审户之后，被灾六分者极贫加赈一月；被灾七、八分者极贫加赈二月，次贫加赈一月；被灾九分者极贫加赈三月，次贫加赈二月；被灾十分者极贫加赈四月，次贫加赈三月，此为大赈。"② 清政府在核查极贫人口数目无误后，便会展开大赈。在《盛京将军衙门为请核查被灾极贫户口数目等并派员领赈事咨盛京内务府》记载："盛京内务府查照单开人名口数照册详查，另行造妥册二本，加具并无遗漏，昌报切实，印结先行，咨复并将极贫大小口数核计应领粮米折价银两数目出具印领，派员前来赴本衙门领取散放，可也，须至咨者。"③ 在严重受灾地区，清政府蠲免和赈济政策会同时实施。如在《盛京将军衙门为奉上谕复州等城灾民缓纳钱粮并恩赏口米事咨盛京内务府》中："上谕，所有复州、宁海、岫岩、熊岳、凤凰城五城被灾旗民各户，本年应纳新旧钱粮普予缓征。其兵丁所借仓粮亦着加恩，一律缓至明年秋后交纳，并赏给复州、宁海二属旗民极贫困户口三个月口粮接济，又赏给复州、宁海、岫岩、熊岳、凤凰城等五城旗户一月口粮以助农作。"④ 对极贫受灾百姓多种赈灾措施同时实施，有助于保证灾民当下的生存及未来的发展。

展赈是大赈结束之后的一种补充性赈济形式，根据灾民日后的生存情况，临时奏请再次赈济。《盛京将军衙门为请造送被灾旗人领过展赈一月口米折银数目清册事咨盛京内务府》记载："盛京将军衙门为咨行事左户司案呈查，去岁，辽阳等城被灾八分旗人应领展赈一月口米。"⑤ 除此之外，在《盛京将军衙门为奉上谕复州等处受旱灾旗民借给口粮等事咨盛京内务府》中也有类似

①　辽宁省档案馆. 黑图档·嘉庆朝（十四）[M]. 北京：线装书局，2016：30.
②　李向军. 清代荒政研究 [M]. 北京：农业出版社，1995：32.
③　辽宁省档案馆. 黑图档·嘉庆朝（二十）[M]. 北京：线装书局，2016：293.
④　辽宁省档案馆. 黑图档·嘉庆朝（二十）[M]. 北京：线装书局，2016：287.
⑤　辽宁省档案馆. 黑图档·嘉庆朝（二十一）[M]. 北京：线装书局，2016：459.

记载:"上谕,上年,奉天省复州等处遍隅被旱业,经降旨分别蠲缓抚恤该旗民等,糊口有资,自可无虞失所,唯念今春青黄不接之时生计未能充裕,着加恩将复州等处被灾八分旗户量加展赈。"① 这些记载较为清晰地反映了嘉庆年间百姓受灾严重时,政府的展赈措施的施行。

摘赈,也称抽赈,是指赈济需要赈济的灾民,是一种非常灵活的赈济赈灾措施。"摘赈所施的情况有下列几种:一是于勘验户口时,遇有老病孤苦情状危惨,非急赈之不生者,要验明情形,知会印官,先行摘赈。二是正赈之后,大赈之前,极贫户内有老病孤寡,一经停赈,难以存活者,应行摘赈,使接至大赈。三是成灾五分之地,与六分相近,恐勘报稍有不确,或气凉霜早,分数减变,可将五分灾内无地极贫酌量照六分成灾定理摘赈。"② 《黑图档》中有记载嘉庆二十二年受灾之后《盛京将军衙门为奏准赈恤米石酌量变通事咨盛京内务府》中朱批内容:"嘉庆二十二年十二月二十三日,内阁奉、上谕富等奏赈恤米石酌情变通一折,盛京复州等处被灾旗民应领续赈米石,据该将军等查明仓贮不敷,若由邻邑改发转运需时,着照所请准其一半,照银来兼账例折给银两一半,照依高粱来价折给银两。"③

3.3 其他路径解析

其他的赈济路径《黑图档·嘉庆朝》中书写相对较少,但我们仍可以从少数相关档案中了解一二。

调粟即通过粮食调度来赈济灾民,是清政府常用的赈灾手段。不仅有临灾调粟,也可在灾害之前准备,以达到储粮备荒的目的。调粟与赈济有一定的差别,赈济是在受灾地区开仓放粮,免费发放给灾民。调粟是从其他地方调来粮食后,以平价卖给灾民。在《清实录》中有这样的记载:"谕军机大臣等,本年直隶被灾州县较多,节经发帑截漕,开放大赈,民食自不至缺乏。但念来春青黄不接之时,米价昂贵,必须豫筹采买米石,以备平粜之用。今

---

① 辽宁省档案馆. 黑图档·嘉庆朝(二十七)[M]. 北京:线装书局,2016:14.
② 李向军. 清代荒政研究 [M]. 北京:农业出版社,1995:32.
③ 辽宁省档案馆. 黑图档·嘉庆朝(二十六)[M]. 北京:线装书局,2016:404.

奉天通省丰收，粮价甚贱，自应就近采办转运，以资接济。"① 调粟经常与平粜结合使用，即调来粮食后，官府在荒年缺粮时，将仓库所存粮食平价出售，以此保障灾害之后灾民生活。

借贷主要是针对可以维持自身生计，但由于灾害生活无法得到保障的灾民。借贷钱粮也是清代主要的赈灾路径。《盛京将军衙门为借给广宁等处被灾旗户一月口米事咨盛京内务府》有记载："盛京将军衙门为咨行事左户司案呈，查今岁广宁等处旗人所种田禾被水成灾之处，前经奏明被灾各户照例先行借给一月口米，就近在旗民各仓散给俾资接济，当即咨取旗民仓贮数以凭酌发去后绩准。"② 除此之外，又有对嘉庆二十二年旱灾赈灾的路径书写，《盛京户部为关领受灾人等预借一月口米》中记载："盛京内务府衙门自开查得本衙门正黄、镶黄、正白三旗并会计司、掌仪司内管领等处所属被灾人等名下红册地及灾分数目账，男妇大小人口应行预借一月口米，理合造具细册各两本咨送。"③ 借贷可以暂缓灾民目前无以为继的生活，有助于灾民的长期生存。

4　结语

总之，清代东北地区自然灾害频繁，涝灾、旱灾、虫灾等自然灾害给百姓生活带来不利影响，也从一定程度上反映了清代东北地区环境逐渐恶化。从清政府应对东北地区灾害的措施中，我们可以了解到当时在清政府普遍使用的赈灾路径中，最为常用的是蠲缓和赈济。这些较为完备的赈灾方式对于灾后百姓生产、生活的恢复和发展起到了一定的积极作用，稳定了社会秩序。但是，这些救济对处于灾荒中的百姓只是杯水车薪，并不能从根本上预防及解决灾害给百姓带来的各种困难，不利于清政府的长期执政。

---

① 中国第一历史档案馆. 仁宗睿皇帝实录·86 卷 [M]. 北京：中华书局，1985：20—21.
② 辽宁省档案馆. 黑图档·嘉庆朝（三十二）[M]. 北京：线装书局，2016：254.
③ 辽宁省档案馆. 黑图档·嘉庆朝（二十八）[M]. 北京：线装书局，2016：244.

清代至民国盐业档案整理与研究述评①

姜 珊 赵彦昌

（辽宁大学历史学院 沈阳 110136）

摘 要： 改革开放以来，清至民国盐业档案的编纂工作逐渐繁荣，多部档案汇编编纂出版。本文首先阐述了盐业档案的分布、主要内容及整理和研究现状等。其次，对当前盐业档案的整理成果列举介绍。最后，对当前盐业档案研究成果的主题进行分析。盐业档案的整理与研究不仅丰富了盐业史的研究，更为经济史的研究作了很好的补充。

关键词： 盐业档案 自贡盐业 长芦盐业 盐业契约

1 引言

在古代，盐业的繁荣对一个国家的发展有着巨大的推动作用，盐业与国家的经济、政治、军事、文化等有着密切的联系。盐业对中国的经济发展起着重要的推动作用。直到清代，随着盐业生产经营主体范围的扩大，盐区也不断扩大，分布在全国十一个区域，"即长芦、奉天、山东、两淮、浙江、福建、广东、四川、云南、河东、陕甘"②。在盐业的生产经营过程中产生的盐业档案，涉及整个盐业的各个流程。在盐务的管理中，形成了盐务档案。存

作者简介：姜珊（1994—），女，辽宁鞍山人，辽宁大学历史学院博士研究生，主要研究方向为清代司法档案整理与研究、清代档案史。赵彦昌（1978—），男，汉族，教授，博士生导师，河北晋州人，辽宁大学历史学院档案学系主任，辽宁大学中国档案文化研究中心主任，研究方向为中国档案史、档案信息开发等。

① 基金项目：本文系 2017 年国家社科基金项目"民国时期档案管理思想研究"（项目编号：17BTQ077）阶段性研究成果。

② 李凤鸣. 清代盐业管理论略［J］. 上海商学院学报，2012（01）：93.

世的清代至民国的盐业档案也主要集中在这些地区。目前，清代至民国盐业档案的整理工作已经取得了一定的成果，盐业史的研究不仅对经济史的研究有着重要意义，对整个中国史的研究也起着推动作用。对中国盐业史的研究从清末就有学者开始进行了，无论是国内还是国外学者都对中国盐业史的研究有着浓厚的兴趣。《中国盐业史学术研究一百年》① 一书对百年来国内外对中国盐业史的研究进行了归纳与总结，并通过附录的形式将百年来中国盐业史研究成果一一列举，还原了中国盐业史的研究历程，使中国盐业史的研究线索更加明晰。当前，有刘云生在 2013 年申报成功的国家社科基金后期资助项目"自贡盐业契约语汇辑释"，秦进才 2015 年的国家社科基金重点项目"清至民国时期长芦盐务契约文书的整理与研究"，金生杨 2017 年的国家社科基金西部项目"清代南部县盐务与北川社会研究"。这充分表明了学界对盐业档案价值的认可。本文以改革开放以来这一时段，清代至民国盐业档案的整理与研究工作为研究对象，分析其中的特点与趋势。

2　清代至民国盐业档案的整理与公布

自改革开放以来，清代至民国盐业档案的整理工作形成了丰富的成果，共有 14 部成果问世，围绕的主题主要有自贡盐业档案、长芦盐业档案、四川南部县盐业、吉林盐业档案等地方盐业档案的编纂。成果多为综合性档案汇编，见表 1。

表 1　　　　改革开放以来清代、民国盐业档案汇编一览表

序号	名称	册数	作者（著作方式）	出版单位	时间
1	《自贡盐业契约档案选辑》	1	自贡市档案馆，北京经济学院，四川大学（合编）	中国社会科学院出版社	1985.03

---

① 吴海波. 中国盐业史学术研究一百年［M］. 成都：巴蜀书社，2010.

序号	名称	册数	作者（著作方式）	出版单位	时间
2	《中国近代盐务史资料选辑·第1卷》				1985.12
3	《中国近代盐务史资料选辑·第2卷》	1	南开大学经济研究所经济史研究室（编）	南开大学出版社	
4	《中国近代盐务史资料选辑·第3卷》				1991.06
5	《中国近代盐务史资料选辑·第4卷》				
6	《自贡盐业工人斗争史 档案资料选编1915—1949》	1	自贡市档案馆，自贡市总工会（编）	四川人民出版社	1986.02
7	《清代吉林盐政》	1	李澍田主编	吉林文史出版社	1991.08
8	《民国云南盐业档案史料》	1	吴强，李培林，丽琨（编）	云南民族出版社	1999.06
9	《淡新档案一八，第一编－行政，建设类：盐务、樟脑》	1	台湾大学图书馆（编）	台湾大学出版中心	2001
10	《盐务档案》	2	全国图书馆文献缩微复制中心（编）	全国图书馆文献缩微复制中心	2004.05
11	《中国长芦盐务档案精选》	10	河北师范大学历史学院、河北省档案馆（编）	国家图书馆出版社	2011.07
12	《辛亥革命与川盐变革档案实录》	1	四川省档案局，政协自贡市委员会	四川人民出版社	2011.09
13	《珠江三角洲盐业史料汇编：盐业、城市与地方社会发展》	1	黄国信，钟长永（主编）	广东人民出版社	2012.10

序号	名称	册数	作者（著作方式）	出版单位	时间
14	《民国时期西南边疆档案资料汇编：云南广西综合卷》	36	中国第二历史档案馆（编）	社会科学文献出版社	2013.09
15	《日据时期台湾盐业史料选编》	1	颜义芳（编）	"国使馆"台湾文献馆	2014.06
16	《清代长芦盐务档案史料选编》	1	天津市档案馆，河北省档案馆，天津市长芦盐业总公司（编）	天津人民出版社	2014.12
17	《清代四川南部县衙门档案》	308	四川省南充市档案馆（编）	黄山书社	2016.01
18	《北洋时期长芦盐务档案史料选编》	1	天津市档案馆，河北省档案馆，天津市长芦盐业总公司（编）	天津人民出版社	2016.03
19	《自贡盐业历史档案·契约卷》	18	自贡市档案馆（编）	凤凰出版社	2017.10

多方的合作促进了盐业档案整理工作的开展，不仅包括档案馆，多方力量也参与进来，如天津市长芦盐业总公司，它作为长芦盐区重要的盐业企业也承担起了整理盐业档案的责任，参与了两部清朝与民国长芦盐业档案汇编的整理工作，与研究者们共同编纂长芦盐务档案，完整再现了天津盐业史。另外，天津市长芦盐业总公司也在积极筹建中国长芦盐业博物馆。档案馆与企业的联合促进了盐业档案整理与编纂工作的开展，企业不仅提供了经济支持，更为日后历史档案的整理树立起了良好的榜样，历史档案的整理工作不应该只是档案馆的责任，更需要各部门、各单位的积极参与。

还有一些盐业档案是通过期刊或书籍公布的，以期刊的形式编纂与公布档案可以针对个别专题或一组档案进行，其特点是方便灵活，编纂与公布的周期比书籍形式更为便利。① 通过期刊的形式公布盐业档案大多是为了解决某一具体问题。《盐业史研究》是自贡市档案馆发布盐业档案的一个重要的平台；同样，中国第一历史档案馆通过《历史档案》零星地公布了一些清代盐业档案；《档案天地》与《民国档案》也公布了少量的民国时期的盐业档案。在《清代盐业史料述略》② 一文中，作者吴海波将自己在从事两淮私盐史研究的过程中接触到的清代盐业史料，通过简单的分类与学术界分享。

　　根据上述统计可知，清代至民国盐业档案的整理工作已经取得了一定的成果，为学术界对盐业史的研究提供了丰富的资料，但也不难看出这其中仍存在一定的不足，如盐业档案的整理多为对某一地区盐业档案的综合性整理成果，仅形成了较少的专题性编纂成果，且仍有大量的盐业档案需要陆续整理公布。可见，清代至民国这一时期的盐业档案的整理工作还需要更多的关注，有较长的一段路要走，期待未来会有更多更好的盐业档案编纂成果问世，丰富盐业史乃至经济史的研究。

3　清代至民国盐业档案的研究

　　随着清代至民国档案内容的陆续公布，一些学者根据这些盐业档案进行了学术研究，学术界出版了6部研究著作（见表2），这些研究成果主要涉及盐业档案概述、盐厂情况、盐业政治和盐业档案价值等方面。

表 2　　　　　　　　　　主要以盐业档案为研究对象的著作

序号	名称	作者	出版单位	时间
1	《中国契约股份制》	彭久松，陈然	成都科技大学出版社	1994
2	《中国盐业契约论：以四川近现代盐业契约为中心》	吴斌，支果，曾凡英	西南交通大学出版社	2007

---

① 潘玉民. 档案编纂学 [M]. 沈阳：辽宁大学出版社，1997：49.
② 吴海波. 清代盐业史料述略 [J]. 盐业史研究，2006（03）：40—45.

续表

序号	名称	作者	出版单位	时间
3	《辛亥革命与川盐变革档案实录》	四川省档案局，自贡市政协	四川人民出版社	2011
4	《盐业纠纷解决研究：以四川近现代盐业史料为中心》	吴斌	巴蜀书社	2012
5	《自贡盐业契约语汇辑释》	刘云生	法律出版社	2014
6	《自贡盐业契约研究》	徐文	法律出版社	2016

由于盐业档案涉及内容广泛，针对其的研究也是涉及各个方面，以下是对研究主题的分析。

3.1 盐业、盐务档案概述

清代至民国期间，各大盐厂在盐业生产经营过程中形成了大量的文书档案，分布在不同的地区，对于这些盐业档案的数量、种类、分布的整理在一些文章中较为多见，还有一些学者通过分析盐业档案的性质与研究价值，强调盐业档案的重要性。

3.1.1 对盐业档案的分布与内容的研究

自贡盐业历史档案"共有 75116 卷，其年代始于清雍正十年（1732），止于民国三十八年（1949），历时 218 年，包括了来自清代四川盐运使署、川康盐务管理局、川南盐务稽核分所等机构及盐场各个井灶等所产生的各种门类的档案。从档案内容上看，大体上可以分为以下六类：盐业行政管理档案、盐业产运销档案、盐业契约档案、井矿盐钻井技术档案（岩口簿）、盐业财会税收档案、盐业司法诉讼档案等"①。四川省档案馆②与张国钢认为自贡盐业契约档案为井盐史的瑰宝。"自贡盐业契约档案文献就其反映盐业股份制生产

---

① 杜庆坪. 自贡盐业契约档案保存现状及保护措施［C］//曾凡英. 盐文化研究论丛（第四辑）. 成都：巴蜀书社，2009：159.

② 四川省档案馆. 井盐史之瑰宝：自贡盐业历史档案［J］. 四川党的建设：城市版，2008（09）：56−57.

的系统性和完整性来看，实属绝无仅有的瑰宝。"① 吴斌认为自贡开凿盐业井契约的特点包括："开凿盐业井契约的合伙性；合伙人出资方式的多样性；合伙人对利润的共享性；责任承担的复杂性；转伙的严格性；井灶经营的年限性；契约订立的规范性。"② 吴佩林与邓勇对南部县盐业生产的恢复、盐井数量，以及生产关系、盐业管理、盐税征收、盐业运输与销售及其衰败进行了初步考察，认为南部盐业走向衰败的原因："首先，盐业生产本身存在一定的局限性；其次，清廷的严法酷税和横征暴敛，加剧了盐业的衰败；地方差吏也对盐业进行盘剥。"③

"长芦盐务档案，是中国现存反映民国时期盐务历史最完整、数量最多的珍贵档案文献。形成年代从乾隆四十二年（1777）至 1949 年，跨度达 170 多年，计有案卷 33849 卷。其中有英文档案 1760 卷，日文档案 759 卷。"④ "各时期档案数量是：清代约有 139 卷；北洋政府时代约有 8865 卷；日伪时期有8313 卷；国民党时期有 14691 卷，其中抗战前约有 9896 卷，抗战后约有4795 卷。"⑤ 档案主要内容："组织人事、盐产运储销、盐务管理、财务、盐务缉私、税收、其他反映民国时期社会状况的内容的档案。"⑥ 秦进才"根据目前所见的长芦滩契文书，对长芦滩契概念进行了探索，对长芦滩地获取、拥有的途径进行了归纳，对灶户滩地所有权的转移进行了梳理，对长芦滩契与内地地契的异同等问题进行了探讨"⑦。秦进才⑧、毕昱文⑨和默书民⑩都对

① 张国钢. 盐都瑰宝：自贡盐业契约档案［J］. 四川档案，2009（02）：16.

② 吴斌. 盐业契约论：以自贡盐业井开凿契约为例［C］//曾凡英. 盐文化研究论丛. 成都：巴蜀书社，2005：232—233.

③ 吴佩林，邓勇. 清代四川南部县井盐业概论：《以清代四川南部县衙门档案》为中心的考察［J］. 盐业史研究，2008（01）：51—52.

④ 张继卫. 绵绵盐业 悠悠长芦：长芦盐务档案品思录［J］. 档案天地，2004（03）：17.

⑤ 河北省档案馆历史处. 长芦盐务档案简介［J］. 档案天地，2015（12）：64.

⑥ 佚名. 长芦盐务档案简介［J］. 档案天地，2015（12）：64.

⑦ 秦进才. 长芦滩契初探：长芦契约文书探研之一［J］. 盐业史研究，2012（03）：32.

⑧ 秦进才. 珍贵的北洋时期长芦盐务档案资料：《中国长芦盐务档案精选》前言［J］. 盐业史研究，2012（04）：47—54.

⑨ 毕昱文. 长芦珍档盛装面世 民国史料又添奇葩：评《中国长芦盐务档案精选》［J］. 河北师范大学学报：哲学社会科学版，2012，35（04）：161.

⑩ 默书民. 研究民国盐务史的珍贵史料：评《中国长芦盐务档案精选》［J］. 河北经贸大学学报：综合版，2012，12（02）：127.

《中国长芦盐务档案精选》的出版给予了高度的评价。

　　海南省档案馆馆藏海南盐务档案有 4 卷："该全宗档案资料主要涉及盐务机关王维娴、陈振声等员工履历单、旧人员调查报告表、动态登记、奖惩登记等；盐务机关李国贤、廖宝珍等员工履历单、旧人员调查报告表、动态登记、奖惩登记；琼崖盐场盐斤统计年报；琼崖盐斤统计报告和海南分局 1949年全年产收放销存盐总数量报告表等内容。"①

　　李毕力格利用盐业档案及相关史料"分析和研究了清代阿拉善和硕特旗蒙盐的分布、归属、生产方法、设官、制度、管理、税收、驮运人员、驮运数量等问题"②。

　　另外，连云港市档案馆收藏的淮北盐务历史档案共有 2194 卷（册）。③

3.1.2　对盐业档案价值的研究

　　盐业档案记录了盐业生产、发展等各方面的内容，对于盐业档案的价值，学界也给予了高度的评价。马登潮"通过对浙江省档案馆馆藏盐务档案内容的介绍和盐税在国家经济中所处地位的分析，以及对围绕盐务曾展开的社会冲突的回顾，阐述盐务档案对研究盐政史、经济史和浙江地方史所具有的重要史料价值"④。田阡分析了自贡岩口簿档案文献遗产的史料价值，同时提出了其需要经过系统的整理才能更好地发挥史料价值。徐文认为自贡盐业契约"以盐业租佃契约、盐业合伙契约为主要形式，凝聚了大量的资本、资源、劳动力，见证了盐业产业的起步、挫折和繁荣。它不仅代表着中国古代契约发展最成熟阶段，也见证着传统契约从古代向近现代的转变"⑤。支果与王成凤称："四川近现代井盐契约蕴涵着丰富的盐业经营管理制度精华、盐业管理理念、方法和措施，可以为当代盐务政策、盐业法规的制定和当今企业的经营管理提供历史借鉴，同时也有助于发掘传统文化领域中优秀盐业契约法律

①　陈海波. 海南省档案馆馆藏民国档案整理研究 [D]. 海口：海南师范大学，2013.
②　李毕力格. 清代阿拉善和硕特旗蒙盐研究 [D]. 西安：陕西师范大学，2018.
③　魏淑珍. 淮北盐务历史档案 [J]. 档案与建设，2000（02）：33.
④　马登潮. 浙江省民国盐务档案述评 [J]. 浙江档案，1996（01）：37－38.
⑤　徐文. 自贡盐业契约研究 [D]. 重庆：西南政法大学，2014.

文化，充实我国契约理论。"①

王寺凡称："《长芦盐务档案》作为目前我国记录盐业发展历史的最齐全、最系统、最庞杂的档案文献，是研究长芦盐业及其历史活动的宝贵资料，也为研究当时、当地的风土人情、历史事件（如揭露日本侵华恶行）提供了丰富而有力的史料凭证。"② 冯世斌认为长芦盐务档案"在研究民国政治状况、民国军事状况、民国经济状况、民国外交状况、民国立法状况、民国社会状况、民国文化状况等方面"③ 发挥着重要的作用。

盐业、盐务档案以其丰富的内容与重要的研究价值而独具特色，对于研究清代及民国的盐业、盐政情况发挥着重要的作用，对这些盐业档案概况的研究，不仅可以在盐业档案的分布、内容与数量等方面得到更深入的了解，更能提高学界对盐业档案价值的认识。

3.2　盐厂的管理

盐厂的经营依靠着经营者正确的管理方式，早在清朝时期，盐厂就产生了股份制，对生产关系的调整、盐厂的经营有着重要意义，学者们也对其进行了评价。此外，盐厂的经费也是盐厂经营的重要组成部分，学者们对其的重要性及其借贷方式进行了分析。

3.2.1　盐厂的管理

"封建生产关系是包括盐业在内的社会经济发展的巨大桎梏。"④ 彭泽益认为："清代四川井盐工场手工业，是出现于中国封建社会内、具有资本主义生产萌芽性质的一批重要企业之一，它的勃兴，体现了当时社会生产力和生产关系发展中的一大进步。"⑤ 陈然认为："自贡盐场的契约股份制是中国人建构的一种股份制民族形式，其基本立意和若干具体做法，完全能够给现实

---

① 支果，王成凤. 自贡历史经济发展的法律成因探微：以近现代四川自贡盐业契约为鉴 [C] // 曾凡英. 盐文化研究论丛. 成都：巴蜀书社，2009：60.
② 王寺凡. 河北省档案文献遗产申报与管理研究 [D]. 济南：山东大学，2017.
③ 冯世斌. 中国长芦盐务档案研究与利用价值举要 [J]. 档案天地，2009（12）：6－12.
④ 林永匡. 清代嘉庆道光时期的河东盐政 [J]. 晋阳学刊，1982（02）：19.
⑤ 彭泽益. 清代四川井盐工场手工业的兴起和发展 [J]. 中国经济史研究，1986（03）：28.

股份经济提供历史启示，开拓营运思路，丰富操作技巧。"① "自流井盐业股份方式的历史形成，也说明了股份企业是组织社会化生产的自发形式，它仅仅是一种经济活动中的一种'技术'。"② 宗建与叶小红认为："盐商们这一整套对井灶、盐矿的经营管理方式，虽然说是盐商为了自己的利益，为了榨取更多的剩余价值，但不能不说他们的经营管理方式具有一定的科学管理依据，对促进盐业生产力的发展，对盐场的生产发展都有着积极的作用。"③

民国时期，四川盐井经营主要采用租佃经营的方式，张洪林对当时四川盐井租佃契约的种类、内容和特点进行了分析。④ 冉光荣与吴天颖则分析了四川盐业井灶租佃的形式及特点。⑤

云南盐业是民国时期盐业的重要组成部分，在发展过程中云南食盐在生产技术和生产关系两大领域都出现了重大的变化，"初期滇盐的煎制方法仍然是传统技术的延续，但在进入 20 世纪 30 年代以后，在煎制方法上出现了'移卤就煤'工程的伟大技术革新。而滇盐在改善盐质方面最大的成就无疑是食盐加碘工作的推行；生产关系方面的主要变化，表现在随着'丁份制'下灶户越添越多，丁份额却越分越少。与此相反，生产成本和盐价却越来越高。'丁份制'的弊端重重使得推行'公司制'已迫在眉睫"⑥。

3.2.2　盐业的经费

盐业生产过程中的经费问题贯穿整个生产流程，意义重大，赵小平与余劲松认为："盐业经费既关系到盐业的产、运、销各个环节，又关系到制盐成本以及与成本相关的盐价，更关系到普通民众的日常生活。"⑦ 赵小平与余劲松研究的是清代云南盐业生产经费的薪本银借贷制度。薪本银借贷则是云南盐业经费中最为特殊的一项制度，主要是为了解决盐业生产中柴薪成本过高

---

① 陈然. 从档案看自贡盐业契约股份经营特色 [J]. 历史档案，1998（02）：90.

② 阿波. 自流井盐业股份方式的历史形成 [J]. 盐业史研究，1993（03）：64.

③ 宗建，叶小红. 从馆藏盐业契约看盐商的经营管理方式 [J]. 四川文物，1987（01）：33.

④ 张洪林. 民国时期四川盐井租佃契约 [J]. 现代法学，2003（05）：155－161.

⑤ 冉光荣，吴天颖. 四川盐业井灶租佃形式及其特点 [J]. 井盐史通讯，1984，（1）：12－29.

⑥ 赵小平. 民国时期云南盐业生产技术改进与生产关系演变研究（1927 年—1937 年）[J]. 四川理工学院学报：社会科学版，2011，26（04）：10－14.

⑦ 赵小平，余劲松. 清代云南盐业经费来源问题研究 [J]. 盐业史研究，2018（02）：11.

的困境，对清代云南盐业生产中维持灶户的正常生产、保障盐税征收和稳定社会都产生了重要影响。① 蔡禹龙、顾珣与王宪明对长芦盐区的借贷网络与借贷类型进行了分析，认为"以长芦盐运使署、长芦盐商为中心，形成了庞大的借贷网络，所贷款项或用于偿还外债，或用于军费，或用于盐业生产，展示了借贷事业发挥的重要作用，也揭示了长芦盐区经济形态的深层面相"②。

盐厂的经营与经费来源的研究对于还原当时盐厂的经营与管理十分重要，但盐厂的经营还涉及更多的方面，而这些就需要更多档案内容的挖掘与探究。

3.3　盐税问题

盐税是古代财政收入的重要来源，通过对盐税的研究可以使人们更好地了解当时的封建统治与社会经济状况。

3.3.1　盐税制度

萧国亮认为："清代封建国家垄断盐业，征收盐税，增加了财政收入，巩固了封建统治秩序，使封建的上层建筑——国家机器得到加强，从而增强了维护封建经济基础的力量。"③ 乾隆五十七年（1792），河东盐区正式实行了"课归地丁"的改革。林永匡认为其具有一定的积极意义："三省盐价大减、民食贱盐，三省盐课归丁摊纳相对合理；盐听民运，运销上一定的自由竞争，并促使产运销畅旺；消除官吏无端苛剥，商民额外盘剥相对减轻……"④ 在另一篇文章中，研究者分析了嘉庆十一年（1806），河东盐复改归商运的原因，并分析了"课归地丁"这项改革的经验教训。"清政府的这些倒行逆施，都是在封建社会经济发展的基本指导思想，即传统的'重本抑末'思想影响下采取的。这再次表明封建生产关系是包括盐业在内的社会经济发展的巨大

---

① 赵小平，余劲松. 清代云南盐业生产中的薪本银借贷问题研究 [J]. 盐业史研究，2017（01）：3—12.

② 蔡禹龙，顾珣，王宪明. 民国时期长芦盐业的借贷关系简述 [J]. 兰台世界，2015（19）：86.

③ 萧国亮. 清代盐业制度论（续）[J]. 盐业史研究，1989（02）：25.

④ 林永匡. 乾隆时期河东盐课归丁改革 [J]. 历史档案，1982（03）：97.

桎梏。"① 此外，清代还制定了食盐专卖制度——引岸制度保证财政收入，"建立这一制度的目的是确保封建国家的财政收入，并不是为了发展经济，保障人民群众对食盐的需要"②。

申玉山与王翠改认为："民国初年，长芦盐税无论在北京中央政府财政中，还是在直隶地方财政中都占据着举足轻重的地位。"③ 申玉山对民国北京政府时期长芦盐税的征收与管理进行分析，认为："民国北京政府时期长芦盐税征收与管理的变化，从一个侧面反映了近代中国财政税收的一个重要特点，即国家的财政税收被强行绑缚在军阀政治和军阀战争的机器上，政治、军事功用极度强化，调节和发展经济功能极度弱化乃至缺失。"④ 1915 年的"赔款报效"是北京政府向盐商索取的巨额变相盐税。申玉山与王翠改认为，这一事件"不仅对民初盐务改革中刚刚建立起来的近代化盐税管理体制造成了破坏，而且直接影响到了民初盐务改革的进程和走向"⑤。

3.3.2　私盐问题

在严苛的盐税制度的压迫下，私盐问题也随之而来，吴海波⑥从私盐与地方社会的互动在清中叶社会转型中的地位与作用中，找出清政府由强盛走向衰败的内在动因。吴海波认为："清代的食盐走私现象有一个波浪式的演进过程，在这个波浪式演进过程中，曾经出现过两个高峰期，一个发生在清中叶，即清政府由强盛走向衰败的乾嘉道年间。19 世纪 60 年代初期起，清代第二个食盐贩私高峰接踵而至。"⑦ 吴海波认为："两淮私盐经历了一个循序渐进的发展过程。可以概括为三步走，即乾隆年间私盐的起步、嘉庆年间私盐的

---

① 林永匡. 清代嘉庆道光时期的河东盐政 [J]. 晋阳学刊，1982 (02)：19.
② 萧国亮. 清代盐业制度论 [J]. 盐业史研究，1989 (01)：30.
③ 申玉山，王翠改. 长芦盐税与民初财政 [J]. 河北师范大学学报：哲学社会科学版，2014，37 (05)：108.
④ 申玉山. 长芦盐税研究 (1912—1928) [D]. 石家庄：河北师范大学，2011.
⑤ 申玉山，王翠改. 略论 1915 年盐商"赔款报效"案及其影响 [J]. 石家庄学院学报，2015 (01)：35.
⑥ 吴海波. 清中叶两淮私盐与地方社会 [D]. 上海：复旦大学，2007.
⑦ 吴海波. 清中叶两淮私盐、盐枭与会党 [C] //曾凡英. 盐文化研究论丛 (第二辑). 成都：巴蜀书社，2008.

发展与道光年间私盐的泛滥成灾。"① "清中叶，两淮盐区流通领域的私盐异常活跃，这些私盐的贩卖主体主要为肩挑背负之民、船户水手和流民等基层民众。"② 吴海波与李曦认为："清政府在加强垄断盐利的同时，也严密了对私盐的防范和打击。但效果不甚理想，究其原因，一方面与不合理的食盐专卖制度有关；另一方面也与缉私机构的腐败无能有关。"③

针对私盐问题，缉私活动也应势而生。毕昱文还原了"长芦缉私营建制及缉私活动原貌，并结合私盐流通情况及当时社会状况，全面考量分析这些制度、活动的成效及利弊得失，对长芦缉私营的缉私活动及缉私效果做出客观、公正的评价"④。为了保证盐税收入、遏制私盐，北洋政府扩编了晚清时期建立的长芦缉私营，进行武力禁私。"长芦缉私营建立时模仿清末新军军制进行编练。这样，长芦缉私营表面上戴着陆军军制的面具，实际上从事着警察职能的工作，是具有从普通军队向专职警察过渡特征的特殊组织。"⑤ 高寒研究了长芦盐务税警的缉私活动，认为"长芦税警的工作维护了长芦盐业的发展，保障了国家法定范围内的税收——盐税的征缴，沉重打击了贩私并偷逃国税的盐枭，对运盐船商不法行为、盐店随意加价都起到了一定的监督震慑作用，对日伪破坏我国盐税征收的行径也给予了斗争"⑥。关于私盐与缉私的关系，李燕认为："缉私和贩私就成为食盐运销中难以化解的一对矛盾，并且随着盐税在国家税收中的地位日益突出，政府缉私的力度不断加大，缉私和贩私这对固有矛盾的外在表现形式越来越激烈。"⑦

从上述研究成果可以看到，盐税问题是研究者关注的一个重点，从盐税制度到私盐问题，这一系列研究补充了清朝到民国时期关于盐税情况的记载。

① 吴海波. 清中叶两淮私盐及其个案分析 [J]. 四川理工学院学报：社会科学版，2010，25（05）：13.
② 吴海波. 基层民众与私盐：清中叶两淮盐区流通领域的私盐问题研究 [J]. 盐业史研究，2013（04）：29.
③ 吴海波，李曦. 清政府对私盐的防范和打击：以江西为例 [J]. 盐业史研究，2005（01），40.
④ 毕昱文. 1912—1928年长芦盐区缉私武装研究：以长芦缉私营为中心 [D]. 石家庄：河北师范大学，2011.
⑤ 毕昱文. 北洋政府时期长芦缉私营编整述论 [J]. 盐业史研究，2013（2）：21.
⑥ 高寒. 长芦盐务税警研究：1931—1937 [D]. 石家庄：河北大学，2008.
⑦ 李燕. 民国初年长芦盐区缉私问题探析：1912—1916 [D]. 石家庄：河北大学，2008.

3.4 盐政问题

盐法考成是加强盐业管理的重要手段。清代的盐法考成包括"产盐考成、征课考成、销引考成、缉私考成四个方面，涵盖了食盐产、运、销各个环节"①。陈锋认为，盐法考成可以达到"整肃吏治、保证盐产、疏销盐引、完纳盐课"②的目的。李克毅认为清代盐法大坏的原因是盐官的胡作非为，"盐官的贪污受贿、敲诈勒索造成了盐商负担过重、资金缺乏的窘况。对官盐质次价高、盐业每况愈下，以及由此而带来的国家财政收入的减少这种种情况，盐官们是要负主要的责任的"③。谢佳元认为："南部县盐务管理在制度上大体是完善的，但是在实际实施过程中却出现了各种问题，这主要是由于封建制度和时代的局限造成的。在制度施行的过程中缺乏必要的监督和约束，从而使得盐务积弊过深。"④陈然认为："乾、嘉朝，清朝政府在四川推行'裕课安民'的政策，一是为安置日益猛增的人口，解决人口增多带来的社会问题；二是为了增加盐课收入，发展四川地方经济。但这也给社会安定带来了不利的因素。"⑤南部县盐业有了长足发展，于是出现了回配的呼声，绅灶们希望将改配他厂的盐岸、盐引重新改回南部盐厂采配。金生杨对这一情况进行了研究，认为："在绅灶的请求下，清地方政府先后于道光初年、同治年间、光绪初年下令要求原有的计岸回配南盐。不过，在严缉私盐、保障课税的前提下，由于官商勾结，盐商极力阻挠，清政府的回配举措时行时辍，最后折中为半回配，但仍没有很好执行。"⑥陈锋认为清代户部的盐政职能是多方面的："一是通过盐引的刊发缴销与引额的变动来控制食盐销售；二是通过引岸的划分，规范产、销关系；三是额定盐课的税率，议准盐课的各种加征，以确保财政收入和应付不时之需。"⑦吴海波与李曦认为"清代盐商的兴衰与

① 陈锋. 清代盐法考成述论：清代盐业管理研究之一 [J]. 盐业史研究, 1996 (01)：15.
② 陈锋. 清代盐法考成述论：清代盐业管理研究之一 [J]. 盐业史研究, 1996 (01)：15.
③ 李克毅. 清代的盐官与盐政 [J]. 中国社会经济史研究, 1990 (04)：50.
④ 谢佳元. 清代南部县盐务管理研究 [D]. 南充：西华师范大学, 2018.
⑤ 陈然. 清代前期四川的人口与盐业 [J]. 盐业史研究, 1990 (04)：25.
⑥ 金生杨. 试论清代南部县盐的回配 [J]. 盐业史研究, 2015 (01)：47.
⑦ 陈锋. 清代户部的盐政职能：清代盐业管理研究之二 [J]. 盐业史研究, 1998 (02)：4.

官僚资本之间有着息息相关的联系"①。通过对自贡盐业契约档案中的合伙凿井契约的分析，张洪林认为："清代统治者对四川井盐生产采取较为宽松的政策和法律措施，促进了井盐业的发展，而盐井的大量开凿，又促进了合伙凿井契约法律关系的完善。"② 民国时期自贡报业的资金主要来源于盐业，且内容多与盐政、盐务、盐业有关。《民国时期自贡报业研究》③ 重点分析了民国时期自贡报业与政治和盐业的关系。

1912 年长芦场务局成立了，尹建伟认为其成立对于盐务改革有着深远的影响。"长芦场务局成立于民国初年，负有全面管理场务的责任，其主要目的是整顿场务、增加产量。场务局作为专门管理盐场的机构，虽然处于整个盐务管理系统的底层，但其地位不可或缺。"④ "长芦盐运使署及其下属各盐务机关和盐商，在民国初年的灾荒募捐活动中大量捐助赈款，为平民百姓得以渡过灾荒作出了自己应有的贡献，有利于灾民生计，减轻了普通灾民的痛苦。"⑤ 连鸿章联系历史背景和事业企业运营的基本知识对善后兴利局的改革背景、改革过程、基本内容和结果等方面进行了全方位多层次的分析。⑥

3.5　司法问题

盐业契约中包含着浓厚的法律思想，其中遵循的习惯法、中证人制度等保证了契约的正常履行，促进了各种纠纷的解决，对现代司法产生了重要的影响。各位学者对于契约中蕴含的法律思想进行了重点的研究。

3.5.1　习惯法

清代时期盐业遵循着一定的习惯，它在规范契约的签订、盐厂的经营等方面起着类似的法律约束作用，而对于这一习惯，学者们普遍称其为习惯法。关于习惯法或厂规，一些学者对其性质进行了分析。徐斌认为："'盐井规约'

---

① 吴海波，李曦. 清代盐商与官僚资本述略 [J]. 山西师大学报：社会科学版，2006 (05)：93.

② 张洪林. 试析清代四川井盐生产中的合伙法律关系 [J]. 现代法学，1997 (03)：111.

③ 黄宗凯. 民国时期自贡报业研究 [D]. 成都：四川大学，2002.

④ 尹建伟. 民国初期长芦场务局研究 [D]. 石家庄：河北师范大学，2014.

⑤ 赵振华. 民国初年长芦募捐活动初探 [D]. 石家庄：河北师范大学，2011.

⑥ 连鸿章. 民国初年长芦善后兴利局整顿与改革之研究 [D]. 石家庄：河北师范大学，2012.

是盐业井规（厂规）与盐业井约的简称，是行用于清至民国时期四川省自贡市盐业合伙、经营过程中，具有订立盐业契约，规范合伙、转伙、退伙以及相关权利义务的习惯规约。"① 王雪梅认为："厂规是在自贡盐业生产经营实践活动中形成的为维护合伙经营者根本利益和规范生产经营行为的习惯法。"② 支果、吴斌与曾凡英认为："在四川井盐生产中，作为契约的法源并不是政府颁布的法律法规，而是在盐业生产经营过程中，各方约定俗成的'厂规'来约束着契约各方当事人的行为。"③ 王雪梅认为："清末民国时期，自贡盐场在债务清偿方面，形成了具有自身特色的债务清偿习惯，一方面体现出合伙股东按股分担的一般性债务清偿原则；另一方面，又具体表现为'井债井还'的债务清偿实践，即合资井的债务全部由井业负责偿还，不致牵连股东井业股份以外的个人财产。"④

对于习惯法的作用，支果、吴斌与曾凡英认为："盐业合伙契约这种在近现代西方股份制强烈冲击下保留其民族传统契约特点的契约形式，可谓是中外合伙制度中的一支绚丽的奇葩，它在特定的环境下得到一定的生长，也极大地促进了当时盐业经济的发展。"⑤ 吴斌、支果与曾凡英认为："四川的规范盐业生产经营的契约，遵循盐业生产经营习惯，规范盐业生产经营秩序，并与国家成文法相互依存、相互影响，形成了一个双向互动的关系，促进了盐业生产经营的正常进行，带来了盐业的繁荣。"⑥ 支果认为："作为独具民族特色重要习惯法的盐业合伙契约，以其灵活多样的盐业合伙模式极大促进

---

① 徐斌. 清至民国时期四川自贡盐业合伙制度研究 [D]. 贵阳：贵州民族大学，2018.

② 王雪梅. 清代自贡盐业契约中习惯法实施的保障机制探析 [C] // 曾凡英. 盐文化研究论丛（第四辑）. 成都：巴蜀书社，2009：68.

③ 支果，吴斌，曾凡英. 从盐业契约看民事诉讼模式的转变 [J]. 四川理工学院学报：社会科学版，2008（01）：12.

④ 王雪梅. 试探清末民国四川自贡盐业契约中的债务清偿习惯 [J]. 四川师范大学学报：社会科学版，2010，37（6）：126.

⑤ 支果，吴斌，曾凡英. 盐业契约论（四）：盐业合伙契约例析 [J]. 四川理工学院学报：社会科学版，2006（04）：18.

⑥ 吴斌，支果，曾凡英. 盐业契约论（六）：盐业契约之习惯法与成文法的互动关系 [J]. 四川理工学院学报：社会科学版，2006（06）：1.

了当时盐业经济的发展。"① "盐业契约以其遵从民间习惯和注重协商调解为其突出特点，维护了当时的盐业经济发展环境，保护着盐业经营各方的权益，推动了整个经济社会的发展。"② 吴斌与支果认为："盐业买卖契约是自给自足的自然经济向市场交易的商品经济转变的重要标志，为促进盐业发展、提高经济效益、满足社会和人民生活需要起着重要的作用。"③

对于习惯法的保障机制，王雪梅认为主要体现在"群体利益是厂规习惯法形成发展的内在动力，也成为促进其实施的重要保障机制；由社会人情、舆论环境等因素形成的'情理'也是习惯法得以实施的重要保障机制之一；来自官方的承认与支持，是保证习惯法实施的又一重要保障机制"④。

吴斌认为："盐业契约确认了优先权制度并始终贯穿其各种类型的契约中，在盐井、灶、笕、房、车炉等的让予情形下，有'伙内优先权'、'亲族优先权'和'乡邻优先权'。"⑤ "盐业契约优先权渊源于盐业交易习惯，其价值所在便是表面上看阻碍了经济交易、破坏了交易平等，而实质上在中国近现代这一特殊历史阶段和历史背景下有着其存在与发展的基础，同时这种打破形式上的障碍而追求实质上的公平，有利于维护当时的盐业经济发展环境，保护盐业交易双方的权益，进而推动了整个社会秩序的稳定和社会经济的发展，因为盐乃国民生存发展之最基本的需要，有着固本安基之作用。"⑥

3.5.2　中证人制度

吴斌与祝启认为："中证人制度的设计与适用为盐业契约的订立、履行和

---

① 支果. 盐业合伙契约的历史意义和现代价值：兼论新《合伙企业法》的不足与完善 [J]. 河北法学，2007 (07)：113.

② 支果. 传统盐业契约价值探析：以近现代四川自贡地区盐业诉讼纠纷为例 [J]. 西南民族大学学报：人文社科版，2008，29 (12)：214.

③ 吴斌，支果. 盐业契约论（一）：盐业买卖契约的法律思考 [J]. 四川理工学院学报：社会科学版，2006 (01)：60.

④ 王雪梅. 清代自贡盐业契约中习惯法实施的保障机制探析 [C] //曾凡英. 盐文化研究论丛（第四辑）. 成都：巴蜀书社，2009：73.

⑤ 吴斌. 盐业契约中的优先权制度探析（上）[J]. 四川理工学院学报：社会科学版，2007 (05)：12.

⑥ 吴斌. 盐业契约中的优先权制度探析（下）[J]. 四川理工学院学报：社会科学版，2007 (06)：11.

纠纷的解决提供了保障，其存在具有一定的特殊性和深厚的法理依据。"① 董巍认为："在盐业契约中，契约双方当事人之间是在自愿原则下订立的契约关系，政府很少干预盐业生产活动中具体事项，在此条件下，盐业契约中证人的出现就在一定程度上起了契约的强化作用。"② 王雪梅认为："自贡盐业契约与其他地区、其他行业契约中的人相比较，既有中国传统民事契约的普遍性，又有其本身的特点。"③ 中证人制度对于盐业契约的签订起着保障的作用，但是对于中证人制度的研究目前还较少，这也应该是日后我们努力的方向。

3.5.3　盐业契约的进步思想

吴斌认为："盐业租佃契约在当时国家并无完整立法的时期，依据经营者们达成共识、约定俗成的习惯，约束双方当事人。作为一种具有民族特色的契约，无论在基本内容还是形式方面，都为今天的法律作出了突出贡献。"④ 支果、吴斌与曾凡英认为："通过对盐业合伙契约内容和特点的分析，探讨我国现行合伙法律制度反映出的调整范围过窄、合伙组织形式单一等滞后于现实经济社会发展且亟待解决的问题。"⑤ 支果认为："包括借贷契约在内的所有盐业契约类型，不仅包含了现代合同的基本内容，而且包含了包括担保措施在内的所有风险控制机制，不仅涉及单纯的借贷关系，而且与盐业生产过程的资本变化、股份调整密切相关。"⑥ 吴斌、曾凡英与支果认为："盐业析产契约在自贡盐业契约中占有较为突出的地位，对现今的家庭析产制度之建

---

① 吴斌，祝启．盐业契约"中证人"制度研究 [J]．四川理工学院学报：社会科学版，2008 (05)：12.

② 董巍．盐业契约制度与现代合同法研究："一物二卖"在盐业契约与现代合同法中的比较 [C] //曾凡英．盐文化研究论丛（第二辑）．成都：巴蜀书社，2008.

③ 王雪梅．自贡盐业契约中的中人现象初探 [J]．西南民族大学学报：人文社科版，2009，30 (02)：265.

④ 吴斌．盐业契约中的习惯法研究 [C] //曾凡英．盐文化研究论丛（第二辑）．成都：巴蜀书社，2008.

⑤ 支果，吴斌，曾凡英．盐业契约论（五）：盐业合伙契约法学观察 [J]．四川理工学院学报：社会科学版，2006 (05)：10.

⑥ 支果．关于自贡盐业借贷契约的法律思考 [J]．盐业史研究，2006 (2)：34.

立与完善也具有重要的参考意义。"① 吴斌、支果与尹丹认为："盐业投资契约所揭示的投资方式、经营模式、风险责任的负担等内容和特点，对于今天的投资领域制度的建立与完善有着十分重要的借鉴意义。"② 张世明从历史学和法学的双重角度对盐政、盐务、盐业、专卖、专营、公卖等概念加以厘清，分析清代盐务专卖的法律构成要件，对关于票引法性质的世产说、有价证券说、契约说、许可证说逐一加以辩证，认为清代盐商商纲组织是股份公司的前身。③ 支果从现代法律制度的角度解析盐业租佃契约，发现"反映在上述四种租佃契约中体现的合同制度的原则和内容是比较丰富的，说明早期中国盐业经济的发展已具有一定市场经济的雏形"④。支果认为："盐业合伙契约作为我国近现代的一种民间契约形式，同其他各类形形色色的盐业契约一样，都属于包含有利法律实现人文精神的具有民间法特色的规范，这些民间法资源共同构成了独具民族民间特色的盐业经济的资本组织管理形式，为当时盐业经济乃至国家经济的发展做出了重要的历史性贡献。"⑤

3.5.4 纠纷的解决

自贡历史中存在大量盐业纠纷，盐业纠纷大致有"井权、锅份、日份、租佃、仓储、销售等几类"⑥。张洪林认为这些纠纷产生的原因包括盐业契约主体权利义务关系复杂、盐业契约履行过程的复杂性、盐井在经营过程中存在复杂的契约关系、调整盐业契约所遵循的习惯法本身具有不确定性。⑦

支果与李忠会对纠纷的解决进行了评价，认为"近现代中国自贡的盐业契约纠纷的解决模式，将诉讼、仲裁与调解相结合，相互协助、相互衔接，

① 吴斌，曾凡英，支果.盐业契约论（二）：盐业析产契约的法律思考［J］.四川理工学院学报：社会科学版，2006（02）：1.
② 吴斌，支果，尹丹.盐业契约论（三）：盐业投资契约的法律思考［J］.四川理工学院学报：社会科学版，2006（03）：10.
③ 张世明.清代盐务法律问题研究［J］.清史研究，2001（03）：23.
④ 支果.盐业租佃契约法律浅解［C］//曾凡英.盐文化研究论丛（第一辑）.成都：巴蜀书社，2006.
⑤ 支果.浅析盐业合伙契约的民间法特色：以四川自贡盐业契约为例［J］.四川师范大学学报：社会科学版，2007（06）：140.
⑥ 秦双星.契约与纠纷：以自贡地方档案为例［J］.兰台世界，2012（07）：61.
⑦ 张洪林.民国时期四川盐井契约纠纷成因论析［J］.宁夏大学学报：人文社会科学版，2009，31（03）：80-87+107.

在当时起到了良好的纠纷解决效果"①。对于契约调解纠纷的作用，秦双星认为："契约规范着的盐业生产经营活动，对于盐业纠纷具有重要的调整价值意义，展现了契约作为行业的实质规范作用。"② 秦双星认为："战时自贡盐业存在很多纠纷，地方重视情理调解和调解效率，为抗战提供了稳定盐产。"③ 我们可以看出战时自贡人在处理盐业纠纷时体现的智慧和努力，以及对抗战的历史贡献。"抗战时期自贡盐业司法是在根本上遵守国家法律，同时司法者根据实际情况，积极适应战争需要，妥善处理盐业诉讼案件。司法者充分运用契约、厂规处理诉讼案件。这样的司法是适应战时实际需要的，符合战时司法原则的。"④ 盐业契约不仅促进了当时纠纷的解决，民国政府在 1935 年制定的《"中华民国"民事诉讼法典》也起了重要作用，"自贡地方法院在审理众多的盐业诉讼时，法官秉持公平、公正理念，居中裁判盐业纠纷。文书提出命令制度在当时就赋予了法官重要的程序主导权，以辅助弱势当事人，达到司法公正。"⑤ 契约的约束使得纠纷能够得到合理的解决，法律条文的发布也使得盐业纠纷的解决更加公正。梁安琪对纠纷背后的问题进行了研究，认为："1938 年至 1942 年围绕久大盐业公司迁川设厂引起的一系列纠纷，表面上看是内迁过程中民营企业与当地商人的利益冲突，实则反映了在全民抗战背景下国民政府、内迁企业和当地盐商三者之间复杂的利益纠葛，包括政府与传统盐商间的专商引岸问题，久大盐业公司与自贡盐商的川淮竞争，以及中央政府与地方实力派的利益争夺。"⑥ 盐业纠纷的研究同样也对现代司法起到一定的启示作用。

3.5.5　契约自由

关于盐业契约中所体现的契约自由，吴斌认为："盐业契约自由与国家干

---

　　① 支果，李忠会. 法律纠纷多元化解决模式探究：以近现代自贡盐业契约为视角 [J]. 四川理工学院学报：社会科学版，2011，26（04）：57.

　　② 秦双星. 契约与纠纷：以"成江井"为例的考论 [J]. 兰台世界，2011（19）：26.

　　③ 秦双星. 契约与纠纷：以自贡地方档案为例 [J]. 兰台世界，2012（07）：62.

　　④ 秦双星. 抗战时期自贡盐业司法研究 [D]. 重庆：西南政法大学，2012.

　　⑤ 宋平. 盐业诉讼中的文书提出命令制度研究：以盐业诉讼制度史为视角 [C] // 曾凡英. 盐文化研究论丛（第五辑）. 成都：巴蜀书社，2011.

　　⑥ 梁安琪. 战时"义"与"利"的纠葛：1938 至 1942 年久大公司与自贡盐商纠纷研究 [D]. 重庆：西南大学，2016.

预有效相结合，是社会发展的需要，是市场经济得以发展的前提，是生产力不断发展的内在要求和必然结果。"① 王雪梅认为："在自贡盐业契约中所体现出的契约自由，只是一种自发生长出的理念与精神，而没有上升到契约自由原则的高度。"②

当前，对盐业档案中司法的研究主要集中于对习惯法、中证人制度、对现代司法的影响、纠纷的解决、契约自由等进行探讨，其中对于习惯法的分析是这一部分最主要的研究内容。盐业档案中的盐业契约虽数量不多，但其价值得到世界的公认，其中所包含的司法内容也是研究的重点，但每个专题的研究仅是冰山一角，仍需要更深入的挖掘。

3.6　战争问题

民国时期战争不断，中国的盐业在这一时期也深受影响。研究者对国内战争与抗日战争期间盐业的发展进行了研究，研究重点是抗日战争对盐业的影响。

3.6.1　国内战争时期

戴建兵与申玉山分析了直隶军阀对长芦盐务的压榨与掠夺。③ "第二次直奉战争不仅直接影响了长芦盐的运销和盐税收入，而且由于战争期间军阀为筹措军费干涉盐政，使长芦盐政遭到进一步的破坏。"④《辛亥革命与川盐变革档案实录》⑤ 一书"历史地再现了辛亥革命时期以富荣盐场为核心的川盐

---

①　吴斌. 盐业契约自由与国家干预之初探 [C] //曾凡英. 盐文化研究论丛（第三辑）. 成都：巴蜀书社，2009.

②　王雪梅. 清末民初契约自由在自贡盐业契约中的体现 [J]. 四川师范大学学报：社会科学版，2008，35（6）：138.

③　戴建兵，申玉山. 直隶军阀对长芦盐务的压榨与掠夺（1925—1928）[J]. 城市史研究，2010（01）：93-110.

④　申玉山，梁瑞敏. 长芦盐务与第二次直奉战争 [J]. 河北师范大学学报：哲学社会科学版，2009，32（4）：124.

⑤　四川省档案局，自贡市政协. 辛亥革命与川盐变革档案实录 [M]. 成都：四川人民出版社，2011.

变革，真实地记录了四川盐业在辛亥革命中的作为与贡献"①。1933 年，川陕革命根据地红军为了解决军民的食盐问题，攻占川北盐业重地南部县。杨田华认为这一时期南部县处于一种"平衡—无序—平衡"② 的简单循环。

3.6.2　抗日战争时期

吴强研究了抗战时期云南盐业的生产与销售问题，认为"抗战时期的云南盐业盐量增产的计划，然而由于客观环境的限制，在实行增产计划中遇到种种困难，以致难以达到预期的目的。盐价上涨主要是由于制盐成本的增加，以及各种税收的原因"③。赵小平同样分析了这一时期滇盐的产销情况，认为其持续增长的原因有"一为熟练盐工的缺乏；二为生产成本的居高不下；三为运输能力的滞后；四为生产技术和管理的相对落后"④。周秀芬认为"日本在侵华期间掠走大量的芦盐物资，在一定程度上支持了其侵华战争"⑤。王立敏认为："从 1939 年 8 月公司成立到 1945 年 8 月日本投降，华北盐业公司共计掠走长芦盐 319 万吨，无偿占有芦盐达 11 亿多元。这只是日本侵华战争中掠走中国大量资源的一角。大量物资输入日本，支持了其继续侵华，也支持了其整个东亚战局。"⑥ 蔡禹龙、顾珣与王宪明认为："芦盐输日是日本对华北地区进行资源掠夺的结果，但在某种程度上加速了长芦盐业的开发。"⑦ 从研究中我们可以看到，战争一方面阻碍了盐业的发展，一方面又促进了盐业的发展。但是，我们仍能看出这一部分的研究成果较少，存世的民国盐业档案相较于清代要多很多，对动荡的民国深受战争影响的研究成果较少。

---

① 四川省档案局，自贡市档案局. 辛亥革命中四川盐业的作为与贡献：《辛亥革命与川盐变革档案实录》一书纪略 [J]. 四川档案，2011（05）：17.

② 杨田华. 失序与平衡：1933—1935 年南部县的盐业、战争与社会变迁 [J]. 盐业史研究，2015（01）：56.

③ 吴强. 抗战时期的云南盐业 [J]. 盐业史研究，1995（03）：27—39.

④ 赵小平. 抗日战争时期云南盐业发展研究 [J]. 盐业史研究，2005（03）：18—24.

⑤ 周秀芬. 日本对长芦盐的统制和掠夺（1937—1945）[D]. 石家庄：河北大学，2008.

⑥ 王立敏. 日本对中国长芦盐业掠夺研究：以华北盐业公司为例（1939—1945 年）[D]. 石家庄：河北师范大学，2011.

⑦ 蔡禹龙，顾珣，王宪明. 民国时期长芦盐业贸易中的对日输出 [J]. 沧桑，2013（05）：62.

3.7　盐文化

"井盐有着丰富的文化内涵。在井盐开发的历史过程中，逐渐形成了独特的井盐文化。"① "自贡盐业契约把人的非理性社会欲望变成理性的社会权利，形成了兴业创业的利益共同体社会机制，并由此跳出'熟人社会'狭小圈子走向'陌生人社会'广阔天地的实践证明，植根于中华传统文化土壤，并由祖国南方与北方、沿海与内地地域文化嫁接出的文明之果，是有优良的民族基因的。"② 西秦会馆现为自贡市盐业历史博物馆，秦双星和王纯通过分析自贡市盐业档案，认为"西秦会馆是自贡会馆的典型，承载南北文化、盐文化、抗战精神"③。日后的研究应加强对盐文化的深入挖掘，发掘盐业档案的文化价值。

4　结语

现存于世的清代至民国盐业档案虽然数量不多，但通过细致的整理出版后的档案汇编以及已经通过期刊形式公布的较为零散的编纂成果对于清代盐业史的研究可以起到很好的补充作用，书籍形式的档案汇编有 19 部，公布的档案仅占少数，还有更多的档案亟待整理编纂。从编纂成果的主题来看，研究者主要从不同盐区形成的档案资料出发，针对各自的独特性对盐业档案加以整理，但也有从全局出发的，如整合清政府在管理各大盐区时形成的奏折的《盐务档案》。但是，档案的编研工作仍存在一定的局限性，应该广开思路、扩宽选题范围，只有有价值的档案编纂选题才能更好地发挥档案的价值，实现档案编纂成果更大的经济与文化效益。虽然影印出版的档案汇编可以更好地还原档案，但也存在成本与定价较高、不利于各方利用的情况。这就要求在档案编纂过程中充分考虑档案的情况，在有条件的情况下，将纸本出版

---

① 　付荣国. 民国时期四川盐业的近代化及影响 [D]. 成都：四川社会科学院，2010.

② 　陈星生. 自贡盐业契约的社会人文价值 [J]. 盐业史研究，2013（02）：35.

③ 　秦双星，王纯. 近代自贡地方契约：从自贡西秦会馆地契档案说起 [J]. 四川档案，2011（06）：57.

与数字出版相结合，使档案编纂成果得到更广泛的利用。《自贡盐业历史档案·契约卷》虽通过影印出版的形式还原了历史档案的原貌，但其并未解决档案原件存在的一些问题，也未对档案中的一些繁体字、古文字与方言进行解释，而点校出版恰恰能很好地解决这一问题。将点校与影印相结合，影印档案原件的同时，对其中难理解的词语进行注释，将会是未来历史档案编纂工作的一个重要的趋势。同时，我们也期待有更多领域的人能够加入清代历史档案的编纂队伍中来，与各档案馆共同承担保护历史档案的责任。相信在多方的努力下，未来将会有更多的盐业档案汇编问世。盐业档案研究的角度多样，一些研究较为集中，还有很多内容需要更深入的研究。另外，我们也可以看出虽然盐业档案整理成果已经有一定数量的积累，但研究者在研究过程中更多的还是通过到馆查阅、引用馆藏档案的方式完成学术研究，这从侧面说明了盐业档案的编纂还有大量的工作要做。学者在研究过程中也可以对已经整理出来的档案加以利用，避免一些重要内容的遗漏，这也可以提高研究速度与质量。《自贡盐业历史档案·契约卷》虽收录了较为全面的自贡盐业契约档案，但其利用起来的不便也会阻碍研究者的利用。期待更多的盐业档案汇编能够问世，方便学者们利用，以促进清代至民国盐业史研究更深入地开展。

婺州鱼鳞图册视野下古村落的保护与开发①

石靖菁　　周思敏

（四川大学文学与新闻学院　成都　610200；

浙江大学人文学院　杭州　310058）

摘　要： 鱼鳞图册是古代官府为征收赋税而编造的土地簿册，是极为珍贵的地籍档案。它的历史价值引起学术各界广泛关注，但以往研究主要集中于赋役制度、地权分配、人地关系等学术问题，较少关注其现实的应用价值。本文在分析金华地区古城与古村保护开发现状的基础上，以婺州鱼鳞图册等历史文献为中心，提出古村落保护与开发的新路径。

关键词： 婺州　鱼鳞图册　古村落　保护　开发

鱼鳞图册是古代官府为征收赋税而编造的土地簿册，是极为珍贵的地籍档案，但因历经战火和时代变迁，鱼鳞图册大多已经湮散，保存下来的部分也大都零散、不成系统。极为幸运的是，婺州（今金华市）存有一大批较为系统且完整的鱼鳞图册——兰溪市档案馆馆藏的清同治兰溪县鱼鳞图册（746册）和金华市档案馆馆藏的汤溪县鱼鳞图册（436册），堪称中国现存最完整、最系统的古代地籍档案。②

以往对鱼鳞图册的研究大都集中于赋役制度、地权分配、人地关系等问题，而我们在研究中发现，这批珍贵的文献资源不仅具有极为重要的学术价

作者简介： 石靖菁（1998—），女，浙江诸暨人，四川大学2020级古典文献学专业硕士研究生；周思敏（1997—），女，浙江台州人，浙江大学2020级古典文献学专业硕士研究生。

①　本文系国家社科基金重大项目"浙江鱼鳞册的搜集、整理、研究与数据库建设"（项目编号：17ZDA187）阶段性研究成果。

②　李义敏，严学军. 兰溪鱼鳞图册［J］. 中国档案，2018（08）：86－87.

值，而且对于古村落的保护与开发具有一定的应用价值。鉴于此，笔者在分析金华地区古城、古村、古镇保护现状的基础上，以婺州鱼鳞图册为中心进行探索，以期对古村落的保护与开发提供一点参考。

1　古村落保护开发的现状

为更好地了解古村落保护开发的现状，笔者先后走访汤溪、兰溪两地古城与古村，步行95公里，考察范围包括兰溪古城、汤溪镇、游埠古镇、寺平古村、中戴村、堰头村、长乐村、诸葛八卦村，形成"古城—古镇—古村"三位一体的格局，探索发现了现存的诸多问题。

1.1　单一品种的流水线设计呈现雷同

在全国范围内"千村一面"现象都普遍存在，古城、古村的保护与开发缺乏自身特色的文化元素，这严重破坏了古村落的历史真实性，并使其陷入同质化竞争的尴尬局面。笔者所考察的金华地区也有类似的问题，在保护与开发中流于形式，不注重精神内涵的挖掘。

1.1.1　景区建筑仿制

金华地区的古建筑属于徽派建筑的范畴，所以古村落的新建筑基本上模仿古徽派建筑建造，然而新建或重建的仿制建筑只模仿了徽派建筑最直观的外形，如马头墙等，而忽视了最关键的用料、做旧工艺、精细部件等，致使古村落的新建筑不仅与原有建筑格格不入，而且趋向同质化、单调化。更重要的是，金华地区的古民居实际上与徽派建筑存在差异。从整体而言，金华古建筑为"五花马头墙"、大院落，而徽派建筑是"屏风墙"、小天井；具体而言，如寺平村的砖雕在装饰部位、具体用量、整体风格上都表现出与徽派砖雕不同的特色。然而，负责新建、重建的单位有的忽视了这些特点，盲目模仿徽派建筑，导致独特性被严重损害。

1.1.2　展厅设置雷同

古村落文化呈现方式的单一性，阻碍了古村落完成传播文化的核心任务。展厅设置雷同主要体现在展出物件的相似性，金华地区几乎每个古村落的文化展厅都会展出传统的农耕工具、生活用品等，物品大同小异，根本无法体现古村落特色。此外，呈现方式也十分单一，笔者走访的多个古城、古村均主要采用文字、图片、实物这三种呈现方式，给予游客的文化体验以平面、静态为主，不免乏味单调，无法使游客产生代入感，如诸葛八卦村从 20 世纪 90 年代开始发展旅游业，各项发展已颇为完备，但景区内仍只有景点介绍牌、图片画像和实物陈列等单一的呈现形式。

1.2　浅层次的文化开发致使古城镇缺乏内涵

金华地区的许多古城、古镇和古村没有认清自身的地域文化优势，忽视地方特色文化在旅游开发中的重要地位，甚至伪造文化以迎合大众的通俗化、娱乐化趣味。

1.2.1　忽视地域文化

当地的旅游开发者因缺乏历史文化的专业知识，对古村文化的重视度不够，加之没有专家团队对其进行有效指导，致使当地文化开发不充分。兰溪市长乐村作为中国第一批以村落为单位的全国重点文物保护单位，至今已有600 余年历史。其中，金大宗祠是著名理学家金履祥的家祠，具有重要的文化价值，但古村落的文化发掘非常简单，仅仅涉及了金履祥成就的简单介绍，而其家庭教育、理学思想发展脉络等重要的文化内涵，却并未得到充分的展示。

1.2.2　伪造地域文化

一些古村落为增添传奇色彩以吸引更多的游客，对地域文化未翔实考证，便大肆宣传，这是一种对历史文化不负责任的行为。例如，寺平村导游讲解词中提到的"寺平村因银娘入宫而免税"一事，这在《汤溪县志》中并无记载。又如，银娘井旁的石碑上镌刻的始建年代为景泰六年（1455），后又称银娘在井挖成后一年入宫，但宪宗一朝要到 1464 年才开始，时间上显然不符。

1.3　商业化的过度介入导致格局冲突

随着金华市部分古城、古镇、古村的旅游价值被深入挖掘，人流量的增多，旅游业的推进，开发商为满足游客物质与心理需要，追求利益最大化，不惜在古建筑内部融入商业元素。这不仅破坏了原有民居格局，而且影响了整个古村风貌。例如，兰溪诸葛八卦村内有一条较长的商业街，售卖孔明锁、孔明扇等商品，这些商品数量虽多但文化产品创新性明显不足。多数开发者仅仅是想借助古村落旅游开发这一平台，推销出售自己的商品，营利目的大于文化宣传的目的。

2 古村落保护与开发的路径探索

2.1 研究历史文献，深度挖掘古村落文化

利用鱼鳞图册等文献史料，辅以田野考察，尽可能还原古村落真实的历史，如复原古建筑，构建古村落的经济、文化、教育等原始面貌，将古村落的每一处都打造成一座微型历史博物馆。

基于鱼鳞图册，构建古村落原始面貌。将数据分析与历史描述相结合，发挥鱼鳞册数据真实、具体与全面的优势，将其所载信息全部数字化，在此基础上将各类数据互相打通，进行整体利用，充分挖掘鱼鳞册的研究价值。明清政府在攒造鱼鳞册时，是以地为纲，将业主、附属（印章、夹条、贴条等）信息皆附于地块之上，但在研究时为了充分整合、利用信息，可将地块、业主、印章、贴条等信息系统互相打通，建立起互为纲目、互为从属的信息系统。在上述数据信息联动的基础上，运用计量史学的方法，建立量化分析模式，依据分析结果描述历史过程。例如，以兰溪、汤溪的鱼鳞册为样本，以完整的数据统计资料为基础，揭示晚清、民国时整县范围的地权分配实态，厘清古村落社会结构、社会阶层、人地关系等情况，构建古村落经济原貌。又如，寺平庄鱼鳞图册攒造于清同治、光绪年间，系统标明了土地四至、面积、坐落处，以及业主、所住地等地籍信息。在此基础上，我们可以立足于还原寺平庄耕地自然形态，制作寺平庄田地山塘统计表，从而清楚地了解寺平庄田、地、山、塘四种田土类型的比例，以及外庄业主在寺平庄的占地情况。

2.2　激活文献价值，提供古城复建的蓝本

当下，中国各地城市都在上演"拆旧"和"仿古"的大戏。一边，部分"中国历史文化名城"岌岌可危，历史文化街区频频告急；另一边，仿制古城遍地开花，成为中国城市化进程中的独特现象。诚然，古城复建能够延续城市的历史脉络，利用和开发当地历史文化资源，并且刺激当地旅游业兴起和经济的发展，但现阶段的古城复建往往流于表面，缺乏实质的文化内涵。古城复建应与历史文献相结合，通过考据文献对当地的历史脉络进行分层解析，尝试还原古城长期形成的历史空间网络，确定因地制宜的建设蓝图。这不是对历史的绝对模仿，而是在对古文献进行提炼的基础上进一步认识当地古城的存在状况和特色。

2.2.1　拼合鱼鳞总图，为古城重建提供蓝本

以正在开展保护与开发工作的兰溪古城为例，我们可先以鱼鳞图册为主要依据，融合历史学、地理学、文献学和文字学等多学科的知识，进行考证地名、确定四至、判断现实坐落等工作，从而将地籍档案中一块块散落的细图，利用现代技术进行科学系统的拼合，还原整个城区的面貌。浙江师范大学在长期搜集、整理与研究的过程中，曾尝试进行清末城区鱼鳞图的拼合工作，并形成了一定的成果。若能在此基础上，进一步将依次相连的地块全部拼合，便能依据这份详细、准确的古县城图作为蓝本，更好地开展古城重建工作，还原百年前古城的真实面貌。①

2.2.2　依据鱼鳞图册编造顺序，打造旅游路线

在旅游过程中，根据百年前的兰溪县鱼鳞图册重走兰溪，有目的、有导向地寻找那些遗存或消失的古代建筑、街巷、河流、码头，将手中的古籍和走过的青石板路联结在一起，感受兰溪的古今韵味，记录下古城、古镇、古村的历史变迁。这对于促进传统古韵文化与现代旅游业深度融合大有裨益，做到习近平总书记所倡导的"让收藏在博物馆里的文物、陈列在广阔大地上的遗产、书写在古籍里的文字都活起来"，从而"推动中华文明创造性转化和

---

① 李义敏，严学军. 兰溪鱼鳞图册［J］. 中国档案，2018（08）：86－87.

创新性发展，激活其生命力"。

2.3　打造学习平台，促使文化体验多元化

建立古村落传统文化学习体验基地。第一，利用鱼鳞图册等历史文献开发相关课程，并深化非遗体验式项目的开发，举行专题性的体验活动，如跟随鱼鳞图册编造的路线游古城等。第二，与相关学校、教育机构等达成协议，组织青少年来古村镇参观学习，开展文化考察、田野考察等活动，将文献与实践相结合。打造"互联网＋"远程学习平台。通过建立远程教育学习网，开发针对鱼鳞图册等历史文献的教育资源，或打造历史文献数字化信息发布平台和互通平台，如微信公众平台等，发布体验学习基地微咨询。在网络上，研发网上共享、远程指导、区域联动的学习平台，构建历史文献信息共享模式。

3　结语

古村落是人类聚集、生产、生活和繁衍的最初形式，是地区文化最重要的载体和最生动的体现。保护与开发古村落，既是对文化的认同与传承，也是维系现代人与土地情感维系的重要方式。但是，目前古村落的保护与开发同质化现象严重，商业元素过度介入，并未凸显各地独有的历史文化底蕴。从鱼鳞图册等历史文献入手，激活其独有的价值，可以为上述问题的解决提供新的思路。

【档案管理与利用】

档案馆和档案室评估标准及
指标对比分析研究①

马双双

（郑州大学信息管理学院　郑州　450001）

摘　要： 档案机构评估是档案事业发展到一定阶段的产物，档案馆和档案室是我国档案机构评估的重要对象和有机组成部分。对比分析档案馆和档案室构建评估标准、指标的异同，对把握档案机构评估发展方向和提高档案机构评估质量具有重要的理论和现实意义。论文运用文献分析法、案例分析法、对比分析法等研究方法，分析了档案机构评估标准及指标在构建主体、构建流程和方法等方面的共性，以及由于两者在馆藏范围、职能、服务对象和地区分布范围的不同影响了两者评估指标体系构建的不同。

关键词： 档案馆　档案室　评估标准　评估指标

1　引言

档案馆和档案室是我国档案机构的重要组成部分，对档案事业的整体发展起到了不可替代的作用。评估作为科学管理的重要手段，在 20 世纪 80 年代引入我国档案机构评估实践，迄今为止经历了 20 世纪 80 年代的档案管理

作者简介： 马双双，女，博士，郑州大学信息管理学院讲师。

① 基金项目：本文系国家档案局科技项目"国家综合档案馆公共服务能力评估指标体系构建及实证研究"（项目编号：2018－R－006）阶段性研究成果；本文系河南省哲学社会科学规划项目"河南省各级综合档案馆公共服务能力评估及提升策略研究"（项目编号：2018BZH008）阶段性研究成果。

升级、20 世纪 90 年代的档案目标管理和 21 世纪初期的档案事业综合评估三个阶段，不同阶段的评估均对档案事业的发展起到积极的促进作用。通过总结我国近四十年的评估探索历程发现，我国档案机构评估客体主要是围绕国家综合档案馆、机关事业单位档案馆（室）、企业档案馆（室）等机构进行的，简而言之，就是说我国档案机构评估的研究对象主要包含档案馆和档案室两种机构类型。档案机构评估标准和指标指的是评估主体根据不同的档案机构评估对象制定评估规则，运用科学合理的研究方法构建评估指标体系。档案机构评估标准及指标是对评估对象的测量和评价，是档案机构评估内容的载体和外在表现形式。分析档案馆和档案室评估标准及指标的差异，对构建科学合理的评估标准及指标、促进两者评估职能的发挥具有重要的意义。然而，现有的文献尚未有档案馆和档案室构建评估标准及指标的研究成果，因而本文以档案馆和档案室为研究对象，对比分析两者构建评估标准及指标的异同，为评估实践奠定理论基础。

2　档案馆和档案室构建评估标准及指标的异同

档案馆和档案室是我国档案机构的重要组成部分，加强两者评估活动研究对档案事业的发展起到积极的促进作用。档案馆主要指的是统一保管党和政府档案的机构，具有行政属性；档案室主要是指收集和保管单位内部的档案部门，从属于某一机关或组织机构内部，两者具有不同的档案机构性质。我国的档案机构评估类型根据机构性质可划分为档案馆评估和档案室评估，档案馆和档案室作为"储存库""信息库"在评估标准及指标的构建上存在相同点，受机构性质、馆藏内容等相关因素的影响，两者还会产生评估标准及指标上的差异。

2.1　档案馆和档案室构建评估标准及指标的相同点

档案馆和档案室作为收集和保管档案信息资源的重要存储和服务机构，在构建评估标准及指标上具有相同点。第一，构建主体相同。档案馆和档案室评估标准及指标的构建主体是上级档案行政管理机构，档案行政管理机构或部门选择和组织评估专家、发布评估标准。第二，评估目的和评估内容影响档案馆和档案室评估标准及指标的构建。评估目的决定两者评估标准及指标构建的方向，评估内容直接决定二者评估指标体系的构建，如指标项的选择和指标权重的确定等。第三，档案馆和档案室构建评估标准及指标的流程和方法也具有相似性。两者的评估流程都要经历明确评估对象和目的、资料的收集和分析、明确评估标准、确定评估指标、指标的量化赋值、试用和检测、检验 7 个步骤，档案机构评估指标项的选取和指标权重的确定的研究方法在档案馆和档案室评估标准及指标的构建中同样适用，如层次分析法、德尔菲法等。

2.2　档案馆和档案室构建评估标准及指标的不同点

档案馆和档案室不同的机构性质影响两者构建评估标准及指标，档案馆和档案室构建评估标准及指标的差异主要集中在两者的评估指标体系的构建上。

2.2.1　档案馆和档案室构建评估指标体系的影响因素

档案馆是接收、征集、管理档案和开展档案利用的机构，主要分为综合档案馆和专业档案馆等，它的职能是集中统一地管理党和国家需要长远保管的档案和史料，维护历史的真实面貌，为现实的社会主义现代化建设和历史的长远需要服务[①]，一般分布在社会经济较为发达的城市和地区；档案室是各机关（包括团体、学校、工厂、企业、事业单位等）统一保存和管理本机关档案的内部机构，是属于机关管理和研究咨询性质的专业机构，它的主要职能是服务于本单位和机关，地区分布最为普遍且分散、数量较多、处于基层。[②] 由此可见，档案馆和档案室构建评估指标体系的影响因素包含以下几个方面：第一，馆藏范围。档案馆的馆藏是以党和国家机关形成的档案为主，档案室保存和管理本单位形成的档案，馆藏范围的差异形成档案机构评估对象和内容的差异。第二，管理职能和服务对象。档案馆的职能是留存社会记忆、提供公共服务，服务对象主要是面向社会大众，而档案室的职能是为本

[①]　冯惠玲，张辑哲. 档案学概论 [M]. 北京：中国人民大学出版社，2006：84－85.
[②]　冯惠玲，张辑哲. 档案学概论 [M]. 北京：中国人民大学出版社，2006：88－89.

机关提供档案服务，服务对象主要是形成档案的部门，在单位内部流通。两者职能和服务对象的不同，也会造成评估目的的不同。第三，地区分布。档案馆和档案室的地区分布均较为广泛，档案馆主要分布在社会经济较为发达的城市，分布广泛且分散，档案室主要分布在基层，分布特点是广泛且密集，分布特点的不同也会影响两者的评估范围。因此，档案馆和档案室馆藏范围、职能、服务对象和地区分布的不同均将会影响两者的评估内容、评估目的和评估范围，进而影响档案馆和档案室评估标准及指标的构建。

2.2.2　基于案例分析的档案馆和档案室评估指标体系构建差异

由于档案馆和档案室构建评估标准及指标具有一定的复杂性，档案馆和档案室构建评估标准及指标不同的影响因素众多，为了进一步明确档案馆和档案室构建评估标准及指标的不同，保证对比研究的可行性，控制影响两者评估的一般变量，如评估目的、评估地区、综合性的评估性质等，选择中央层面的国家档案馆和机关单位档案室开展的评估活动，以及现代社会环境下地方层面广东省开展的市（地）、县级国家档案馆目标管理考核和机关档案综合管理升级考核活动两个案例，分别进行分析，抽取共性，得出档案馆和档案室评估指标体系的具体差异。

2.2.2.1　案例一：国家档案馆和机关事业单位档案室评估指标体系对比分析

第一，案例选择的依据。1992年和1995年国家分别在国家档案馆和机关事业单位档案室开展了评估活动，但是进入新世纪以后，国家层面出于为机构减负等问题的考虑，不再开展新的机关事业单位档案室评估活动，但是国家层面开展的国家档案馆和机关事业单位档案室的评估指标体系对分析历史环境下的档案馆和档案室评估仍然具有一定的借鉴意义。因此，这里选择1992年和1995年国家档案馆和机关事业单位档案室开展的评估活动。为了进一步分析档案馆和档案室在两次评估时间内的档案评估指标体系的状况，我们对两者的基本信息进行抽取，从横向的不同年份的评估指标看，因为评估活动中间间隔三年，所以两个时间节点的评估指标体系之间的差距并不是很大，1995年机关单位档案室评估的指标则直接沿用1992年的评估指标体系。因此，国家档案馆和机关档案室评估对比研究选择以1992年的评估标准及指标作参照进行具体对比分析，见表1。1992年，国家档案馆和机关事业单位档案室评估活动都是运用一定历史时期的考评和目标管理方法，完善档案管理工作，它们对分析和研究档案馆和档案室历史评估指标体系具有一定的参考意义。档案馆和档案室评估均是国家层面开展的档案升级活动，评估目的相同，评估范围是在国家范围内，两者对比研究控制的首先是两者的评估目的和评估范围两个变量，分析评估指标体系之间的差距，因而两者具有一定的可比性。

表 1 　国家档案馆和机关档案室评估标准及指标对比研究

类　别	国家档案馆评估活动	机关事业单位档案室评估活动
名　称	《中央、省、自治区、直辖市和计划单列市国家综合档案馆考评定级试行办法》（国档发〔1992〕19号）①	《国家档案局关于在中央、国家机关开展档案工作达标升级活动的通知》（国档发〔1992〕9号）②
评估对象	中央、省（自治区、直辖市）和计划单列市国家综合档案馆	中央、国家机关，人民团体，民主党派机关档案部门；组建已满两年者，按程序进行考评
评估目的	为了加强对中央、省（自治区、直辖市）和计划单列市国家综合档案馆的宏观管理和分类指导，提高档案馆的管理水平，更好地为改革开放和以经济建设为中心的有中国特色的社会主义建设服务	为进一步提高中央、国家机关，人民团体，民主党派机关档案工作整体水平，积极开发档案信息资源，更好地为机关工作以及其他各项工作服务，为国家积累丰富的档案史料
一级指标	①行政管理（13.5分）；②建筑与设备（16分）；③基础业务工作（35分）；④档案信息资源开发利用（35.5分）	①机构与组织管理（15分）；②基础业务工作（45分）；③档案信息开发利用（13分）；④基础设施（17分）；⑤监督和指导（15分）

---

① 国家档案局办公室，中央档案馆办公室. 档案工作文件汇集·第5集［M］. 北京：档案出版社，1997：485－498.

② 国家档案局办公室，中央档案馆办公室. 档案工作文件汇集·第5集［M］. 北京：档案出版社，1997：377－391.

类　　别	国家档案馆评估活动	机关事业单位档案室评估活动
二级指标	体制、经费与机构，人员配备与人员素质，行政管理手段，行政管理效果；建筑，设备；收集工作，保管与技术保护工作，整理工作，检索工具编制工作，鉴定工作，统计工作；开放利用工作，编研工作	档案机构设置，档案工作人员；制度建设，集中统一管理，档案接收，案卷质量，档案分类与编目，档案保管、统计和移交；检索工具，编研成果，多种内部服务方式，利用效果，自动化；库房，设备；按照档案法执行、业务研讨、业务协作、人员培训、监督指导

第二，评估指标项的差异。国家档案馆和机关事业单位档案室评估活动都是综合性评估，主要涉及档案实体管理、档案资源建设、档案安全、档案信息化建设等评估内容，从指标项的设置上可以具体区分出两者指标体系的构建差异。

一级指标。国家综合档案馆既是党的机构，又是国家的独立机构，所以更加注重行政管理和基础设施管理，设置"组织或行政管理""建筑与设备"指标项；档案室是单位内部机构，从属于机关单位，强调档案室与单位之间的关系，所以设置"机构与组织管理"与"基础设施"指标项；两者均是档案管理机构，所以注重"基础业务建设"和"档案资源开发利用"指标项；档案馆的服务对象是社会大众，档案室是单位内部人员，所以档案馆一级指标中开发利用的权重要高，档案室稍低；档案室还要强调单位组织对档案室的监督和指导，所以指标项中还有"监督和指导"。

二级指标。两项评估活动的二级指标的细化更能清晰看出档案馆和档案室指标项之间的差异，如在"组织管理"中，档案馆注重档案管理体制，指标项设置体制、经费、机构与人员等，注重考察其实体管理状况；档案室侧重档案机构设置的状况，如是否设置档案部门，是否有分管领导，是否将档案工作纳入机关工作计划；档案馆更加注重行政管理的手段，如年度工作计划等，档案室侧重集中统一的档案管理机制。关于两项评估活动的"基础业务建设"和"开发利用"二级指标项，档案馆侧重档案管理的收集、保管、检索和统计等业务，以便于服务大众；档案室更加注重收集、案卷质量控制，以便于服务本机关，这是受档案馆和档案室的服务对象和范围影响的。

　　2.2.2.2　案例二：广东省开展的市（地）、县级国家档案馆目标管理考核和机关档案综合管理升级考核活动评估指标体系对比分析

　　第一，案例选择的依据。广东省开展的档案机构评估活动时间跨度较长、涉及的档案机构类型众多，所以选择广东省在不同的时间节点①、面向不同的档案机构类型开展评估活动，评估活动具体选择的是市（地）、县级国家档案馆目标管理考核活动和机关档案综合管理升级考核活动（见表2），运用案例分析法和对比研究法对这两次评估活动的评估标准及指标进行分析，由此具体探讨相同地区评估目的条件下的档案馆和档案室构建评估标准及指标的不同。

表2　广东省市（地）、县级国家档案馆和机关档案室评估标准及指标对比研究

名称	关于印发《广东省市（地）、县级国家档案馆目标管理考核标准》的通知②	《广东省机关档案综合管理升级考核标准》（修订版）③
时间	2005年12月27日	2015年
评估对象	广东省市（地）、县级国家档案馆	广东各机关档案室
评估目的	不断提高全省国家档案馆管理水平，逐步实现档案馆工作规范化、标准化	进一步提高机关档案目标管理水平

---

　　①　由于广东省档案馆评估活动是不定期开展的，所以这里我们仅选择2005年的评估标准作为对比分析的数据基础。

　　②　关于印发《广东省市（地）、县级国家档案馆目标管理考核标准》的通知［EB/OL］．（2013－08－20）［2019－05－18］．http：//www．szdaj．gov．cn/xxgk/zcfg/201308/t20130820 _ 2185331．htm

　　③　广东省机关档案综合管理升级考核评分表［EB/OL］．（2015－10－19）［2019－05－18］．http：//www．maoming．gov．cn/zwgk/zcfg/201510/t20151019 _ 58367．html

一级指标	①行政管理（16分＋2分）；②基础业务（38分＋13分）；③库房设施（20分＋8分）；④开发利用（19分＋3分）；⑤信息化建设（4分＋15）；⑥功能拓展（3分＋28分）（含基础分和加分项）	行政管理（18分）；基础业务（40分）；库房设施（16分）；开发利用（26分）
二级指标	机构设置与领导任命，经费，人员，文化程度，专业水平与人才结构，规划、计划与总结，规章制度，工作业绩；档案、资料接收与征集，档案、资料整理，档案保管，档案统计，档案鉴定；馆库建筑，馆库布局，馆库设备；档案检索，编研工作，开放利用，理论研究与对外宣传；规划与方案、数字化、网站建设；政务信息公开场所、科研基地、知识普及、宣传窗口、参与重大活动、工作创新	实现档案综合管理，配备档案人员，档案干部素质，档案工作列入领导议事日程，接受同等档案局和上级主管机关的监督指导并建立了业务联系，有档案工作计划、安排、总结，建立了机关、本系统档案工作网络；建立健全了各项档案工作制度，表彰或奖励；文件材料的立卷归档，档案的分类编号，档案的保管，档案的统计，档案的鉴定，档案的移交；专用室库，档案箱柜，温湿度控制设备，其他设备；档案资料检索，编研工作，提供利用，利用效果

第二，评估指标项的差异。广东开展的面向机关档案和综合档案馆的评估目的均是为了进一步提高两者的档案管理水平，档案馆和档案室日常的档案管理工作具有相似性。因此，两项评估指标中的一级指标项的数量和分值差别并不是很大，档案馆评估比档案室评估多出"信息化建设""功能拓展"两项指标，这是由于档案馆的服务对象面向社会大众，更加注重馆藏信息化建设和服务功能的拓展；从二级指标项的表述来看，档案馆评估指标项的表述更为简洁，档案室评估的二级指标更为强调可操作性，指标性的设置对日程管理工作更为细化；从二级指标项的内容来看，在"行政管理"下的二级

指标中，档案馆评估较为注重将机构的设置与领导任命、经费、人员、计划与总结、规章制度等作为独立的档案机构的配套，而档案室则侧重于将档案的综合管理、档案工作列入领导议事日程、接受同等档案局和上级主管机关的监督指导，建立本机关、本系统档案工作网络等，强调机构内部的从属性管理特征；对于"基础业务""开放利用"下的二级指标项，档案馆评估注重档案资源的收集、整理、鉴定、保管、统计、检索、编研、开发利用，即档案工作的八大流程；档案室则重在强调文件的立卷归档、分类编号、保管、统计、鉴定、档案的移交、检索、编研、提供利用等业务工作，其中文件的立卷归档、分类编号、档案的移交等指标项不同于档案馆，体现了档案室的暂存和过渡性机构性质；档案馆的"信息化建设""功能拓展"两项指标项，强调档案馆的数字化和网站建设、档案公共服务的宣传和工作创新，为社会大众提供档案便民服务。由以上分析可以看出，档案馆和档案室的组织管理、档案基础业务和开发利用的二级指标项差异比较明显，评估差异开始拉大，这是由于档案馆和档案室的馆藏内容、职能、服务对象等的不同而形成的。

综上所述，通过档案馆和档案室评估标准及指标构建对比分析，我们可以得出以下两个结论。一是档案馆和档案室作为收集和保管档案信息资源的重要存储和服务机构，在构建评估标准及指标上具有相同点：档案馆和档案室评估标准及指标的构建主体是上级档案行政管理机构；评估目的和评估内容影响档案馆和档案室评估标准及指标的构建；档案馆和档案室构建档案机构评估标准及指标的流程和方法也具有相似性。二是档案馆和档案室的机构职能、馆藏内容、服务对象和地区分布特点是影响两者评估标准及指标构建的重要因素，档案馆和档案室评估标准及指标的差异主要是通过指标体系来体现的。通过案例分析，总结共性，档案馆和档案室评估指标体系构建的具体差异可以归纳为以下三个方面：①档案馆和档案室的管理体制和机构性质会影响"组织管理"指标项的设置。档案馆侧重于强化档案馆的行政管理和控制，在指标项的设置上较为注重将机构的组织架构、人员配备与分工、规章制度等作为独立的档案机构的配套；档案室侧重于档案部门与所属单位之间的隶属和管理关系，在指标项的设置上侧重于档案室工作与所属机构工作的整体协调，强调机构内部的从属性管理特征。②由于服务对象的不同，档案馆和档案室评估指标项的"基础设施建设"和"开发利用"也会不同。档案馆基础业务建设和开发利用的重点是服务于社会大众,在二级指标项的设置上更为注重档案资源的管理和对外开发利用;档案室则是为了更好地服务于单位内部的管理和决策,二级指标项的设置侧重于立卷、归档等管理流程。这是两者根本的不同点。③档案馆发展与时俱进,更为注重信息化建设和对外服务能力,在评估指标中设置"信息化建设"和"功能拓展"等指标;而档案室的发展会受整个机构发展水平的影响,并不刻意强调信息化建设的能力和水平,以及服务功能的拓展,相对重视所属单位对档案部门的监督和管理。

3 结语

档案馆和档案室评估是我国档案机构评估的重要组成部分,加强两者评估活动研究会对档案事业的发展起到积极的促进作用,而档案馆和档案室评估的重点是评估标准及指标的构建。档案馆和档案室共同作为档案资源的存储库,其在评估标准及指标的构建主体、构建流程和方法等方面具有共性,然而由于两者馆藏范围、职能、服务对象和地区分布范围的不同,档案馆和档案室构建评估标准及指标也不尽相同。档案馆和档案室评估标准及指标的构建差异还需要在实践中作进一步论证,分析和研究两者的评估标准及指标的构建差异能够对评估实践提供理论借鉴。

谈谈档案与图书、情报的区别
及对档案利用的影响①

刘东斌　　吴雁平

（濮阳市档案馆　河南濮阳　457000；
开封市档案馆　河南开封　475000）

摘　要：档案与图书、情报对档案利用的影响，不在于它们的共性而在于它们的个性。本文从信息、作用和价值三个角度论述了档案与图书、情报的区别，对档案与图书个性对档案利用的影响进行了比较，阐述了档案凭证价值用少性、时效性、地域性、专一性、一次性五个特征对档案利用的影响。

关键词：档案　图书　情报　区别　档案利用

1　引言

档案与图书、情报是不同的事物，是有区别的，这应该是档案与图书、情报界的共识，尤其是档案界的共识。然而，到了信息时代似乎人们对这三者的不同不那么关注了，而对它们的共性的关注热情在不断地高涨，尤其是1979 年钱学森发表了《情报资料、图书、文献和档案工作的现代化及其影响》一文后，更是如此。钱先生的文章认为："从系统工程的技术角度来看，

作者简介：刘东斌（1958－），男，汉族，安徽阜阳人，河南濮阳市档案馆副研究馆员。主要研究方向为档案学基础理论、档案工作实践。吴雁平（1958－），男，汉族，江苏南京人，河南开封市档案馆副研究馆员。主要研究方向为档案法、档案信息化、档案调查与数据分析。

①　基金项目：本文系 2019 年度河南省档案科技项目"新形势下综合档案馆档案利用研究"（项目编号：2019－R－04）的阶段性研究成果。

情报资料、图书、文献和档案都是一种'信息',这种系统工程的目的就是信息的存储、信息的检索和提取、信息的传输和信息的显示,所以这整个技术可以称为信息系统工程。"① 1981 年,图书界的刘延章率先提出了"图书、情报、档案三位一体化"概念,并提出图书、情报、档案工作"要专深化、综合化、走联合协同之路"。② 在同年 11 月召开的全国第一次档案学术讨论会上,张帼英也提出了"机关企业的档案、图书、资料、情报一体化的意见"③,并得到了吴宝康先生的认可。随后,这一论点很快就引起了全国档案界以及图书、情报界的广泛关注和强烈反应。虽然,时间过去了三四十年,"图书、情报、档案一体化"推进得并不太理想,但却给档案界留下了很深的影响,当然,这种影响并不都是正面的,也有一些负面的。它的负面的影响包括:

第一,对于"图书、情报、档案一体化"的研究,过度集中在从信息角度对图书、情报、档案共性的探讨上,以及如何实施上;而对于信息时代它们的区别研究不足,尤其是这些区别对档案、档案工作的影响研究不足。甚至出现在信息共性的认识上取消档案学的趋势。看看各高校档案专业院系的名称纷纷易名,不是与图书情报专业合并,就是改为信息资源管理院系的现象,就可以看出在信息时代对图书、情报、档案的共性研究过度造成的负面影响有多大。

第二,过度研究解读图书、情报、档案共性对档案利用的影响,更确切地说是抹杀档案个性对档案利用的影响。在档案利用量上,档案利用向图书利用靠拢。"图书以传播知识为目的"④,"它是静态的信息和知识,只有通过传递、交流、供人使用才能发挥作用"⑤。因此,对图书来说利用得越多越好,发挥传播知识的作用越大越好。"图书馆学五定律中的第三定律'每本书

①　钱学森. 情报资料、图书、文献和档案工作的现代化及其影响 [J]. 档案学通讯,1979 (05):6—10.

②　刘延章. 图书、情报、档案工作的现状及其路向 [J]. 湘图通讯,1981 (02):1—3.

③　吴宝康. 从一个侧面看我国档案学研究的现状和动向:全国第一次档案学术讨论会论文专题评述 [J]. 档案学通讯,1982 (Z1):10—38.

④　肖东发. 中国图书 [M]. 北京:中国书籍出版社,2014:2.

⑤　黄宗忠. 图书馆学导论 [M]. 武汉:武汉大学出版社,1988:13—15.

有其读者'","旨在告诉图书馆要'为书找人',寻求书与人之间的匹配契合,提高图书利用率"。① 也就是提高图书的利用量。受其影响,就有了"其启示综合档案馆:'每份档案有其用户'。这一定律的精神实质就是要求综合档案馆开展主动服务,积极为档案寻找用户,使每一份档案都能得到有效利用"②。"档案利用率这一概念是从图书利用率移植过来的"③,而且图书馆学(阮冈纳赞)五定律中的第三定律对档案价值的认识也有很深的影响,"按照阮冈纳赞第三定律的理论,档案保管部门中的每一卷(件)档案都应有相对应的用户,也即所有的档案都应该被利用到,否则档案的价值就无法体现"④。显然,档案价值扩展律的认识就深受其影响。"由于档案价值与作用对象的扩大或利用单位数量的扩大,使得档案价值与作用的范围扩大了。"⑤ "档案的利用范围愈广,档案价值与作用的发挥也愈大。"⑥ 在图书利用的影响下产生的这些认识就成了指导档案利用的理论,档案界这些年也一直在以图书利用为标准,用利用率来评估档案的利用情况,认为档案利用也应该达到图书利用的水平。因此,档案馆就采取了种种措施向着这一目标努力。然而,几十年下来,并没有多大的起色,离图书利用的标准相差甚远。从1998—2017 年的全国综合档案馆与全国公共图书馆利用量比较看,20 年来图书馆利用总量平均是档案馆利用总量的 24.18 倍,图书馆利用率平均是档案馆利用率的 10.70 倍。而在档案开放利用上,档案开放利用则向情报利用靠拢。"情报利用的特点是:时效与选择。这种时效指的是用户迅速而准确地查阅信息。"⑦ 因此,对情报来说利用得越及时越好,这才能体现其迅速传递信息的作用。受情报利用特点的影响,不仅《中华人民共和国档案法》作出了

① 涂静,周铭. 图书馆学五定律对综合档案馆科学发展的启示 [J]. 北京档案,2013 (11):14-17.

② 涂静,周铭. 图书馆学五定律对综合档案馆科学发展的启示 [J]. 北京档案,2013 (11):14-17.

③ 刘旭光,刘蔚. 档案利用率质疑 [J]. 档案学通讯,2011 (03):99-101.

④ 肖文建,胡誉耀. 阮冈纳赞图书馆学五定律对档案信息资源开发利用的启示 [J]. 档案学通讯,2005 (05):16-19.

⑤ 朱玉媛. 档案学基础 [M]. 武汉:武汉大学出版社,2008:60.

⑥ 朱玉媛. 档案学基础 [M]. 武汉:武汉大学出版社,2008:63.

⑦ 程磊. 情报文献新探索 [J]. 图书馆,1986 (05):14-17.

"经济、科学、技术、文化等类档案向社会开放的期限,可以少于三十年"的规定,而且要求:"档案部门对于一般性的档案,也要及时做好开放利用的各项准备工作,一俟到期,即行向社会开放,不要人为地拖延开放期限。"① 还有的学者提出"档案开放的最终目标是——由'开放档案'最终实现'档案开放':不设置30年的开放期,而是档案形成之日便是开放之时"②,以扩大档案的利用。然而,档案开放利用,虽然没有到达学者说的"档案形成之日便是开放之时"的要求,但档案部门也做了很大的努力,在档案开放上有了明显的成果。不过它对于扩大档案的利用,提高档案利用率的效果并不明显。显然,在档案利用方面,过度研究解读图书、情报、档案共性对利用的影响,使我们有些迷失了方向,影响了我们认识档案的个性对档案利用的影响。

对于在信息的范围内,档案的个性可能会对档案信息利用造成影响的问题,早在20世纪90年代就有学者提出要研究档案的信息个性。有学者提出:"现在档案是一种信息已成为档案界的共识,但相对于档案信息开发这个大课题来说,研究仅停留在此显然是不够的,理论工作还大有可为,如档案信息除了具备一般信息的共性外,还有哪些特性?"③ 然而,二十多年过去了,对于档案信息的个性研究并没有太多的进展,尤其是有关档案个性对档案利用影响的研究,几乎没有人关注。

2 档案与图书、情报的区别

2.1 档案

从信息的角度看,档案也是一种信息,"档案作为信息具有本源性","由于档案形成于自然的人类活动过程中,又不可经过人为的加工,档案不仅客观地记载了事实的发生和发展过程,而且还经过鉴定的过程,是比较真实可

① 陈永生. 论档案工作效益的滞后性特点 [J]. 湖北档案,1993 (02):21-24.
② 吴文革,马仁杰. 论档案开放的原则 [J]. 档案学通讯,2004 (04):72-75.
③ 秦琳. 挑战与机遇:试析档案信息交流中存在的障碍及对策 [J]. 档案学通讯,1992 (06):53-55+18.

靠的，所以，我们说档案具有本源性（档案的原始性、凭证性特点与此有关）"，①"本源性就是档案信息的本质属性，把档案信息源与图书、情报资料信息源区别开来"②。

从档案的作用看，档案是记忆备忘的工具，这是因为档案最基本的作用是记忆备忘。从档案起源的动因看，档案是为了满足人类记忆备忘的要求而产生的。档案起源最初的动因是为了满足人们记忆备忘的需要，弥补人脑记忆贮存信息不能持久的缺陷，最初形成的档案就是为了记忆备忘。"可以说人们的社会记忆的需要，发展和创造了档案。"③ 记录事实以备不测之用，就是档案的记忆备忘作用。因此，档案是人们在认识世界和改造世界的实践活动中创造出的记忆备忘的工具。

从档案价值看，档案最主要的价值是凭证价值。"俗话说'空口无凭，立字为证'，或说'口为空，字为宗'，这里所说的'字'，往往指的是文书，指的是档案。"④ "档案的这种原始性的凭证价值，是档案不同于其他各种资料的基本特点。"⑤ "档案由于是社会实践活动中形成的原始记录"，"更富有特殊的凭证依据价值，社会上誉称档案为'原始凭证'，'没有水分的资料''档案即断案''档案馆是断案馆'，具有强烈的权威性、法律性和准确性。"⑥

2.2 图书

从信息的角度看，图书也是一种信息，图书信息是经过加工系统化后的一般性知识，相对于档案信息的本源性来说，"图书不具备这种原始凭证价值，它偏重信息的完整性和系统性，因此图书所承载的信息经过人为的加工，只能作为参考材料，并不能成为一种凭证"⑦。"而这种一般性的知识从最初

①　周晓英. 档案信息论 [M]. 北京：中国人民大学出版社，2000：50.

②　周晓英. 档案信息论 [M]. 北京：中国人民大学出版社，2000：2.

③　习之. 关于"记忆工具" [N]. 中国档案报，1999－8－5 (3).

④　陈兆祦，和宝荣，王英玮. 档案管理学基础（第三版）[M]. 北京：中国人民大学山版社，2005：30.

⑤　吴宝康. 档案学概论 [M]. 北京：中国人民大学出版社，1988：57.

⑥　赵越. 档案学概论 [M]. 沈阳：辽宁大学出版社，1987：193.

⑦　刘旭光. 孟子家族的记忆：孟府档案管理研究 [M]. 上海：上海世界图书出版公司，2015：119.

的资料收集到图书的完成，需要一段较长的时间"，因而"往往是图书完成
了，其中的信息也过时了，因此图书无法提供最新信息"。① "图书信息的特
点是它传递知识的广泛性。图书中记载了古今中外各个门类的知识，是传播
知识、存贮知识，宣传、教育人民的工具。"②

从图书的作用看，图书是传播知识的工具。从图书起源的动因看，图书
是为了传播经验、思想、知识的需要而产生的，图书起源的动因是为了传播。
"当人们开始有意识地将文字刻写在各式各样的材料上，借以记录经验，阐述
思想，并使之传播久远的时候，书籍便开始出现了。"③ 图书"它是静态的信
息和知识，只有通过传递、交流、供人使用才能发挥作用"④。"传播知识信
息是图书的基本职能，知识信息是构成图书的基本因素。"⑤ 图书最主要的作
用是传播信息、经验、思想和知识。"图书是一种用以表达思想、积累经验、
保存知识与传播知识的工具。"⑥

从图书的价值看，积累人类的社会认识成果和传播人类社会实践活动成
果的知识是图书的根本价值，因而图书最主要的价值是知识价值。"图书的本
质属性是知识性，决定了图书的基本价值应该是知识参考价值。"⑦ "图书是
以文字、图像、公式、声频、视频、代码等手段，将信息知识记录或描述在
一定的物质载体上，并能起到贮存和传播信息知识的作用，具有知识价值和
参考价值。"⑧ 图书的知识价值在于传播经验知识，图书知识价值的主要作用
是让人们获得知识，使人们能够学习知识、开阔眼界、提高精神境界，以及
改变世界观、人生观及价值观等。

---

① 田野. 基于档案与图书价值差异的用户需求比较分析 [D]. 沈阳：辽宁大学，2013.
② 吴兰. 档案、图书、情报信息综合管理初探 [M] //吴宝康，丁永奎. 当代中国档案学论.
北京：档案出版社，1988：331.
③ 郑洵. 中国原始图书起源浅议 [J]. 农业图书情报学刊，2008 (01)：51—54.
④ 黄宗忠. 图书馆学导论 [M]. 武汉：武汉大学出版社，1988：13—15.
⑤ 肖东发. 中国图书 [M]. 北京：中国书籍出版社，2014：5—6.
⑥ 谢俊贵. 图书学基础 [M]. 长沙：湖南大学出版社，1989：34.
⑦ 田野. 基于档案与图书价值差异的用户需求比较分析 [D]. 沈阳：辽宁大学，2013.
⑧ 赵越. 档案学概论 [M]. 沈阳：辽宁大学出版社，1987：193.

2.3　情　报

从信息的角度看，情报也是一种信息，"情报主要来源于社会生产生活活动中的直接信息及图书与档案中的间接信息"①，"情报信息的特点是它的新颖性和传递性"，"情报的新颖性还体现在它具有老化的特性，随着新的情报的出现，原有的信息将会变得不可靠，需要得到修正、补充。这与档案、图书信息有着明显的区别"。②

从情报的作用看，情报的作用就是搜集、分析与判断处理信息，并为决策服务，以提高效率。其一，正确决策的作用。要做到正确决策自己的行动，就需要调查研究，就要充分掌握有关情况，经过分析判断后，才有可能作出自己的正确决策。其二，新知识的催化作用。"情报来自他人，集思才能广益。……情报可以使今人得以彼此启发和借鉴，可以使后人继承前人，使人们对自然界和社会现象的认识一步步深化和成熟，使新知识不断地出现，从而推动社会迅速地向前发展。"其三，节约时间加快速度的作用。"有了情况，心中有数，可以迅速作出判断，采取正确的行动，办事效率就会加快，从而为人们节省大量的宝贵时间。"③

从情报的价值看，情报价值具有时效性的特点。"所谓情报的时效性，就是从效用的角度考察特定情报在当用情报范围内被利用价值的相对变化。如果利用价值相对降低，则称'情报老化'"④。因此，情报价值"必须具备时间上的新颖性，传递对象的选择性，内容上的相关性，情报只是间接知识，所以情报部门对时间观念特别强调，要求情报的加工和传递要以最短的时间、最快的速度，向特定的对象提供各种经过分析带有战略性、预测性和综合性的最新知识，以便作为决策、意志、计划、行动的选择和参考依据"⑤。

---

① 辛杨. 我国图书、情报、档案一体化管理研究［D］. 济南：山东大学，2012.
② 吴兰. 档案、图书、情报信息综合管理初探［M］//吴宝康，丁永奎. 当代中国档案学论. 北京：档案出版社，1988：331.
③ 桑健. 科技情报学概论［M］. 沈阳：辽宁人民出版社，1987：16－17.
④ 杨起全，李延成. 情报学［M］. 北京：科学技术文献出版社，1988：17.
⑤ 赵越. 档案学概论［M］. 沈阳：辽宁大学出版社，1987：199.

3　档案的个性对档案利用的影响

影响档案利用的因素是多方面的，但就档案本身而言，影响档案利用的不是档案的信息共性，而是档案的信息个性。也就是说，影响档案利用的最主要的因素，不是档案、图书、情报作为信息的共性，而是档案的个性。虽然档案、图书、情报都是信息的一部分，但是由于它们是不同的信息，有着不同的性质，反映到被利用上，就是在利用次数、利用率和利用的时效性等方面都是不同的。

3.1　档案与图书的个性对利用影响的比较

档案是记忆备忘的工具，档案最基本的作用是记忆备忘，记忆备忘就是档案在信息中的个性之一。反映到被利用上，档案主要发挥的是记忆备忘功能，发挥的是维护社会记忆的真实性和"备用查考"的作用。"档案的形成从一开始就有着明确的目的性——备用查考。离开了这个目的，就没有档案的产生，也就没有档案的存在。"[①] 保存档案的目的虽然是为了利用，但这种利用是——备用查考，为了"备日后之用"。当然，这"备日后之用"的含义是有深意的，关键是"备"，而并不单单是保管或者单单是利用的问题，也就是说它们并不是孰轻孰重的问题。它说明保存档案的目的并非立刻就用，而是"备日后之用"。"档案属于备用品的范畴。""档案作为一种备用品，发挥的主要是备用功能，具体表现为保障功能：（1）发挥'以备查考'作用，保障社会各项活动的正常进行。（2）维护社会记忆的真实性。档案作为原始的历史记录，只有档案的完整与安全，才能维护国家历史面貌和社会秩序的稳定。"[②] 档案馆保存档案的意义在于"备"，也就是预防万一，正像有学者说

---

①　昌晶，张礫丹. 对"备以查考性"的认识 [J]. 四川档案，2010（03）：54—55.

②　杨立人. 从备用品看档案的备用价值：兼与图书价值特点进行比较 [J]. 档案学通讯，2012（06）：29—32.

的那样："养档千日，用在一朝。"① 保存档案的目的是"备用"，"备用"就是偶尔用，"备用"体现在利用上，就是利用的人次少，档案被利用的次数也少，利用率也低，这是由档案的记忆备忘工具性质所决定的，不是人们可以任意改变的。

对于图书来说，保存图书的目的并不是为了记忆备忘，也就是说不是为了"备用"，而是为了用，是"使用"，而不是"备用"。保存图书的目的是为了"使用"图书以最大限度地传播经验、思想和知识。对于保存图书的目的是"使用"，可以从图书馆的职能中体现出来。图书馆的职能就是围绕着"使用"图书展开的。"图书馆是图书文献的存贮和传递中心"，"从本质来看，它是对以信息、知识、科学为内容的图书文献进行搜集、加工、整理、存贮、选择、控制、转化和传递并提供给一定社会读者使用的信息子系统"②，"图书馆是组织人们共同使用图书的场所"③，图书馆保存图书的目的和图书馆的基本职能是"使用"图书，传播经验、思想和知识。"图书馆藏书是通过长年累月把零散的书收集起来，经过科学地加工整理，形成完整的、系统的、有序的科学体系；它的藏书是供社会广大读者长期、反复使用的。"④ 也就是说，档案馆保存档案是为了"备用"，而图书馆保存图书是为了"使用"，并且这种"使用"是"反复使用"，是反复传播经验、思想和知识。"备用"和"使用"尤其是"反复使用"是有区别的，"备用"是偶尔用，"使用"尤其是"反复使用"则是经常用。"档案属于'备查'之物，而非常用之物"，"档案是人们在社会活动中形成的原始记录，通过档案，人们可以较好地了解一个机构或一个国家过去发生的各项活动，但人们并不是要频繁地去查阅档案，而只是在需要辨清某个历史事实的时候，才去查考档案。在档案馆中，有很多档案默默地保存在库房中，平时较少被利用，有些档案几十年未曾被调过一次档，但它已经发挥了保障作用"，这就是档案的记忆备忘的作用。"图书

---

① 丁永奎. 档案专业干部培训系列教材：档案学概述 [M]. 北京：中国档案出版社，1995：23.
② 黄宗忠. 图书馆学导论 [M]. 武汉：武汉大学出版社，2013：15.
③ 桑健. 图书馆学概论 [M]. 沈阳：辽宁人民出版社，1985：208.
④ 黄宗忠. 图书馆学导论 [M]. 武汉：武汉大学出版社，2013：20.

属于使用品，发挥的是使用功能，具体来说，图书作为一种传媒，发挥的是知识传播的功能，利用人次越多，知识传播范围越广，发挥的作用就越大，由此可见，图书的主要功能在于'用'。"① 也就是说，档案利用得少与图书利用得多，都是由它们的信息个性所决定的，在被利用方面它们都有各自的特点，并没有可比性或可借鉴之处。

3.2　档案凭证价值特征对档案利用的影响

档案信息本源性的特点反映在档案的价值上就是档案的凭证价值，而档案的凭证价值又有着与其他信息不同的特征，档案的凭证价值的这种特征是决定档案利用的关键因素。档案凭证价值具有用少性、时效性、地域性、专一性、一次性五个特征，② 这五个特征对档案利用产生了以下影响：

3.2.1　用少性的影响

档案的凭证价值具有利用越少越好的特点。档案凭证价值的这一特点是由档案记忆备忘的本质决定的。档案因具有凭证价值而"备"保存，但是，它们"备日后之"提供利用是有条件的。"档案馆馆藏的大量有凭证作用的档案，只有在国家、社会组织或个人的权益受到影响、侵害损失或发生权益纠纷时，有关社会组织或个人才会对它们产生利用需求"，"国家、社会组织、个人的权益受到了影响、侵害、损失或发生了权益纠纷，虽然可以凭借档案馆保存的档案使问题得到解决或处理，但所造成的不良影响一般难以完全消除，损失一般难以完全挽回，因而任何社会组织和个人都不希望此类问题发生"。③ 因此，对于具有凭证价值的档案来说，不是被提供利用得越多越好，而是越少越好。档案凭证价值用少性的特点就决定了档案被利用的概率不会高。

3.2.2　时效性的影响

档案凭证价值具有一定时限的特点，它们只在某一段时间内起着凭证作用，而随着时间的推移，这些档案的凭证作用逐渐减少，以至于消失。档案

①　杨立人. 从备用品看档案的备用价值：兼与图书价值特点进行比较 [J]. 档案学通讯，2012 (06)：29－32.

②　刘东斌. 档案利用和档案价值的反思 [J]. 档案管理，2004 (01)：7－8.

③　林清澄. "提高档案利用率" 悖论 [J]. 档案，2001 (2)：9－11.

馆的馆藏档案大都是只在某一段时间内有可能被利用，而随着时间的推移，这些档案有可能被利用的次数会逐渐减少，以至于基本无人再利用。最典型的像婚姻、土地使用等档案，当当事人故去，当土地超过了使用年限后，其当事人或权利人几乎就不可能再来利用这些档案了。档案凭证价值的时效性与情报的时效性不同，档案凭证价值的时效性指的是，其价值是有时限期的，其利用不仅有时效期，而且在其时效期内也不一定经常被利用，甚至大多数档案有可能在其时效期内，从来就不会被利用。但是，虽然大多数档案在其时效期内没有被利用，然而它们已经起到了保障作用。档案凭证价值时效性的存在限定了档案价值扩展的时间范围，并且它把对档案凭证价值的利用限制在一定的时期内。情报的时效性则不同于档案凭证价值的时效性，情报的时效性"指的是用户迅速而准确地查阅信息"①，也就是说情报的时效性指的是其利用的及时性。"一份情报只有在一个特定条件下、在一定时间内才能产生一定的效能。这就是情报的时效性，一份情报要派上用场、起到作用，时效性是极其重要的方面。否则，误了时间，就算再有价值的情报也成了'明日黄花'。古今中外，情报因失去时效而失去价值的事例不胜枚举。"② 而且，随着社会活动的节奏越来越快，社会信息瞬息万变，情报的时效期也越来越短。

3.2.3　地域性的影响

档案的凭证价值具有很强的地域性。一般来说，在当地产生的具有凭证价值的档案，只有当地的利用者会去利用，异地的利用者是不会去利用的。因为异地的利用者与其毫无关系。档案凭证价值地域性的存在限定了档案利用的空间范围，并且它把对档案凭证价值的利用限制在一定的地域内。

3.2.4　专指性的影响

档案凭证价值的专指性指的是档案凭证价值与其利用者具有专一性的关系，也就是具有一对一的专指关系，或者说是具有针对性的专指关系。档案凭证价值专一性的存在限定了档案利用的主体范围，它把对档案凭证价值的利用限定在一定的人群范围内。

---

① 程磊. 情报文献新探索 [J]. 图书馆，1986（05）：14—17.
② 张殿清. 特殊的较量：情报与反情报 [M]. 北京：世界知识出版社，1997：3.

3.2.5 一次性的影响

档案凭证价值还具有利用一次性的特点，这一特点可以从两方面说：一是在一般情况下具体的某份档案只可能被某利用者利用一次，而不会再被其他的利用者利用；二是在一般情况下某利用者利用一次具体的某份档案，而这份被利用过的档案不会再被某利用者第二次利用。一般来说，具有凭证价值的档案利用一次也就足够了，谁也不愿意第二次去利用它。因为谁也不希望自己的权益受到相同的侵害、损失或发生纠纷，再来第二次。档案凭证价值利用一次性的存在不仅限定了具体的某份档案利用的次数，同时也限定了档案利用者利用档案的次数，把档案利用限制在一定的次数范围内，不论我们如何下大气力，采取怎样的措施，都不可能提高其利用的次数。

档案记忆备忘的本质不仅决定档案的"备用"——少用，也决定了档案凭证价值的用少，而且档案凭证价值的时效性、地域性、专指性、一次性，又在档案利用的时间范围、空间范围、主体范围、利用次数上进一步限制了档案的利用，使得档案可能被利用的情况被限制在一个非常狭小的范围内。反映在档案利用上，就是利用的人少，利用的档案少。

4 结语

通过以上分析，我们可以看出，决定信息利用的是不同信息的个性，而不是其共性。作为同为信息一部分的档案、图书和情报，它们有着不同的个性特点，而这些不同的个性特点决定它们的利用也是不同的。作为传播知识工具的图书，对它的利用是越多越好，利用率越高越能体现其价值；对于情报来说，及时传递是它的生命线，对它的利用是越及时越好，越及时越能体现其价值；而对于记忆备忘工具的档案，对它的利用并不是越多越好，也不是越及时越好，而是越少越好。所以说，利用得多、利用率高、利用得及时这些评价指标，对于档案来说就意义不大，甚至可以说根本没有意义。因为这些指标既不能反映决定档案利用的档案的个性特点，也不能体现档案利用的规律。对于档案、图书和情报，由于其各自有各自的特点，它们的各自的特点并没有可比性，其决定的利用情况也没有可比性，所以其利用评价指标也不具有统一性。

【档案信息化】

档案部门运用短视频平台的 SWOT 分析与策略选择^①

——以抖音平台为例

李宗富　　杨莹莹

（郑州大学信息管理学院　郑州　450001）

摘　要：抖音等新型短视频平台以其形象生动的短视频形式引起了人们的普遍关注和广泛使用，这也给档案部门的宣传和服务工作带来了新的机遇和挑战。文章运用 SWOT 分析法，以抖音平台为例，深入分析档案部门利用抖音平台加强宣传工作、扩大影响力的内部优势、劣势及外部机遇和威胁，并对其发展策略等进行分析和选择，以期对档案抖音号的运营建设等有所借鉴和参考。

关键词：档案部门　抖音　短视频　SWOT 分析

1　引言

1.1　实践现状

抖音 App 作为新型的社交平台，与其他社交平台相比有其独特之处，自抖音 App 上线以来，其用户规模迅速扩大，它在信息传播方面发挥了不可忽

作者简介：李宗富（1981—），男，管理学博士，郑州大学信息管理学院讲师、硕士生导师，主要研究方向为档案信息资源开发与利用。杨莹莹（1997—），女，郑州大学信息管理学院档案学专业 2019 级在读研究生，主要研究方向为档案信息资源开发与利用。

①　**基金项目：**本文系河南省哲学社会科学规划项目"河南省各级综合档案馆公共服务能力评估及提升策略研究"（项目编号：2018BZH008）的阶段性研究成果之一。

视的作用。截至 2018 年 12 月，抖音平台国内日活跃用户突破 2.5 亿个，已有 5724 个政务号，共发布 25.8 万个短视频，累计获赞 43 亿[①]，成为政务和媒体信息传播的新平台。截至 2019 年 10 月 11 日，笔者通过在抖音 App 中搜索用户一栏，输入检索词"档案"，共有 123 个用户"名字"中带有"档案"一词，除去个人用户，有"蓝 V"认证标志的用户共有 29 个，其中有 11 个为各档案局（馆）开设的官方抖音账号，分别为济南市济阳区档案局（馆）、北京市朝阳区档案馆、太原市小店区档案馆、杏花岭区档案馆、太原市档案馆、黄陵县档案局、德宏州档案局、芒市档案局、陇南档案、西安档案、漳州档案。在开设抖音号的 11 家档案局（馆）中，仅有黄陵县档案局、西安档案、漳州档案三家抖音号中发布的作品数量在 10 个以上，部分档案馆仅仅是开设了抖音账号，并没有发布过任何作品。其中，漳州档案累计已发布作品 90 个，累计获赞 112843 个，25 个作品点赞量达 1000 以上，粉丝数量已达 5.9 万人。

1.2　研究现状

目前，档案学界关于档案与社交媒体的研究较为丰富，但已有研究中的社交媒体是以微博、微信为代表的，笔者分别以主题为"档案＋抖音"和主题为"档案＋视频"在中国知网上搜索，通过筛选剔除，与本研究主题相关的文章很少，直接以"档案＋抖音"为研究对象的只有一篇，其余文章多是以"音像档案"为研究对象。史晓康在《档案局（馆）政务抖音号的现状与思考》一文中，对档案局（馆）政务抖音号应用现状进行了分析，并提出档案局（馆）开设政务抖音号的相关建议，认为档案馆应积极利用新手段，提高档案影响力。[②]赵屹、汪艳在《新媒体环境下的档案信息服务》中曾对音、视频播客在国外档案信息服务中的应用现状进行研究，并对我国在档案服务中应用播客提出了相关建议。[③]

[①]　佚名. 2018 抖音大数据报告［EB/OL］.（2019－02－15）［2019－11－12］. http：//www. sohu. com/a/294899104＿298352.

[②]　史晓康. 档案局（馆）政务抖音号的现状与思考［J］. 北京档案，2019（7）：30－32.

[③]　赵屹，汪艳. 新媒体环境下的档案信息服务［M］. 上海：上海世界图书出版公司，2015.

在已有的研究中，仅是着重于对当前档案馆政务抖音号应用现状进行了分析，没有具体详细地对档案馆开设抖音账号的可行性进行研究。基于此背景，本文采用 SWOT 分析法，分析档案部门开设抖音号的优势、劣势机会和威胁，研究档案部门开设档案抖音账号的可行性策略。

2　档案部门开设档案抖音账号的 SWOT 分析

SWOT 分析法也叫态势分析法，该方法是将组织所面临的战略环境分为内部优势因素、劣势因素和外部机会因素、威胁因素，对每类因素进行调查分析罗列，并按照一定的次序排列，对每种因素进行两两匹配并加以分析，从而得出一系列相应的结论。它是组织战略决策的常用方法，在图书情报与档案管理等领域也被广为利用。①

2.1　优势（Strengths）分析

2.1.1　丰富的音像档案资源

抖音是一款以短视频拍摄、短视频分享为特点的社交软件。我国目前档案馆拥有丰富的音像档案，这些档案直接提供了可供使用的素材。截至 2018 年年底，我国各级国家综合档案馆馆藏照片档案 2056.0 万张，录音录像磁带、影片档案 105.0 万盘，数码照片 33.2 万 GB，数字录音、数字录像 30.5 万 GB。② 这些音像及电子档案都可以直接利用抖音平台向公众展示。例如，为庆祝中华人民共和国成立 70 周年，中央档案馆公布的开国大典 12 分钟彩色视频，在抖音 App 上被中国日报、人民日报、人民网等各大媒体转发，其点赞量和转发量达到百万以上，引起了一阵热潮，该档案得到了广泛传播。

---

① 金学慧，夏勇琪，付宏. 情报机构参与智库建设的 SWOT 分析与策略选择［J］. 智库理论与实践，2016，1（4）：64—71.

② 国家档案局. 2018 年度全国档案行政管理部门和档案馆基本情况摘要（二）［EB/OL］. (2019—09—26)［2019—11—12］. http：//www. saac. gov. cn/daj/zhdt/201909/5482cc6929cd4b94b16a135517316d4f. shtml.

2.1.2 抖音平台传播模式便捷，对用户吸引力强

首先，抖音平台传播模式便捷，传播范围广泛。抖音 App 中的作品主要以 15 秒的短视频形式向用户呈现，通过上滑、下滑进行作品切换，对于喜欢的作品可以通过作品右侧的选项进行点赞、转发与评论，操作简单方便。随着互联网的发展及其资费的下调，人们使用手机的成本下降，而抖音 App 的短视频形式充分利用了用户的碎片化时间，让更多的用户愿意在短暂的闲暇时刻打开手机观看抖音作品。其次，短视频形式形象立体，吸引力强。抖音平台不同于微博、微信，其信息主要是以短视频的形式，同时配以简短的文字标题作为视频内容的解释，强调视觉与听觉的双重感受，与单纯的文字、图片相比，更加形象直观，富有趣味性，容易被用户接受，对用户的吸引力大于传统的文字、图片形式。

2.1.3 档案部门丰富的信息服务经验

我国档案部门开展信息服务由来已久，积累了丰富的信息服务经验。我国各级各类档案机构开设微信公众号数量已近 400 个，包括局馆类、高校类和企业类，其中局馆类微信公众号最多。此外，共有 103 个档案部门开通了新浪微博，其中省、市级综合档案馆微博 84 个。① 档案机构利用微博、微信等社交媒体开展档案信息服务工作积累了大量的工作经验，为档案机构利用抖音平台开展信息服务与宣传工作提供了可供借鉴的经验。

2.2 劣势（Weaknesses）分析

2.2.1 档案资源开发度低，作品内容缺乏创新

我国档案馆藏丰富，涉及社会实践的各个方面。然而，档案信息资源的开发程度却不够高，主要表现在两个方面：一是档案信息资源开放程度不够高。截至 2018 年年底，全国各级国家综合档案馆馆藏档案 75051.1 万卷，但开放档案只有 11222.1 万卷②，开放率不足百分之 15%。二是档案信息资源

---

① 孟健，隋丽丽. 档案社交媒体推广面临的问题及对策 [J]. 管理观察，2019（23）：93-94.
② 国家档案局. 2018 年度全国档案行政管理部门和档案馆基本情况摘要（二）[EB/OL].（2019-09-26）[2019-11-12]. http://www.saac.gov.cn/daj/zhdt/201909/5482cc6929cd4b94b16a135517316d4f.shtml.

开发质量不够高。目前，在所开设的档案局抖音号中，大多数档案抖音号中的作品都是关于工作动态的介绍，没有新意，缺乏深加工、高质量、具有创新性的档案信息资源开发作品，作品对用户的吸引力不够强。

2.2.2　档案部门人员素质有待提高

随着社会的发展，档案部门的发展越来越要求数字化、智能化，而现阶段档案部门的人员素质与档案部门的发展要求是不相符合的。一方面，部分档案工作人员思想落后，缺乏主动服务的意识。档案部门长期处于被人忽视的地位，档案工作人员习惯于被动提供服务的方式，再加上档案部门领导的不重视，这就使得档案工作人员缺乏工作的积极性、主动性，使档案工作缺少了更多的可能性；另一方面，档案部门人员的专业素质不够高，人员结构有待调整，信息技术的发展要求档案工作人员具有较高的信息素养，除此之外，更是需要专业化信息技术人才。

2.2.3　抖音平台娱乐性与档案严肃性相矛盾

档案是人们在社会实践活动中形成的真实的历史记录，档案最早是作为国家进行统治的工具出现的，其内容涉及政治、经济、文化、科学等方方面面，其在一定程度上具有严肃性；而抖音作为人们休闲娱乐的一款移动应用软件，具有很强的娱乐性，其平台上的作品以娱乐内容为主，张扬感性的逻辑，吸引受众注意力，甚至会对政治、经济、社会等新闻进行娱乐化的解读，破坏信息的真实性和严肃性。① 这就造成了抖音平台的这种娱乐性与档案信息的严肃性相矛盾。

2.3　机会（Opportunities）分析

2.3.1　国家政策的支持

2019 年 1 月 25 日，习近平总书记在主持中共中央政治局就全媒体时代和媒体融合发展第十二次集体学习时强调，推动媒体融合发展，建设全媒体，为实现中华民族伟大复兴的中国梦提供强大的精神力量和舆论支持。同年 3

---

① 唐亚阳，黄蓉. 抖音短视频与社会主义核心价值观的融合共生：价值、矛盾与实现［J］. 湖南大学学报：社会科学版，2019，33（4）：1-6.

月，国家档案局（馆）局（馆）长李明华在《全国档案局长馆长会议上的工作报告》中提出，要加强档案宣传教育工作，充分利用各种新媒体、传统媒体，扩大档案工作影响，提高社会档案意识。① 一系列国家政策的提出，推动了档案机构积极利用新媒体开展档案工作。

2.3.2　用户接收信息方式的变化

互联网的发展开启了人们信息行为的新方式。当前，社会经济的快速发展，使人们不得不采用快节奏的生活方式。技术的发展、生活节奏的变化，在一定程度上影响了人们接收信息的习惯，逐渐呈现出碎片化、个性化、浅阅读的特点。抖音作为短视频类的社交平台，其传递信息的方式很好地适应了用户接收信息方式的变化。因此，档案馆可以充分利用此特点传递档案信息，提供档案服务。

2.3.3　大数据的发展，实现精准推送

抖音平台充分利用大数据技术，记录用户使用抖音浏览短视频作品的习惯、爱好及个人兴趣，通过这些记录构建具体的用户画像，通过用户画像为用户推荐其可能感兴趣或喜欢的作品。用户画像越清晰，平台推送信息就越精确。大数据技术的运用，为档案抖音号的发展提供了更好的机会，它可以根据用户的喜好与地理位置为用户推送可能感兴趣的档案抖音作品，从而传递档案信息，宣传档案文化。

2.3.4　公众文化需求的增长

当前，随着知识时代的到来，公众对文化的需求也越来越大，并呈现出多样性、个性化、高质量的特点。档案馆保存了我国大量的精神文化财富，并且是第一手的真实可靠的信息；而抖音平台自上线以来不断发展，其受众群体越来越广泛，涵盖的人群已不仅仅局限于最初定位的"年轻人"群体。当含有丰富文化的档案与传播广泛的抖音相结合，便为公众提供了丰富文化生活的新途径，为满足公众文化需求提供了新方法。

---

① 李明华. 在全国档案局长馆长会议上的工作报告［J］. 中国档案，2019（4）：20—28.

2.4　威胁（Threats）分析

2.4.1　缺乏统一的行业标准

当前，档案部门广泛应用新媒体来开展档案服务，抖音属于短视频类的新媒体应用。无论是微博、微信等档案部门已经广泛使用的新媒体，还是后来兴起的以抖音为代表的短视频类的新媒体应用，对档案新媒体的建设国家还没有制定统一的标准，主要是各单位根据自己的实际情况，出台相应的规定、制定相应的要求。这就容易出现档案抖音号建设不够规范，抖音作品质量参差不齐，无法给用户提供优质信息资源的情况。

2.4.2　档案部门资金短缺

虽然近年来随着社会的发展，档案部门所获得的资金有所增长，但从整体来看，档案部门的资金还是十分紧张的。档案抖音号的建设不可避免地需要充足的资金支持。一方面，档案抖音号的运营和维护需要一定的人力、物力、资金和技术；另一方面，档案部门也需要建立一定的激励机制来调动工作人员的积极性，从而促进档案抖音号的长远发展。

2.4.3　档案信息资源碎片化

抖音 App 是一款短视频应用软件，其作品时长一般为 15 秒、30 秒、60 秒。它的这种特点必然会造成档案信息资源的碎片化；而档案在形成、收集、整理和保存等过程中都强调全宗原则，强调档案整体。档案抖音号作品为用户呈现的碎片化的档案信息资源，难以使用户对相关档案有全面的了解，难以使用户建立相应的知识体系。

2.4.4　抖音平台技术安全问题

网络技术存在很大的安全隐患，一些不法分子盗取用户账号、发布虚假信息，给社会及用户带来巨大损失。档案是真实的历史记录，一旦档案抖音账号被不法分子盗用，发布虚假信息，将给国家、社会、公众造成损失，同时，也对档案部门和档案的权威性、真实性造成不良影响。

3 档案抖音号建设的策略分析与选择

3.1 档案抖音号建设的策略分析

3.1.1 优势—机会（SO）策略

3.1.1.1 以用户需求为导向，大力开发档案信息资源

档案部门拥有丰富的档案资源，但目前档案信息资源的开发存在很多问题。一方面，档案馆要加大档案信息资源的开发力度，充分利用计算机技术，开发档案信息资源内容，形成优质的二次信息、三次信息；另一方面，要充分尊重用户需求，以用户需求为导向，重点开发用户需求集中的档案资源，如"漳州档案"抖音号在漳州发生地震之后及时发布了一期关于历史上漳州地震的作品，其点赞量达到 3.6 万个，评论 2544 条，转发 7081 次，产生了很好的传播效果。

3.1.1.2 发挥抖音平台优势，加强档案宣传

抖音平台具有亲民性、趣味性、大众性、"去中心化"、精准推送等优势特点，档案部门应充分利用抖音平台的优势特点，加强与社交媒体的合作，通过发布用户喜闻乐见的、兼具趣味性与教育意义的档案信息，拉近档案部门与大众之间的关系，改变大众对档案、档案部门的刻板印象，同时利用抖音平台"去中心化"的特点，鼓励用户分享个人身边的档案信息与档案知识，广泛传播档案信息。

3.1.1.3 兼顾多种新媒体应用，实现效益最大化

当前，新媒体应用的发展呈现出多样化的特点，人们不单单局限于使用一种新媒体，目前广泛使用的有微博、微信、抖音等社交媒体。因此，档案部门在进行档案宣传的时候，也不应该局限于一种新媒体，而是要综合多个新媒体，并根据每个新媒体的特点，提供适合的档案服务与档案信息资源宣传。

3.1.2　优势—威胁（ST）策略

3.1.2.1　完善规章制度，规范信息发布

抖音平台的娱乐性与档案的严肃性之间的矛盾要求档案部门必须完善规章制度，建立健全"档案＋社交媒体"工作模式的相关规章制度，涵盖档案信息的选择、编辑加工、审核发布等各个环节，规范信息发布流程，尤其是要建立严格的信息审查制度，保障所发布信息内容的合理合法、真实可靠。

3.1.2.2　整合档案资源，转变服务观念

抖音是一款短视频类社交媒体，其中很突出的一个特点就是"短"，这就不可避免要将档案信息资源有选择性地进行发布，造成档案信息资源碎片化。要避免资源碎片化的不利影响，档案部门就要对档案资源进行整合，尽可能地展示档案的全貌，对于重要的、系统的档案信息，可以通过发布系列视频来保证档案信息的完整与准确。另外，档案部门要转变服务观念，树立以人为本、积极主动的服务观念，为用户提供更好的服务。

3.1.2.3　开发文创产品，拓宽资金来源

抖音平台的另一个特点就是在每个作品中直接添加购物链接，档案部门可以利用此功能，积极开发档案文创产品。档案部门可以借鉴博物馆、博物院的经验，尤其是故宫博物院文创产品的发展，发挥档案部门的资源优势，提高创新能力，开发具有原创性的、创新性的档案文创产品，宣传档案文化，同时还可以增加档案部门的收入，拓宽资金来源。

3.1.3　劣势—机会（WO）策略

3.1.3.1　借鉴相关经验，发挥典型示范作用

一方面，档案部门可以借鉴现阶段运营较好的档案抖音号，如漳州档案，学习借鉴已有的方法经验及运营模式；另一方面，档案部门可以向其他领域优秀的政务抖音号学习，如 2018 年抖音政务号粉丝量排名第一的四平警事，其粉丝量达 1043 万人，还有排名第二、第三的中国军事网、中国军网。① 档案部门可以加强与这些运营较好的抖音号进行沟通交流，学习借鉴已有的经

---

① 佚名. 2018 抖音大数据报告［EB/OL］.（2019－02－15）［2019－11－12］. http：//www. sohu. com/a/294899104_298352.

验，并结合自身情况，开展档案抖音号工作。

3.1.3.2 引进高素质人才，完善人才结构

档案抖音号建设需要有优秀的人才队伍保障，档案部门要注重引进人才，包括新媒体运营人才、计算机技术人才、档案专业人才等，进一步完善人员结构。同时，要加强对档案工作人员的培训，进一步提高档案工作人员的业务能力，丰富其知识背景，提高其对档案新媒体工作的认识。

3.1.3.3 提高信息技术水平，充分利用现代信息技术

"互联网＋"时代到来，各类信息数据大爆炸，大数据、云计算、云存储、区块链、移动互联网等新兴信息技术快速发展，档案部门要顺应时代的发展，充分重视技术的重要性，采取多种措施，提高信息技术水平，并熟练应用信息技术，为档案工作提供新的机遇与发展。

3.1.4 劣势—威胁（WT）分析

3.1.4.1 制定行业标准，规范"档案＋社交媒体"工作

当前，社交媒体在档案利用服务、宣传等工作中发挥了很大的作用，国家档案局于 2019 年 3 月 4 日发布的《档案移动服务平台建设指南》为档案移动服务平台的建设明确了一系列的规范与标准。档案移动服务平台建设与"档案＋社交媒体"虽然有共通之处，但关于利用社交媒体开展档案工作还没有具体、统一的行业标准，因而要加快制定行业标准，规范档案工作。

3.1.4.2 加大资金投入，建立竞争机制

档案部门要加大资金投入，支持档案抖音号建设，相关部门可以通过组建专门的运营团队等方式保障档案抖音号的发展。在重点环节、薄弱环节投入充足的资金，尤其是要在档案工作人员之间建立竞争机制，通过奖惩制度充分调动档案工作人员的积极性，从而充分发挥档案工作人员的业务能力与创新能力，促进档案新媒体工作的开展。

3.1.4.3 提升"档案＋社交媒体"工作意识，塑造档案馆特色形象

提升"档案＋社交媒体"工作意识，其中最重要的是档案部门领导要提高在档案工作中应用抖音等社交媒体开展档案服务、档案宣传等工作的意识，领导要充分重视抖音等社交媒体在档案工作中所发挥的作用，只有领导重视了，才能给予相应的人力、物力等支持。其次，档案工作人员也要进一步提

高对社交媒体应用于档案领域的认识，树立开放、包容、服务的观念，促进档案抖音号建设，提高档案宣传工作，从而塑造档案馆特色形象。

　　SWOT 分析所得出的内部优势、劣势与外部机会、威胁以及相应的策略，见表 1。

表 1　　　　　　　　　　档案抖音号建设的 SWOT 分析矩阵

外部因素		内部因素	
机会（O）	威胁（T）	优势（S）	劣势（W）
●国家政策的支持 ●用户接收信息方式的变化 ●大数据的发展，实现精准推送 ●公众文化需求的增长	●缺乏统一的行业标准 ●档案部门资金短缺 ●档案信息资源碎片化 ●抖音平台技术安全问题	●丰富的音像档案资源 ●抖音平台传播模式便捷，对用户吸引力强 ●档案部门丰富的信息服务经验	●档案资源开发度低，作品内容缺乏创新 ●档案部门人才素质有待提高 ●抖音平台娱乐性与档案严肃性相矛盾
		S—O	W—O
		●以用户需求为导向，大力开发档案信息资源 ●发挥抖音平台优势，加强档案宣传 ●兼顾多种新媒体应用，实现效益最大化	●借鉴相关经验，发挥典型示范作用 ●引进高素质人才，完善人才结构 ●提高信息技术水平，充分利用现代信息技术
		S—T	W—T
		●完善规章制度，规范信息发布 ●整合档案资源，转变服务观念 ●开发文创产品，拓宽资金来源	●制定行业标准，规范"档案＋社交媒体"工作 ●加大资金投入，建立竞争机制 ●提升"档案＋社交媒体"工作意识，塑造档案馆特色形象

3.2 档案抖音号建设的策略选择

抖音平台的出现与发展为档案宣传工作提供了新的机遇和挑战，档案部门要积极主动地应用新型平台，发挥自身的优势，提高档案宣传工作，从而提高社会档案意识。在档案部门应用抖音平台开展相关工作的策略中，笔者认为：首先，要提升档案机构领导及档案工作人员的"档案＋社交媒体"工作意识，为档案抖音号建设提供充足的支持。其次，要建立完善行业标准和部门规章制度，规范工作流程，建立严格的信息审查制度，为档案抖音号建设提供相关工作标准和规范。再次，要加大对档案信息资源的开发力度，尤其是用户需求集中的档案信息资源，为档案抖音号建设提供基本的信息资源素材。最后，要保障人才队伍建设，完善人员结构，为档案抖音号建设提供人才保障。

数字人文视阈下地图档案资源开发探究①

李思琪　　孙志莹

（山东大学历史文化学院　济南　250100）

摘　要： 地图档案是空间数据和地理信息的主要承载者，是重要的历史文化资源，运用数字对地图档案资源进行开发利用可以充分挖掘和实现地图档案的文化价值、现实意义。本文梳理了数字人文在地图档案资源开发中的研究与应用现状，从学科融合、资源特点和技术重塑三方面分析了数字人文与地图档案资源开发之间的契合度，并从系统化、虚拟化和时代化三个角度提出构建城市历史地理信息动态时空数据库、新型虚拟城市艺术地图和徒步旅游服务平台等策略，为地图档案资源的开发与利用探求新的发展空间与路径。

关键词： 数字人文　地图档案　历史地理　虚拟城市　徒步旅游

地图档案是空间数据和地理信息的主要承载者，真实地记载着城市面貌的发展变化，客观地反映了城市建设、地理形态等变迁过程，极具社会经济和文化价值。但是，由于地图档案表达形式特殊，其文本信息关联关系复杂，传统的方法在一定程度上限制了地图档案资源的开发利用。现代数字技术与人文理念的结合，可以在地图档案所记录的"虚拟世界"之间构建起一座"时空桥梁"。在数字人文背景下，以地图为空间语言，借助文本挖掘和 GIS 等技术手段实现对地图档案资源的聚类与整合，能够强化地图档案资源间的

作者简介： 李思琪（1995—），女，山东蒙阳人，山东大学历史文化学院 2018 级硕士研究生；孙志莹（1996—），女，河南许昌人，山东大学历史文化学院 2018 级硕士研究生。

①　本文为 2018 年国家档案局科技项目"基于史学研究利用需求的档案资源体系结构研究"（项目批准号：2018－R－011）阶段性研究成果。

联系，展现时空的静态格局和动态变迁，为人文研究和社会发展提供系统、直观的高价值档案信息资源，促进人们对时空关系的新探索，因而探究数字人文下的地图档案资源开发新路径具有重要的实践意义。

1 数字人文在地图档案资源开发中的研究与应用现状

历史学家和数字人文学者威廉·特克尔（William Turkel）等人认为，精读文本在数字时代已不大可能。一个历史学家可以阅读约翰逊政府发布的 4 万份通知，却无法处理克林顿在任期间发出的四百万封电子邮件。将来，用户需要依靠更为复杂的分析工具来远距离读取大量文本材料。[①] 数字技术为这种新型文本阅读模式提供了可能。将数字技术应用于人文学科研究，融合发展计算机网络基础知识、数据分析与可透视技术、算法模型等多方面技术和知识的数字人文，代表了一种数字时代的新兴知识生产范式。目前，数字人文虽广泛应用于管理、学术、图书馆和信息技术（IT）领域，但学界并未对数字人文的定义达成明确共识[②]。美国学者丹·科恩（Dan Cohen）将数字人文定义为"运用数字媒体和技术推进人文学科思维与实践的全面发展，包括从学术资源创造到学术资源研究再到同行、师生对研究结果的交流与传播"[③]。数字人文的定义随着数字人文的发展而得以不断补充完善，总地来说，数字人文可被视为是新兴技术与传统人文之间动态交流、沟通碰撞的结果。

近年来，国内学界对这一人文与技术融合衍生出的新知识范式表示出了强烈的研究兴趣，数字人文研究范围迅速蔓延到历史学、文学、图书情报、档案学、新闻传播学等领域并呈现出多元化、跨学科化的发展趋势。随着数

---

① MOSS M S，THOMAS D L，GOLLINS T. Artificial Fibers：The Implications of the Digital for Archival Access [J]. Frontiers in Digital Humanities，2018（05）：20.

② GARDINER E，MUSTO R G. The Digital Humanities：A Primer for Students and Scholars [M]. Cambridge：Cambridge University Press，2015：1—69.

③ COHEN D. Defining Digital Humanities，Briefly [EB/OL].（2011—03—09）[2019—11—29]. https：//dancohen. org/2011/03/09/defining—digital—humanities—briefly/.

字人文研究领域热度的逐年升温，探究我国数字人文领域档案资源开发利用的研究现状有助于反思不足、明晰发展方向，从而为相关研究提供更多借鉴和参考。① 笔者在中国知网数据库中，以"数字人文＋档案"为主题词对国内相关研究进行检索，截至 2019 年 8 月 31 日，共检索到 35 篇相关文献，人工剔除重复文献、非研究性文献后，最终筛选出 28 篇相关有效文献，通过计量可视化分析法对这 28 篇文献的主题及各个主题之间的关系进行剖析，得出一个直观的关键词共现网络图（图 1），从关键词共现网络图中我们可以看出，数字档案、社会记忆、档案数字化、文本挖掘等主题是目前我国数字人文视阈下档案学研究的热点和重点，研究内容涉及档案工作的方方面面，由此可见档案与数字人文契合度高，两者结合有相当广阔的研究空间和发展前景。档案是数字人文研究的重要资源和对象，而大数据、数据可视化，GIS 地理历史可视化等现代信息技术又可为档案学科和行业发展提供新的研究视角和研究工具，两者工作内容交叉重叠，融合发展是大势所趋、共生之道。但是，地图档案这一传统档案资源在与数字人文的交叉研究中尚处于起步阶段，目前多以文本分析为出发点，从数据库建设层面来探索实现馆藏资源的聚类优化。在数字人文背景下，如何运用数字技术分析地图档案数据以更好地服务用户，值得更多档案工作者进一步思考探讨。

---

① 邓君，宋先智，钟楚依. 我国数字人文领域研究热点及前沿探析［J］. 现代情报，2019，39（10）：154－164.

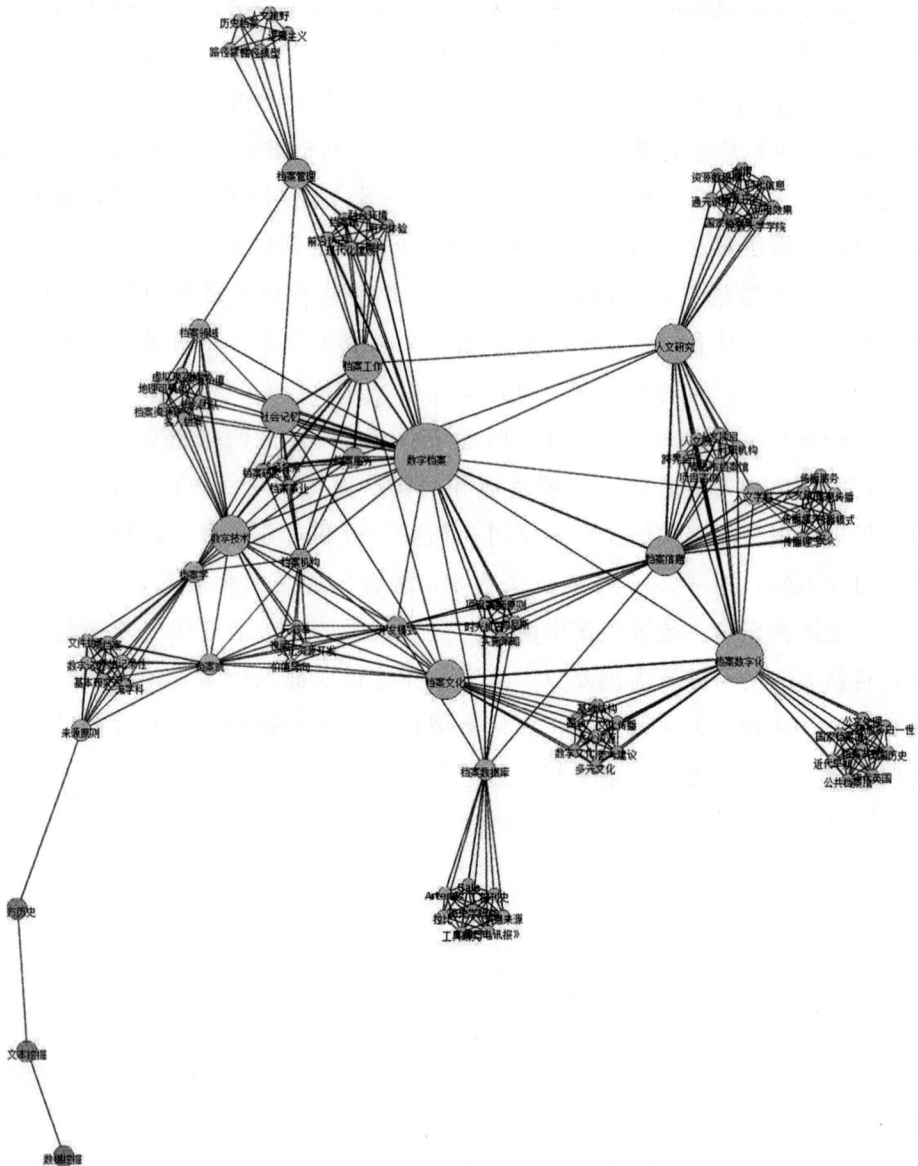

图 1　关键词共现网络图

　　目前，国内外已有一些发展较为成熟的数字人文档案实践探究项目。威尼斯时光机项目（Time Machine Project）是其中较为典型案例，该项目将拿破仑时代起的区域地图、建筑设计图、领域规划图、旅游导览图等档案资源以数字化、图像化、系统化处理，为人类还原了一个相对完整的城市历史画面。由哈佛大学和复旦大学合作开发的中国历史地理信息系统着力建立一套中国历史时期政区变动连续的基础地理信息库，反映不同历史时期政区的逐年变化情况，为研究者提供科研基础数据平台、时间统计、查寻工具和模型。弗吉尼亚大学启动的"影谷项目"将美国内战时期形成的书信、地图集、人口统计数据等档案信息以数字化形式重新组织、重现，专注于为读者展示特定时空下历史生活的真实场景。这些项目通过跨学科融合地图档案数据，运用新技术推动档案主题内容研究，拓宽了数字人文领域下档案资源开发利用的服务范围，延伸了地图档案信息资源的社会经济和文化价值。与此同时，我们也应当注意数字人文项目开展过程中遇到的问题。英国的国王数字实验室（King's Digital Lab）目前正在进行一项广泛的归档与可持续性项目，以确保在未来 20 年时间里实现约 100 个数字人文项目的安全性和可持续性管理。但在具体实施过程中，他们发现，资金和技术问题严重威胁着项目的可持续进行。我国目前开展的一些数字人文项目，如国家图书馆创办的专题记忆服务"中国记忆"项目、天津市档案馆"津沽史料"项目及台湾大学数位人文研究中心"大型数位典藏"项目等，这些项目依赖数字化和数据库技术实现文本的聚类展现，虽然社会记忆的构建整合了丰富的历史资源，但也存在由于技术挖掘不足带来的开发路径单一，难以满足用户问题导向式的多样化需求的问题。数字人文首先要实现数字化，这是一个基础，但数字人文本质在于对数字资源的深度开发和利用，实现数字人文的研究目的和价值不仅仅要依靠数字化技术，更要积极探索一个以档案资源为基础，技术变革为支撑，服务用户为归宿的动态化系统模式。地图档案作为城市空间数据和地理信息的主要承载者，数字人文的成熟发展为其开发利用提供机遇，"以地图作为过去世界的入口，运用现代科学技术，可带领后来者穿越时空，以独特的视角展示人类历史的发展进程"[1]。

---

① 李黎，姬凤英，刘剑，蔡秀兰. 关于城市数字地图档案馆建设的思考 [J]. 湖北档案，2013（07）：21—23.

2 数字人文技术与地图档案资源开发契合度分析

地图档案是数字人文项目开发的重要资源库。面向数字人文研究的地图档案开发不只关注传统的载体资源，还针对大规模、多种类的地图档案资源进行内容分析并对存在逻辑关联的数据开展信息组织，以提供面向用户的精准服务。笔者认为，既然本文旨在探讨数字人文与地图档案资源开发之间的关系，那么十分有必要探讨两者之间的契合程度，论证基于地图档案特点的数字人文有助于推动地图档案资源的开发与建设。

2.1 学科融合为地图档案资源的开发注入新活力

从人文学科角度而言，数字人文视阈下的档案信息资源开发是面向单一主题、基于知识本体的数字档案资源的收集、组织处理和保存。目前，在全球范围内的数字人文实践中，数据收集及数据库建设是数字人文项目的第一层次，不论是数据的收集、挖掘、整理，还是数据库的建设都离不开专业的技术与人才做基础支撑。作为全球较早设置数字人文硕士学位的学校之一——瑞士洛桑联邦理工学院，一个世界级的跨学科数字人文研究和教育机构。它的设立初衷是为了更好地在数字人文这个新兴领域中开展研究和教育项目，并能够在数字人文的研究和教育领域中占据国际领导地位。学院内设数字人文硕士学位，致力于帮助学生深入学习、了解如何将世界文化遗产、历史档案和社交媒体数据转化为对所在世界的深层次理解。同时，该学位的教学内容横跨计算机和人文学科，研究项目涉及音乐、社交媒体、文学、艺术、用户体验和历史等。学科融合为数字人文背景下的地图档案资源开发注入了新的活力。由瑞士洛桑联邦理工学院牵头进行的国际化合作项目"威尼斯时光机"，对数百万份的历史文献资料、画作与历史古迹进行数字化并以此为资源基础，将这些"历史大数据"巧妙地融入有史以来规模最大的历史计算机模拟进程之中，以此来构建横跨数千年的欧洲历史地图。该项目包括将以往大量存在的碎片化地图信息内容进行最大限度的资源整合，将其转化成为城市的决策者、规划者与居民可使用、可掌握的知识与资源。项目团队成员具有计算机科学、历史学、社会学、历史地理学等不同学科背景，以及来自图书馆档案管理领域的实践工作者，学科融合为地图档案资源的数据挖掘和可视化呈现提供了多维度的技术支持和实现路径。"时光机项目"是迄今为止使用"历史大数据"进行研究的项目中规模最为宏大的一个，该项目在聚集国际力量的基础上，构建出一个跨越千年的欧洲历史地图。该项目的执行团队负责人分别来自档案学、信息建模及博物馆设计、计算机、数字文本分析、历史学、金融商业、遥感测绘、数字文化遗产等领域。跨领域的团队组合为项目提供了最精尖的专业知识、技术和创新思维，共同应对解决项目实施中的各种挑战。地图档案作为一种独特的文本资源，其中暗含的历史关系需要通过跨学科融合及技术合作挖掘展示，建立视觉信息索引系统，促进地图档案资源在跨界与融合之中深入开发。

2.2　地图档案是数字人文研究的重要资源基础

地图档案是历史的"映射"，一张地图记录的信息量是巨大的，既是历史事件的缩影亦是城市地理信息的真实映照，涉及地形特点、自然资源分布、城市道路路线、历史事件、城市沿革发展轨迹等。古代的地图自先秦至明清经历了一个兴起到形成的发展过程，地图档案产生较早，数量巨大，种类亦较繁多①，《周礼》中的地图档案，作为周王朝在治理国家的社会实践活动中形成的重要历史记录之一②，刻于石壁上的彩色壁画地图《五台山图》，图面主要描绘五台山佛教圣境全貌，展现了五台山的地形特色及寺庙特点、分布情况。不仅如此，地图下部绘有通往五台山的道路路线，是一副较早的佛教圣境专题地图，是中国唐代建筑、社会历史和地图绘制的珍贵史料。③ 结合数字人文技术来解读复杂的历史数据，使人们在数字世界与物理世界的交叉

---

① 赵彦昌. 中国古代地图档案遗存及其科技文化价值研究［J］. 档案学研究，2009（04）：15－17＋14.

② 马卫东.《周礼》所见地图及其地图管理制度［J］. 档案学通讯，2012（05）：101－104.

③ 赵彦昌. 中国古代地图档案遗存及其科技文化价值研究［J］. 档案学研究，2009（04）：15－17＋14.

地带对历史文化有新的感受与体验。数字人文技术为档案内容研究提供新技术和工具，帮助人文与档案学者深入推进档案内容研究工作，发掘档案内容背后隐藏的人文、社会科学知识。① 应用数字人文技术的"知识地图"是近几年针对处理地图档案文献知识的表现形式之一，通过文本可视化技术将文本知识中复杂难懂的或难以通过文字表达的内容和知识规律以视觉符号、图谱的形式直观地展现出来，从而使得用户能够在短时间内快速获取大数据中所蕴含的关键信息。由哈佛大学与浙江大学联合打造的"学术地图发布平台"是一个集地图档案与历史文献研究于一体的历史地理资源库，该平台有 3 万张世界地图数据支持，但它所展示的内容并不是世界地理信息的"拼接"，而是为世界各地用户提供一个地理信息研究成果发布、可视化分析及多功能查询服务的平台。② 平台内可浏览地图，查询到浙江大学校长竺可桢、明代戏曲家汤显祖等历史人物的人生轨迹，同时也可查询到历史人物的籍贯及与之相关的社会关系的地理的分布。可见，数字人文下的地图档案资源作为一种"空间式"的"语言资源"，是数字人文档案项目发展的重要资源基础。

2.3　数字技术重塑地图档案资源开发的新维度

数字工具能够客观真实地分析地图档案所记载的城市地理变迁规律，并直观地反映出区域地理的分布特点。特别是在过去的十年里，数字工具通常被看作数据分析、操作和演示的工具。③ APP 是自媒体时代下的成功产物，是地图档案信息资源展示的"新窗口"，数字人文技术支持下的地图特色 APP 建设是自媒体时代档案资源展现形式的新探索途径之一。谷歌地球是一个知名度很高的电子地图 APP，除常规地理信息数据库功能外，用户可在界面中

---

① 李子林，王玉珏，龙家庆. 档案与数字人文的"和"与"合"：国外开展档案数字人文项目的实践 [N]. 中国档案报，2018－10－17 (003).

② Academic Map Publishing Platform [EB/OL]. (2018－12－24) [2019－11－29]. http：//lib. zjnu. edu. cn/2018/1224/c240a279266/page. htm

③ GARDINER E, MUSTO R G. The Digital Humanities：A Primer for Students and Scholars [M]. Cambridge：Cambridge University Press，2015：1－69.

使用编辑和添加功能添加文件夹、坐标、路径以绘制私人地图，还可查看特定区域内的历史影像，使用录屏软件录制反映城市变迁的直观影像资料，软件中的"录制游览"功能还可模拟特效航拍视频。谷歌地球还支持用户在地球、星空和其他星球之间切换，通过放大功能观察星空图，了解星座、星星编号等详细信息。加州大学洛杉矶分校"丹麦人口与铁路映射"项目整理了8个不同历史时期丹麦不同区域人口和铁路站点、铁路路线数据，并将这些数据影射到丹麦地图中制作成动图形式，反映了人口和基础设施建设的关系。① 数字技术与档案资源的结合，架起了用户和数据之间的桥梁，应用方便且呈现方式易理解，既为人文研究提供了新的工具和思路，也为地图档案资源开发开辟了新路径。

3　数字人文视阈下地图档案资源开发路径

目前，国外地图档案数字人文项目已取得较为显著的成果，我国档案数字人文项目也处于蒸蒸日上的发展态势。我国地图档案资源丰富，同时立体形象的"地图语言"与数字人文之间具有较高的契合度，具有非常好的开发前景。笔者针对我国地图档案资源的特点，在综合考虑数字人文技术与地图档案资源的融合度基础上，提出以下三种地图档案资源开发的实践路径，以期为我国地图档案资源的开发利用工作提供可参考的信息。

3.1　系统化——城市历史地理信息动态时空数据库

在信息化时代背景下，将大数据理念融入历史地理学领域将有助于历史地理信息化发展，如中国历代人文传记资料库通过建立支持查询和展示中国历代人文资料库展示隐藏于人物内部的内在关系。中国历史地理信息系统（CHGIS）为目前历史地理学界最为成熟的信息化产品，设计者试图建立中国

---

① Denmark population and railway map [EB/OL]. (2018-11-15) [2019-11-29]. http：// www. sjzdaj. gov. cn/col/1540974589982/2018/11/15/1542245952954. html

历史时期连续变化的基础地理信息库。① 笔者针对目前存在的数据难匹配、信息不具体化等问题，提出从系统化角度构建一个有关联动态时空库的构想。首先，资料库不应仅仅是地图档案数据的"聚合地"，而是一个"动态的模拟时空仓"，应具备资料查询、下载、标记、关联资料自动推荐等功能。利用文本挖掘、数据关联技术将现实历史地理信息转化为数字历史地图档案库，此处所指信息不仅局限于自然地貌、历史变迁信息，而且将人文因素融入其中，所含数据信息符合数字人文中的人文情怀理念，又能够客观地展示各因素之间的内在关联和联系。同时，发挥历史地理信息化的优势。城市地理数据库应重视"地名子数据库"的构建，分层分类展示政区信息，具体落实到小村落、河道、堤坝等小地名信息，建立包含多个子库的关系数据库，并能够融入现代数据体系，支持使用者在任何软件环境下使用数据资源。以"需求牵引"为原则，利用关联数据技术优化检索系统，历史地图档案所蕴含的信息大多是零散且复杂的，通过关联技术将信息中的各个元素串联，充分发挥其关联性和开放性特征，为用户提供兴趣关联式推送。例如，一位游客搜索北京景点景区，可根据游客的搜索记录推测用户的兴趣偏好，从而进一步在自然景观、主题公园、历史人文类景点类别中筛选并推送相关景点信息。与此同时，汇聚了城市信息的数据库还可满足各界的查询需求，科研学者可查询科研资料进行学术研究，其中所记载的城市交通客流量可用于规划城市交通路线，所展示的历年历代城市植被覆盖率可用于设计城市绿化方案。

3.2　虚拟化——新型虚拟城市艺术地图

英国埃克塞特大学历史学系教授杰里米·布莱克（Jeremy Black）说："城市为地图的绘制提供了对象和主题，提出了'如何进行有效描述'这样的问题与挑战。"② 城市艺术地图通过呈现城市面貌及其文化内涵，建立各要素

---

① 潘威."数字人文"背景下历史地理信息化的应对：走进历史地理信息化 2.0 时代 [J]. 云南大学学报：社会科学版，2018，17（06）：80—87.

② 褚传弘. 艺术地图与上海城市地图绘制实践与新型城市体验 [J]. 时代建筑，2019（02）：14—19.

之间的内在空间联系，从而开启连接、沟通、想象城市的新路径、新通道，使得人们通过阅读地图，建立与都市空间相关的多重逻辑关系，为我们带来新型城市体验。城市数字地图档案也是地图档案资源的重要组成部分。城市地图档案是以城市（特别是主城区）为工作范围，在城市测绘地理信息生产、科研、管理活动中形成的档案。① 地图档案中包含大量具有历史性、本土性及文化艺术性的城市景观，以及极具地方特色却不被人们熟知的小建筑、街道、边界，应利用 GIS、VR、制图术等新技艺从点、线、面三个维度以文字、图片、地图的展现形式对老旧地图档案所记载的历史文化街区原貌进行重组和构建。在理清各个建筑群之间的空间位置关系基础上，将与文化相关的景点并置在一起从而打造出有内在关系的可叙事场景。

新媒介技术下的地图构架使得地图不再是坐标系下的地理图形，而是城市故事展示的窗口，成为大众体验城市的新方式，使得地图空间成为一种新型的虚拟体验空间。在虚拟空间下，公众可自助选择感兴趣的文化景点了解该景点过去的历史、发展变化等详细信息并可根据自己的想法调整公共线路、历史文化建筑群，打造自己的"梦想城市"，同时用户可在线留言，对身边较为关注的历史建筑、景区留言评述，推荐文化遗产建筑列入城市建筑保护名单，举报违规建筑、不文明行为，政府可根据该信息反馈更加合理地规划城市布局。数字人文下的城市艺术地图作为可直观认识和把握城市的实践方式，能够充分挖掘地图档案中所记载的地理信息，最大化地发挥地图档案的文化和经济价值。

3.3 时代化——徒步旅游服务平台

现当代越来越多的公众偏好"智慧旅游"，通过互联网这一传播途径，提前搜集相关信息，策划旅游攻略。根据《"十三五"全国旅游信息规划》制定的旅游数字化、网络化、智能化等发展目标，国家旅游局提出利用云计算、

---

① 李黎，姬凤英，刘剑，等. 关于城市数字地图档案馆建设的思考 [J]. 湖北档案，2013 (07)：21—23.

大数据、遥感技术、地理信息等技术进行旅游信息管理和服务。① 政府部门应在汇总各省市的地图档案资源，总结各区域地理风貌特征工作的背景下，根据地图档案资料中对自然、人文景观和历史建筑的真实记载设计徒步旅行观光路线，发展当地特色徒步旅游业。首先，通过对地图档案数据收集分析、模拟处理建设成集生态资源特点、人文理念、天气预报及空气质量检测、植被状况、服务站点设置情况等信息的模拟时空数据库。通过文本挖掘技术分析区域内各个时期地理信息之间的联系，在关联数据技术的支持下建设人、环境、路况、生态、地相关数据之间的关联，形成相互关联的网络。由于地图档案信息量巨大、分散无规律且难以通过文字表达，可利用文本可视化分析技术，将复杂的地理信息转化为视觉符号，绘制成线路图谱表达目前线路及地域情况。同时，为徒步游客提供优化、简易的检索服务，满足徒步游客群体基本的查询需求，个性化地推送关联性的旅游信息，如旅游搜索区域内的生态景点，可将有关该特点的全部景点以及优化线路、区域内生态状况、交通、食宿等信息一并推送给用户。软件在 VR、GIS 技术的支持下为用户营造出模拟的虚拟环境，用户走在徒步线路中时，打开移动应用设备，应用设备会呈现出所在地区不同年代的老照片，有助于游客了解该区域的发展历史及风土人情故事。徒步游客可创建自己的徒步游账号，记录分享所行所见及感受，支持添加、编辑创建自己的途游记，游客之间相互借鉴经验，合理规划出行攻略，同时后台还能及时接收反馈数据，及时调整相关旅游线路设置情况。

4　结语

数字人文研究内容的不断完善，对地图档案资源开发而言是机遇也是挑战。基于数字人文的地图档案开发项目必将成为人类直观认识世界的一种实践方式，地图档案作为重要的数据信息资源，应积极与数字人文新理念、技术、思路融合。同时，我们也不能单纯依赖数字人文，而应站在两者的契合

---

① 国家旅游局."十三五"全国旅游信息化规划［G］.北京：国家旅游局，2016.

点之上，充分发挥数字人文与地图档案资源的特点与优势，对"数字人文""历史地理信息化"等理念大胆创新，推动地图档案资源跨界融合与深度开发。

【档案学术史】

国家重点档案抢救与保护研究综述

李满艳　　陈艳红

（湘潭大学公共管理学院　湘潭　411105）

摘　要：文章首先对国家重点档案抢救与保护方面文献的发表数量、时间、作者等方面的特点进行了统计分析。其次，对文献的研究内容进行了梳理，发现学术界主要围绕国家重点档案抢救与保护工作的原则、方式、技术运用、成效、问题、对策等主题展开了研究。最后，指出已有研究的不足，提出了两点研究展望，即做好国家重点档案抢救与保护现状的调查研究，做好大数据环境下国家重点档案的保护与开发研究。

关键词：国家重点档案　抢救　保护　综述

国家重点档案是由各级国家档案馆保存，在中国各个历史时期形成的，在政治、军事、经济、科学、技术、文化、宗教等方面具有重要研究和利用价值，国家需要永久保存的珍贵档案。[①] 2006 年，国家档案局启动"国家重点档案抢救工程"[②]。2015 年，国家档案局与财政部共同编制《"十三五"时期国家重点档案保护与开发工作总体规划》，指明了十三五时期国家重点档案保护与开发项目的总体目标与主要任务。2017 年 5 月，国家档案局印发《国家重点档案专项资金管理办法》。以上文件的颁布为国家重点档案的抢救、保

作者简介：李满艳（1993—），女，湘潭大学公共管理学院档案学专业硕士研究生，主要研究方向为档案学基础理论；陈艳红（1976—），女，湘潭大学公共管理学院教授、博士生导师，主要研究方向为档案学基础理论、政府信息资源管理。

① 张美芳. 分级保护与管理：国家重点档案保管环境最优化的实现方式 [J]. 档案学通讯，2010（03）：76.

② 朱玉媛，黄丽华，肖兰芳. 国家重点档案抢救工程的标准建设 [J]. 档案学研究，2009（04）：58—60.

护、开发工作提供了诸多的政策支持。那么，对于国家重点档案的抢救与保护工作，学术界的研究情况如何？笔者在此拟对已有研究成果进行梳理，以期进一步推动国家重点档案抢救与保护的理论研究工作。

1 文献调研简介

截至 2020 年 1 月 13 日，笔者以"国家重点档案＋抢救""国家重点档案＋保护""国家重点档案＋修复"为"主题"对中国知网下的期刊全文数据库、优秀硕士学位论文数据库和博士学位论文数据库进行检索，通过阅读题名和摘要，剔除重复文献，筛选出相关学术论文 46 篇。同样以上述检索词为题名，对超星百链云图书馆、超星电子图书、中国国家图书馆、当当网、独秀学术搜索等相关网站与数据库进行检索，检索到《锡金军政分府文书》①《守望人类的共同记忆——国家重点档案抢救和保护工作成果荟萃》② 等三本图书，这三本图书均属于利用原始档案进行编研的成果。

2 文献外部特征分析

2.1 时间分布特征

笔者将检索到的 46 篇学术论文按照发表时间绘制分布柱状图，如图 1 所示。可以看出，一方面，从 1992 年到 2019 年 28 年间共发表 46 篇相关文献，年均发表数约为 1.6 篇，其中 1996 年至 2004 年连续 9 年没有一篇相关文献发表，表明学术界整体对该主题的关注度不高。另一方面，2007 年到 2009 年关于国家重点档案抢救与保护的研究，总体呈上升趋势，在 2009 年达到峰值 9 篇，究其原因：一是 2006 年"国家重点档案抢救工程"的启动，为国家重

---

① 无锡市崇安区人民政府，无锡市档案馆. 锡金军政分府文书［M］. 北京：中华书局，2007.
② 李明华. 守望人类的共同记忆：国家重点档案抢救和保护工作成果荟萃［M］. 北京：中国档案出版社，2012.

点档案抢救与保护实践工作的开展提供了较好的政策支持，激发了研究者的研究热情，研究成果逐渐增多；二是在 2008 年汶川地震中，四川省许多档案馆和档案遭受重创，引发了学者整体对档案预防、抢救、修复等方面的关注。

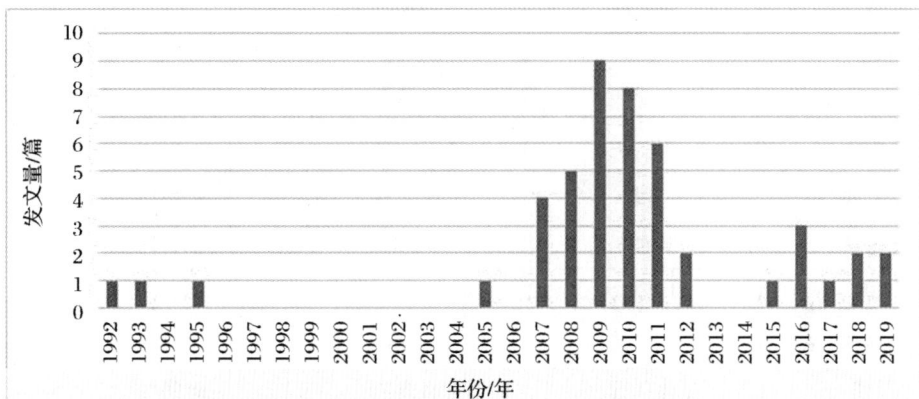

图 1　国家重点档案抢救与保护工作研究论文时间分布

2.2　作者分布特征

2.2.1　作者发文数量特征

对作者的发文数量进行统计（不包括以第二作者身份发表的文章，见表1），发文较多的是周耀林 3 篇，内容主要关注国家重点档案抢救技术运用、抢救工程项目、区域性档案保护中心；张新 3 篇，内容主要关注国家重点档案技术运用、工作实践；其次是张美芳 2 篇，内容主要关注国家重点档案保管环境、国家重点档案抢救修复技术规范；于海燕 2 篇，内容主要关注国家重点档案抢救修复的优化方式；其他作者均为 1 篇。从发文数量来看，对于国家重点档案抢救与保护方面进行深入、系统研究的学者并不多。

表1   国家重点档案抢救与保护研究作者发文数量分布

作者	发文量/篇	作者	发文量/篇	作者	发文量/篇	作者	发文量/篇
周耀林	3	胡建荣	1	张艳欣	1	于洁	1
张新	3	张敏	1	朱江	1	尹达	1
张美芳	2	李姗姗	1	涂昊云	1	农艳红	1
于海燕	2	李玉虎	1	王林发	1	钟保华	1
朱玉嫒	1	管思	1	任连柱	1	张艳艳	1
林伦菊	1	叶自明	1	万讯	1	翟霣远	1
魏黎	1	吴杰	1	秦垒	1	章秋喜	1
高秋凤	1	孙成德	1	李琦	1	程韬	1
戴伟	1	沈江胜	1	胡秀华	1	魏麟懿	1
江继婷	1	冉晓阳	1	张长林	1	朱玉霞	1

2.2.2 作者单位特征

对作者单位进行统计（如图2所示），来自高校与科研院所的研究者有14位，共发表论文18篇；来自实践部门的研究者有26位，共发表论文28篇。来自实践部门的研究者发表的论文数量多于高校与科研院所。同时，需要指出的是，高校与科研院所和档案实践部门合作的论文数量为0。

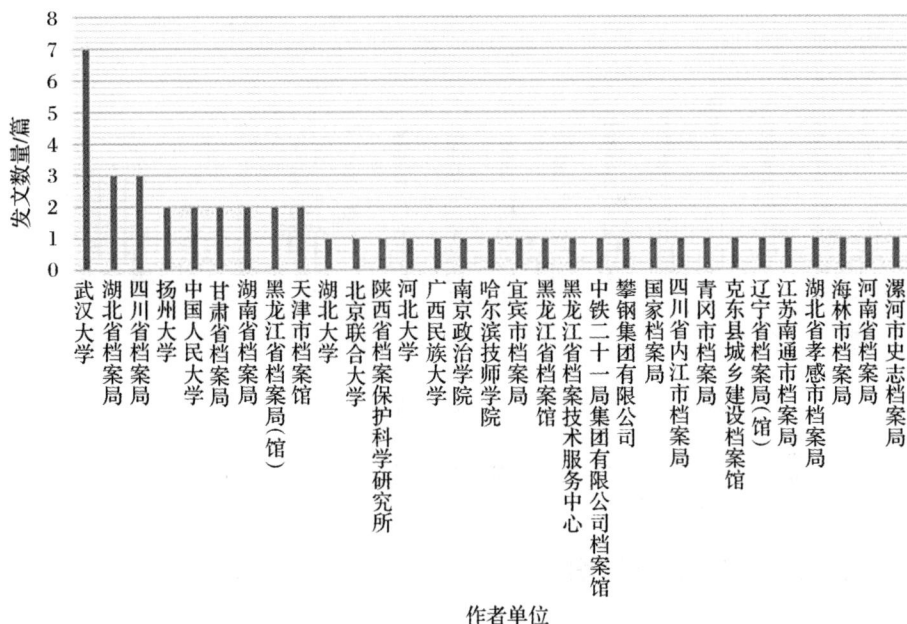

图 2　国家重点档案抢救与保护研究作者单位分布

2.3　期刊分布特征

对期刊来源进行统计，如图 3 所示。从文献来源来看，46 篇文献中分别发表在 16 种出版物上，发表在 CSSCI 来源期刊上的有 9 篇，分别为《档案学通讯》3 篇、《档案学研究》3 篇、《图书情报知识》3 篇。发表在北大核心期刊上的有 12 篇，分别为《北京档案》4 篇、《中国档案》4 篇、《档案管理》3 篇、《兰台世界》（2011 年）1 篇。其他 25 篇文章发表在省级期刊上，其中最多的《黑龙江》8 篇。由此可见，与该主题相关的文献主要发表阵地为省级期刊。

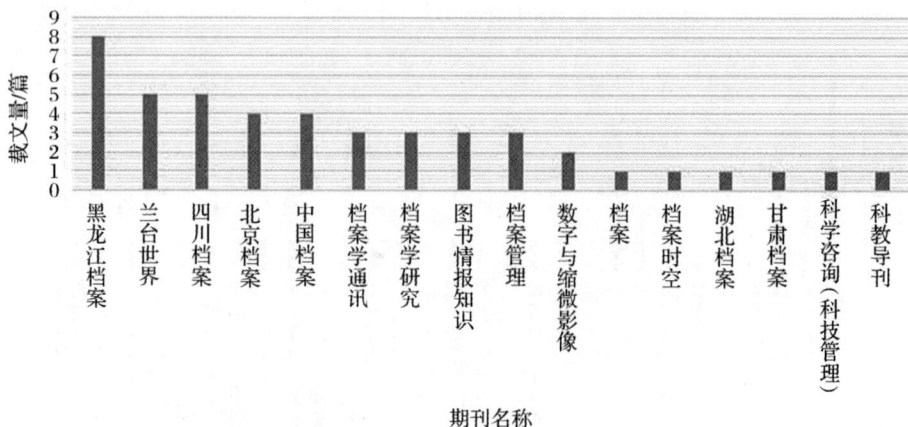

图 3　国家重点档案抢救与保护研究文献期刊来源分布

3　文献内容特征分析

通过对文献内容的梳理，已有研究主要围绕以下主题进行了探讨：

3.1　国家重点档案抢救与保护原则研究

高秋凤提出，国家重点档案抢救与保护工作应以抢救为主，抢救与保护并重为基本原则。[1] 林伦菊分析了"最小干预原则"在国家重点档案抢救修复前、实施修复、管理编目、保管保护和提供利用各阶段的贯彻。[2] 魏黎、程善帆认为，国家重点档案的抢救与保护工作应按照"统筹规划、确保重点、分步实施、分级负责"的原则组织实施。[3] 于海燕指出，对于国家重点档案的抢救修复必须贯彻最大限度的延长档案寿命原则、最大限度地保持档案历

---

[1]　高秋凤. 对重点档案抢救工作的思考［J］. 科学咨询（科技·管理），2012（05）：81.

[2]　林伦菊. 浅谈国家重点档案抢救与保护的"最小干预原则"［J］. 四川档案，2008（06）：18－19.

[3]　魏黎，程善帆. 对国家重点档案抢救与保护工作的思考［J］. 黑龙江档案，2009（03）：18－19.

史原貌原则、最小干预原则、可逆性原则。①

3.2 国家重点档案抢救与保护的方式研究

胡建荣指出湖南省开展国家重点档案抢救与保护工作的主要措施是加强组织领导，精心部署安排工作；严格抢救标准，制定"三定"（定任务、定标准、定进度）、"三查"（查修复、查分类、查组卷）方法；进行绩效考核；通过外出培训、邀请专家、聘请专业技术人员等方式，提高抢救人员工作技能；坚持"专款专用"原则，严格控制使用资金；开展档案提供利用和编研工作。② 尹达、刘晓春指出湖北省档案馆开展国家重点档案的基本策略是按照全宗建立国家重点档案保健卡；建设专用库房，对珍贵特殊档案实行特殊保管；制作仿真件；开展抢救性征集工作；加强整理编辑出版工作；推进国家重点档案数字化工作，对其进行开发性保护。③ 周耀林等探讨了 ABC 管理法在国家重点档案抢救工程中的具体实施过程，包括：组织筹划，做好准备工作；通过统筹分析，确定分类依据；收集数据，列出元素统计表；制定等级，综合评价有关数据；绘制 ABC 分析表，具体划分类别；制定抢救方案，组织实施。④ 张美芳指出对国家重点档案开展分级保护与管理，区分重点、特藏、珍藏，创造不同的环境，集中精力，优化保管。⑤ 张敏探讨了国家重点档案的预防性保护措施，主要包括全面控制档案保护环境、进行预防性脱酸处理、全程跟踪和质量控制。⑥

---

① 于海燕. 国家重点档案抢救修复技术集成化研究 [J]. 档案学通讯，2010（02）：17－20.

② 胡建荣. 对全省国家重点档案抢救与保护工作的分析与思考 [J]. 档案，2009（01）：48－50.

③ 尹达，刘晓春. 国家重点档案抢救与保护工作策略思考：以湖北省档案馆为例 [J]. 湖北档案，2010（10）：24－26.

④ 周耀林，李姗姗，付正刚. ABC 管理法在国家重点档案抢救工程中的应用 [J]. 图书情报知识，2010（01）：102－107.

⑤ 张美芳. 分级保护与管理：国家重点档案保管环境最优化的实现方式 [J]. 档案学通讯，2010（03）：76－79.

⑥ 张敏. 对国家重点档案的预防性保护研究 [J]. 北京档案，2010（11）：15－16.

3.3　国家重点档案抢救与保护的技术运用研究

张新指出，四川省档案馆将国家重点档案进行缩微，确定缩微档案的重点，制作缩微胶片，并将其保存在胶片库房专用存放柜中。① 李姗姗、周耀林指出，利用文献影像技术可以建立国家重点档案的缩微胶卷管理系统和数据库系统，实现国家重点档案的长久保存。② 李玉虎探讨了档案与古文修复过程中易损原貌预加固技术在晚清民国档案修复工程，革命历史档案修复保护工程，测绘地形图、地图修复保护工程等国家重点档案修复工程中的应用。③

3.4　国家重点档案抢救与保护的成效研究

管思指出，在各方努力下，国家重点档案抢救和保护工作取得了显著成绩，表现为国家重点档案抢救和保护经费不断增加、工作不断规范、理念不断创新。④ 叶自明指出，自 2006 年中央下拨专项抢救资金以来，民国档案的抢救工作取得了成效，表现为提高了认识，有资金保证，改善了保管条件，整理质量提高，部分珍品档案得到发掘和开发，培养了档案抢救专业队伍。⑤

3.5　国家重点档案抢救与保护过程中的问题研究

张艳欣指出，各地国家重点档案抢救修复工作在方法上普遍存在一些问题，表现为抢救修复方法单一、抢救修复技术简单、缺乏科学化的修复工艺及技术水平参差不齐。⑥ 周耀林、金磊指出国家重点档案抢救工程存在项目

---

① 张新. 应充分发挥缩微技术在重点档案抢救工作中的作用 [J]. 数字与缩微影像，2005 (04)：16—18.

② 李姗姗，周耀林. 文献影像技术在国家重点档案管理中的应用 [J]. 数字与缩微影像，2008 (03)：9—13.

③ 李玉虎. 档案与古文献修复过程中易损原貌预加固技术 [J]. 中国档案，2015 (08)：56—57.

④ 管思. 国家重点档案抢救和保护工作 [J]. 中国档案，2007 (07)：15—16.

⑤ 叶自明. 民国档案抢救工作的得失及发展方向 [J]. 档案学研究，2011 (03)：67—70.

⑥ 张艳欣. 国家重点档案抢救修复核心问题的研究 [J]. 档案学通讯，2010 (02)：13—16.

计划不周、项目程序不完整、项目实施标准欠缺等问题。① 朱玉媛等指出国家重点档案出台的一些标准专指性和针对性不够，国家重点档案抢救工程缺乏标准。② 朱江指出，目前财政在国家重点档案抢救与保护经费支出管理方面职能弱化，特别表现在支出监督弱化。③ 涂昊云指出，各级档案部门国家重点档案抢救和保护工作中人员不足，档案工作者往往身兼数职，缺少专业的档案保护人才。④ 农艳红等以广西国家重点抢救工作为例，指出部分档案馆面积不达标、功能不齐、设施简陋等制约国家重点档案工作的开展，高温高湿的气候以及抢救资金不足制约抢救工作的开展。⑤ 孙成德指出，从总体上看，辽宁省国家重点档案抢救和保护工作开展得还不平衡；特藏档案的保管还停留在传统阶段，使用的装具、保管的方式还较为落后；有的项目申请不够科学严谨，个别配套资金不到位。⑥

3.6　国家重点档案抢救和保护的对策研究

任连柱、孙毓梅指出，为推进国家重点档案抢救实践工作，在项目申报方面，要把握国家重点档案的概念和抢救范围、突出档案重点与特色、摸清底数；在抢救和保护经费方面，要把争取经费的重点放在当地政府上，争取其对档案抢救工作的重视与支持，同时要做到专款专用，不得用于规定范围以外的项目；在技术及设施方面，一方面可选派素质高、能力强、有责任心的工作人员参加培训，另一方面请专家指导，根据档案的状况，购买设施设备；在工程质量方面，要完善相关制度，细化任务，统一标准；在档案管理

---

① 周耀林，金磊. 论项目管理方法在国家重点档案抢救工程中的运用 [J]. 四川档案，2009 (06)：18－19.

② 朱玉媛，黄丽华，肖兰芳. 国家重点档案抢救工程的标准建设 [J]. 档案学研究，2009 (04)：58－60.

③ 朱江. 关于提高国家重点档案抢救和保护费利用效益的思考 [J]. 中国档案，2010 (06)：28－29.

④ 涂昊云. 全面加强新时期国家重点档案抢救和保护工作 [J]. 兰台世界，2011 (06)：6.

⑤ 农艳红，林红棉，陈维维，等. 国家重点档案抢救工作现状分析：以广西为例 [J]. 科教导刊 (中旬刊)，2011 (06)：140－141＋149.

⑥ 孙成德. 以科学发展观为指导　切实做好国家重点档案的抢救和保护工作 [J]. 兰台世界，2009 (11)：1.

和开发方面，可建立重点档案全文数据库，建设国家重点档案特藏库，加强
档案编研工作。① 万讯等指出，为确保国家重点档案抢救工程的质量，我们
可以从以下五个方面着手：一是采用"个人认领""社会捐助"等形式筹集资
金；二是出台有关该工程的"质"和"量"的专门标准；三是建立相关政策；
四是通过培训和教育加强人才培养；五是采用高效率的技术，成熟技术优先
使用；六是制定验收标准，采用查看工作记录、绘制图表、定量定性、检验
外观和质地等方法进行验收。② 张美芳指出，为提高国家重点档案抢救工程
质量，需要尽快研究并出台《国家重点档案抢救修复技术规范与质量要
求》。③ 涂昊云指出需要完善国家重点档案法律法规体系，提高国家重点抢救
和保护工作法制化水平；加强风险分析与管理，提高风险意识。④ 秦垒、周
耀林基于美国东北部文献保护中心的经验，提出建设区域性档案保护中心的
构想，指出建设我国区域性档案保护中心需要以市场为导向，整合配置资源，
建立跨机构合作机制、建立用户信息反馈机制。⑤ 李琦指出引入社会化服务
机制，一方面可以进行业务外包，另一方面可以聘雇对档案修复有一定爱好、
自身素质良好的人员进馆从事档案修复工作。⑥ 于洁等指出为保障省级档案
保护中心的高效运行，需要建立运营考核评价机制，建立健全各项管理制度
和工作流程。⑦

---

① 任连柱，孙毓梅．国家重点档案抢救工作若干问题探讨 [J]．黑龙江档案，2009（03）：15．

② 万迅，周耀林，付正刚．国家重点档案抢救工程质量管理研究 [J]．图书情报知识，2009
（01）：111－115＋73．

③ 张美芳．技术规范与发展：关于制定《国家重点档案抢救修复技术规范与质量要求》的思考
[J]．北京档案，2010（03）：20－22．

④ 涂昊云．全面加强新时期国家重点档案抢救和保护工作 [J]．兰台世界，2011（06）：7．

⑤ 秦垒，周耀林．区域性档案保护中心建设研究：基于对美国东北部文献保护中心的经验借鉴
[J]．北京档案，2016（07）：16－19．

⑥ 李琦．纸质破损档案抢救的几点思考：以黑龙江省档案馆为例 [J]．黑龙江档案，2017
（05）：43－44．

⑦ 于洁，李跃，赵鲁东，等．省级档案保护中心的建设与运行机制探索 [J]．北京档案，2019
（12）：35－37．

4　研究述评与展望

综上所述，目前学术界围绕国家重点档案抢救与保护的原则、措施、技术运用、成效、问题等诸多方面进行了分析，也提出了加强国家重点档案抢救和保护的对策建议。但笔者认为，已有研究还存在以下不足：一是整体研究成果的数量较少，学术界对该主题关注度不够。国家重点档案是档案中的珍品，为促进国家重点档案的保管、保护和开发，更大限度地发挥其价值，需要理论界给予更多的重视。二是研究者对该主题关注的持续性较差。由前文可知，发文数量为 3 篇的只有 2 人，发文数量为 2 篇的也只有 2 人，其他研究者的发文数量均为 1 篇，表明研究者对该主题关注的持续性较差。三是从作者单位构成来看，对该主题的研究主要以来自实践部门的研究者为主，高校与科研院所的研究者为辅，尤其缺乏实践部门、高校与科研机构的合作研究，这会在一定程度上影响研究成果的综合质量与水平。

为更好地推进对国家重点档案抢救与保护的研究，笔者认为可以从以下方面入手：一是做好国家重点档案抢救与保护现状的调查研究。我国国家重点档案数量众多，但保管单位分散，分布于国家级、省级、市级、县级等不同层次的档案馆，那么，各综合档案馆国家重点档案的数量如何？档案内容构成如何？保管保护条件如何？抢救修复技术水平如何？以上问题的准确回答离不开对国家重点档案抢救与保护现状展开调查研究。根据笔者在某省开展的调研发现，不少县市的国家重点档案目前还处于没有整理的原始状态，严重影响了后续的开发利用。因此，实施科学的调查研究，摸清国家重点档案的家底非常关键。二是做好大数据环境下国家重点档案的保护与开发研究。2015 年，国家档案局与财政部编制《"十三五"时期国家重点档案保护与开发工作总体规划》指出，国家重点档案的工作重心由"抢救与保护并重"转向"保护与开发并重"。[①] 国家重点档案以纸质载体为主，并且保存的年代久远，如何适应大数据时代的机遇与挑战，做好保护与开发工作理应成为我们

---

① 李明华. 在全国档案工作暨表彰先进会议上的讲话 [J]. 中国档案，2016（1）：16-23.

关注的又一重点。譬如，如何利用数据挖掘、数据分析、数据共享等技术手段来推进国家重点档案区域性保护中心、目录体系建设、重点专项开发项目等工作。又如，在大数据环境下如何科学协调并有效开发利用与保护国家重点档案的信息安全之间的关系，等等，这些问题都需要我们在今后的研究中给出回答。

2014 年以来干部人事档案研究述评

闫　冬

（中共中央对外联络部　北京　100036）

摘　要： 2014 年，中共中央组织部部署开展干部人事档案专项审核。随着实践发展，干部人事档案研究进入新阶段，呈现出"突出实操、关注法律、重视技术"的特点；但存在研究深度有待挖掘、研究角度有待创新、研究方法有待丰富的问题。未来研究方向可能包括干部人事档案管理体制，干部人事档案与社会记忆、身份认同，干部人事档案与社会信用体系等。

关键词： 干部人事档案　人事档案　专项审核

2014 年 10 月，中共中央组织部在全国部署开展干部人事档案专项审核工作（以下简称"专项审核"）。随着专项审核的开展，学界内有关干部人事档案的研究逐渐增多，研究热点日趋聚焦，研究成果推陈出新。梳理近五年来的研究，有助于我们总结成绩，发现问题，审视趋势。

1　文献检查与统计分析

本文以"中国知网学术文献总库"为检索范围，以"篇名/主题"为检索项，以"干部人事档案"或含"人事档案"为组配检索词，发表时间限定在 2014 年 10 月 1 日至 2019 年 12 月 31 日，进行"精确"检索，共得到论文

作者简介： 闫冬（1990—），男，河南鹤壁人，中国人民大学信息资源管理学院 2014 级硕士研究生，主要研究方向为档案学基础理论，人事档案管理。

5221 篇，其中期刊论文 4855 篇，硕士论文 162 篇，会议论文 102 篇，报纸类文献 79 篇，学术辑刊论文 20 篇，博士论文 3 篇。从发文数量上看，五年间 2015 年到达发文峰值 1154 篇，2018 年到达发文谷值 856 篇。虽然发文趋势上如图 1 呈现小幅波动，但年均发文量近 1000 篇，研究态势相对成熟。从发文主题看，通过关键词计量分析，剔除无效数据（图 2），可将排序靠前的主题概括为干部人事档案管理、信息化、人力资源管理。

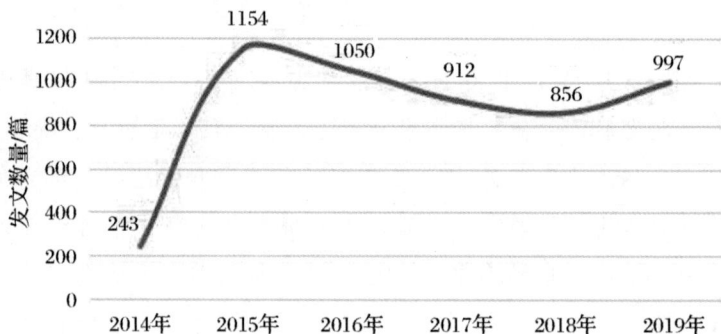

图 1　2014 年 10 月至 2019 年 12 月干部人事档案研究发文数量表

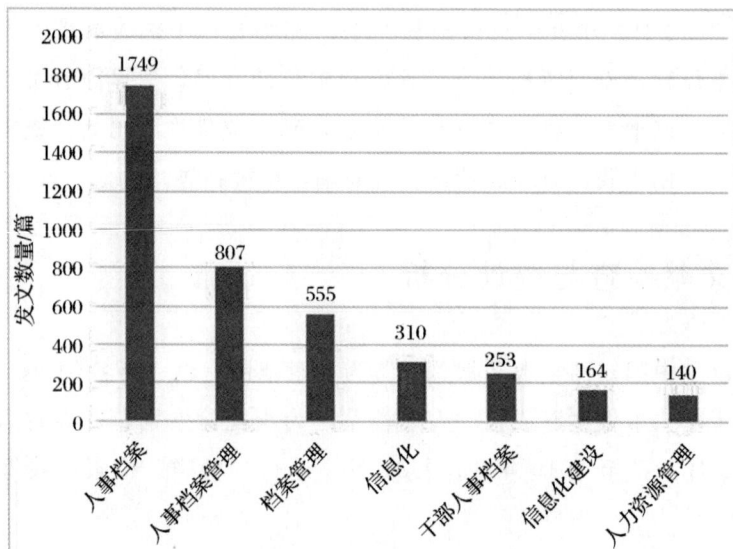

图 2　关键词计量分析表

2 研究热点与成果

从上述有效文献来看，2014 年以来的干部人事档案研究呈现出"突出实操，关注法律，重视技术"的特点，聚焦专项审核与干部人事档案管理业务工作、法律政策与"三权"、数字化信息化。

2.1 突出实操——专项审核与干部人事档案管理业务工作

2.1.1 专项审核

专项审核的核心是"三龄两历一身份"，即年龄、工龄、党龄、学历学位、工作经历、干部身份。相关研究多围绕专项审核意义，审核发现的问题、原因及对策展开。

一是专项审核意义。意义是定义的延伸。干部人事档案是教育培养、选拔任用、管理监督干部和评鉴人才的重要基础，是维护干部人才合法权益的重要依据，是社会信用体系的重要组成部分，是党的重要执政资源，属于党和国家所有①。从定义看，专项审核的意义不言自明、不离其宗。

二是专项审核发现的问题、原因及对策。方德生②认为突出问题有档案造假、材料不全、信息不准，原因在于造假成本低、管理审核弱、纠错查处软、档案意识差，对此要加强宣传教育、完善制度机制、推进数字化管理、加强队伍建设、加强工作研究。李雪云③认为问题可归因于管理制度不完善、个人档案意识淡薄、档案管理者素质参差不齐。张弛、何思源④基于成本收益分析思想，认为人事档案造假行为背后是成本与收益的不平衡，得出提升直

---

① 中共中央办公厅印发《干部人事档案工作条例》[EB/OL]. (2020－05－01) [2018－11－28]. http://www.gov.cn/zhengce/2018－11/28/content_5344196.htm.

② 方德生. 强化制度机制建设 巩固专项审核成果：全国干部人事档案专项审核基本结束后的思考 [J]. 档案，2018 (06)：54－58.

③ 李雪云，饶圆. 高校干部人事档案专项审核中的问题及对策 [J]. 山西档案，2016 (02)：124－126.

④ 张弛，何思源. 人事档案造假动因的成本收益分析与启示 [J]. 档案管理，2017 (03)：86－88.

接成本、惩罚成本，降低收益，调整风险偏好的对策。李静①指出，审核中发现档案正本缺失和档案归档渠道不畅问题同样突出，对此要推进人事档案工作制度建设、规范人才引进程序、构建"一站式"档案管理系统、打造人事档案多样性。戴玲②提出做好干部档案任前审核，多部门加强档案材料审核，加强信息化建设，利用大数据识别档案造假，实现多元数据融合、数据库共享和互联互通。李松涛③认为应加强前端控制、强化管理、建好队伍、利用科技、加大惩处以减少造假现象。

此外，黄洛峰、曹红④梳理专项审核研究情况，认为专项审核的意义超过"行政效率运动"，有关大数据技术应用、具体审核方法和工作策略、信息化问题、前端研究等研究具有代表性。

2.1.2 干部人事档案管理业务工作

干部人事档案管理业务工作方面的研究既有"收管存用"等传统管理角度，也出现了基于公共服务、人力资源等新管理理念视角。

一是传统管理角度。赵锐⑤提出学生档案是人事档案的前身和基础，档案的建立应统一从高中做起，将诚信纪律、廉政建设、业绩材料纳入归档范围。高爱芹⑥认为必须增强档案工作创新思维，以资料收集、完善内容为基点，做好鉴别、整理、信息化工作。解阳⑦指出干部人事档案管理过程中存在各类风险，需要建立风险评估体系进行风险控制。李丽环⑧认为档案管理人员面临私自"改删携复"档案、监管缺失、信息泄露等伦理道德危机。石开⑨提出探索"统存统管"方式，专门成立档案管理中心，建立档案保管平台，

---

① 李静. 从干部档案审核视角论新形势下高校人事档案管理 [J]. 兰台内外，2019 (17)：13—15.

② 戴玲. 干部人事档案任前审核中存在的问题及对策 [J]. 档案管理，2017 (02)：64—66.

③ 李松涛. 干部人事档案造假问题探析 [J]. 中国档案，2018 (09)：60—61.

④ 黄洛锋，曹红. 干部人事档案专项审核及其研究述评 [J]. 山西档案，2019 (01)：100—106.

⑤ 赵锐. 人事档案管理初探 [J]. 兰台世界，2019 (S1)：147—148.

⑥ 高爱芹. 关于做好新形势下干部人事档案工作的思考 [J]. 档案管理，2016 (04)：96.

⑦ 解阳. 干部人事档案中风险管理研究 [D]. 天津：天津大学，2016.

⑧ 李丽环. 论干部人事档案管理过程中的道德风险 [J]. 档案天地，2019 (07)：46—47+35.

⑨ 石开. 实行干部人事档案"统存统管"的实践分析 [J]. 浙江档案，2017 (06)：59—60.

形成"全封闭、全留痕"档案管理模式，实行"便捷化、一站式"档案服务方式，探索"分级抓、抓源头"档案管理工作责任体系。王毓灵①提出探索建立上海干部人事档案数据中心，分步分类实现集中数据积累和利用。郑仁淑提出②企业改制或破产时干部人事档案应由统一破产企业职工保管机构负责，综合档案馆应当进行业务指导与监督。

二是新管理理念视角。张震雄③指出传统模式下人事档案未联系人事管理、决策活动，应借新公共服务理论优化管理，树立主动服务理念，实施档案集中管理，注重档案开发利用，强化队伍素质。蒋荣蓉④指出人事档案工作是基础公共服务，多头管理、"档随人走"的人事管理模式终将束缚人才流动、影响人事档案管理质量，因而要强化服务意识，通过数字化、网络化的管理开放式平台，建立人才信息服务网络体系，与企业建立协作平台。任民⑤建议构建面向公共服务的人事档案管理职能体系，组建人事档案管理中心、人才交流机构、社会化管理中心。王小童⑥提出淡化人事档案"凭证功能"，强化信息服务功能，加强档案行政管理部门在人事档案管理中的作用，建立信息社会化、开放式的人事档案管理模式。李兵⑦指出分析人事档案有利于了解企业人才需求，制订人力资源计划，服务人力资源管理。沈燕⑧提出以人事档案为切入点，宣传先进人物，推动文化建设。陆梅⑨认为通过分析人事档案，可以将文化背景、生活习惯相近的人有效组织，形成和谐向上的文化环境。

①　王毓灵. 干部人事档案管理转型研究［D］. 上海：中共上海市市委党校，2018.

②　郑仁淑. 论破产企业职工档案管理思路与途径［J］. 档案学通讯，2014（03）：88－92.

③　张震雄. 新公共服务理论视角下高校人事档案管理研究［J］. 山西档案. 2019（03）：54－56.

④　蒋荣蓉. 人事档案工作应增强服务意识［J］. 档案与建设，2014（08）：81－82.

⑤　任民. 人事档案公共服务模式探析［J］. 浙江档案，2014（02）：59.

⑥　王小童. 新时期强化人事档案管理的措施［J］. 兰台世界，2019（S1）：146－147.

⑦　李兵. 企业人力资源管理对人事档案管理工作的新要求［J］. 商业经济，2014（04）：94－95.

⑧　沈燕. 发挥档案在医院文化建设中的作用［J］. 档案与建设，2014（12）：82－83.

⑨　陆梅. 医院人事档案的人性化管理探讨［J］. 档案与建设，2016（07）：89－90.

2.1.3 流动人员档案

流动人员人事档案一直是学界的讨论热点。黄霄羽、裴佳勇①从法律层面阐述了流动人员人事档案所有权的各项权能，提出所有权归属国家的政策导向。黄昆②认为人才流动无序性与档案重建违法性客观存在，要加强人事档案法规、人才、管理制度改革，探索政府部门设立专门的人事档案中心，实行社会化管理模式。吕鹏娟③提出"对外籍人才档案材料收集意识不强"的问题，认为对于长期在华工作的外籍高层人才需适当新建档案。姜献群④聚焦高校毕业生档案代理服务工作管理机制，建议"建构以社会人才服务机构为管理主体，高校毕业生管理机构、地方教育行政管理机构和社会就业单位作为辅助管理主体的权责结构"，创新档案代理服务方式、材料补给机制、服务功能拓展，并从观念、制度、方法方面加以保障。

2.2 关注法律——法律政策与"三权"

2.2.1 法律政策

相比其他专门档案，干部人事档案更强调法律遵循和政策性，法律政策的进步推动也反映了干部人事档案研究的进步。

从具体法律政策文件上看，2018年11月印发的《干部人事档案工作条例》（以下简称《条例》）成为该领域的研究热点。其中，较具代表性的有：孙大东、张丽华⑤对比文本内容，从工作定位、顶层设计、法律衔接、工作对象、工作主体、工作环节、纪律监督等方面讨论了《条例》的变化。孙馨

---

① 黄霄羽，裴佳勇. 关于流动人员人事档案所有权的思考 [J]. 档案学通讯，2019（06）：87—92.

② 黄昆. 人才流动环境下高校人事档案管理模式探析：以江苏淮安高校为例 [J]. 档案与建设，2019（04）：56—58.

③ 吕鹏娟. 高层次人才流动背景下高校人事档案管理中的常见问题及对策 [J]. 档案管理，2019（03）：88—89.

④ 姜献群. 高校毕业生档案代理问题初探 [J]. 档案学通讯，2015（01）：91—95.

⑤ 孙大东，张丽华. 格局与担当：基于文本比较的《干部人事档案工作条例》解析 [J]. 档案管理，2019（06）：43—46＋49.

阳、倪丽娟①从全面从严治党、推进干部人事制度改革、干部人事档案工作法制化三个层次讨论了《条例》出台的必要性和在工作定位、管理理念、严格程度上的变化，和对提升人事档案信息化、人事档案工作服务水平的促进意义。

从宏观法律政策体系上看，党建读物出版社印发的《干部人事档案工作文件选编》及其中文件是主要研究对象，傅祥②按内容和性质将其分为综合管理类、具体管理工作环节类、专项工作类、流动人员管理类，勾勒出干部人事档案政策法律发展的历史轨迹。部分作者就建立健全法律政策进行了讨论。崔文健③具体分析《干部人事档案工作文件选编》指出，当前人事档案政策体系结构不完整、不均衡，政策内容陈旧、矛盾，提出优化设想和框架构想。易涛④从档案管理"乱象"出发，讨论人事档案国家所有的法律规定和现实需要，提出完善人事档案管理制度、分级集中统一管理死亡人事档案，建构基于国家所有权的人事档案法律体系，制定《人事档案法》。胡必坚⑤认为，现实存在人事档案重建需求，但面临重建对象不统一、重建主体和重建程序不明确、重建内容未法定、重建后使用范围受限等问题，因而要以法制、真实、唯一为原则，做好治理方式、立法形式、归责原则、内容法定、适用范围方面的法治化。

2.2.2　"三权"

"三权"是指干部人事档案的所有权、隐私权和知情权。从早年"汤国基事件"到 2018 年"沈阳事件"⑥都绕不过"三权"的讨论，绕不过公开与保密的关系，绕不过利用与保管的关系。

①　孙馨阳，倪丽娟.《干部人事档案工作条例》的理性审视 [J]. 档案与建设，2019（06）：47－49.
②　傅祥. 干部人事档案管理政策法规综述 [J]. 档案与建设，2017（09）：7－10.
③　崔文健. 人事档案政策体系研究：以中组部《人事档案工作文件选编》为例 [D]. 北京：中国人民大学，2016.
④　易涛. 基于各种"乱象"的我国人事档案所有权思考 [J]. 档案与建设，2019（08）：37－40.
⑤　胡必坚. 人事档案重建的法治化思考 [J]. 浙江档案，2015（05）：27－28.
⑥　马仁杰，涂有兵. 从南京大学沈阳事件看高校人事档案管理与利用 [J]. 档案学研究，2019（04）：31－34.

一是所有权。干部人事档案所有权的讨论一度非常激烈，观点可分为个人所有、单位所有、国家所有，理由也各有阐释。随着《条例》明确指出干部人事档案是"党的重要执政资源，属于党和国家所有"，关于所有权的讨论尘埃落定，不必过度展开。

二是隐私权和知情权。杨利军、萧金璐①认为人事档案形成过程的"开放"与管理利用的"保密"之间存在来源内容上的制度矛盾、整理过程中的逻辑矛盾、相关法律总则上的矛盾，应探索档案当事人阅档权和知情权的实现途径。武建权②提出基于个人信息自觉，探索通过立法、司法、行政执法保障个人信息知情权、控制权、救济权。李淑艳③认为人事档案是人才信息资源的载体，其信息属于公共信息资源和信息公开的范畴，如"三龄两历"类的基本信息可适度公开。陆梅认为基于人性化管理，应事先将归档内容透明化，以规避归档错误和舞弊行为。方卫红④认为应从制度层面解决人事档案知情权缺失问题，除涉及国家机密的部分外，应给予本人对档案的知情权，以监督内容的真实性。蒋思佳⑤认为人事档案已开始转变为工具价值与信息价值并重，公开材料和由本人撰写的材料应向本人公开。刘冬梅⑥等学者提出干部档案信息共享条件及实现方式，根据信息利用权限分为无条件共享、有条件共享和不予共享三种类型，具体分析共享主体类别和共享需求者，明确共享关系和共享规则，有效控制各类主体和档案信息的共享范围和共享程度。

---

① 杨利军，萧金璐. 从制度层面看人事档案本人阅档权的实现 [J]. 档案学通讯，2016 (03)：18－22.

② 武建权. 我国人事档案法律制度中的个人信息自觉 [D]. 上海：华东政法大学，2014.

③ 李淑艳. 现代人力资源管理视角下的高校人事档案管理 [J]. 档案建设，2014 (12)：25－27＋35.

④ 方卫红. 如何处理人事档案隐私权与知情权的矛盾 [C] //档案管理理论与实践：浙江省基层档案工作者论文集. 浙江，2015：123－126.

⑤ 蒋思佳. 人事档案"三权"问题探讨 [J]. 浙江档案，2019 (04)：58－59.

⑥ 刘冬梅，余维健，安小米，吴旺宗，王晓涛，刘树华. 干部档案信息共享条件及实现方式研 [J]. 档案学研究，2017 (05)：76－81.

2.3　重视技术——数字化信息化

干部人事档案数字化信息化是当前干部人事档案管理的工作重点。这一方面的研究涉及观念、功能、技术、配套、风险等内容。

张嘉伟[①]认为需用大数据观念主导人事档案信息化管理,将流动人员人事档案纳入管理范围,建立"实体人事档案信息＋多媒体信息"数据库;王海英[②]认为应将人事档案信息化管理系统与人事工作系统并轨,实现资源共享。刁美文[③]指出建立多媒体档案信息库,影音图文相结合,直观、科学呈现干部基础情况以支撑干部工作;曾丽丽[④]指出为实现人事档案网上异地政审、查询探析,应建立高级别的统一人事档案数据共享采集平台。蒋孝明[⑤]讨论了基于 LINQ 技术设计和实现人事档案管理系统;崔杰、冉虎[⑥]讨论了建立全过程管理的个人元数据系统以保证人事档案资源有效整合、高效利用;戴玲、彭长根[⑦]讨论了以构建多维度个人数据链条为基础的档案审核与监管的基本框架和模型。江佳桐[⑧]提出实现信息化须依靠完整的数据库管理系统、健全的规章制度、高素质的管理队伍和安全的保密工作;李旭红[⑨]提出数字化涉及项目主管风险、档案实体风险等六项风险,从管理、操作、验收、备份、

---

① 张嘉伟. 论"互联网＋"背景下的三甲医院人事档案信息化管理 [J]. 山西档案,2016 (03):61－63.

② 汪海英. 人事档案信息化管理系统构建实践 [J]. 浙江档案,2016 (03):61.

③ 刁美文. 强化档案审核工作　提升干部人事档案管理水平 [J]. 人才资源开发,2015 (16):122－124.

④ 曾丽丽. 实现人事档案网上异地政审、查询探析 [J]. 浙江档案,2018 (01):62.

⑤ 蒋孝明. 基于 LINQ 的人事档案管理系统的设计与实现 [J]. 计算机与现代化,2014 (03):69－72.

⑥ 崔杰,冉虎. 基于干部人事档案的个人元数据系统构建研究 [J/OL]. 山西档案:1－9,(2019－08－05) [2019 09 29]. http://kns. cnki. net/kcms/detail/14. 1162. g2. 20190805. 1524. 013. html.

⑦ 戴玲,彭长根. 基于大数据的干部人事档案审核与监管机制 [J]. 档案与建设,2017 (06):31－34＋90.

⑧ 江佳桐. 医院人事档案的信息化管理工作探讨 [J]. 办公室业务,2019 (10):175.

⑨ 李旭红. 干部人事档案数字化外包风险及对策探析 [J]. 中国档案,2018 (01):42－43.

监管方面提出了相应对策；陈纯艳①、金虹②提出法律法规和管理体系不完善、标准不统一、技术不安全、人为因素不确定是数字化的主要风险，应加强法规管理、标准技术方面的措施，建立安全保障体系。程慧③提出除上述风险外，数字化面临"有化无用"的可能，难免沦为摆设。

此外，受档案学研究"溢出效应"影响，2014 年以来越来越多的前沿理论，如档案资源观、信息公开等被"移植"应用到干部人事档案研究中。

3　研究不足与问题

近五年来，干部人事档案研究取得了明显的进步和成果，但仍然存在研究深度有待挖掘、研究角度有待创新、研究方法有待丰富等问题。

3.1　研究深度有待挖掘

通过文献调研，我们发现虽然相关研究成果在数量上较为可观，但质量上鞭辟入里的上乘之作并不多见。相当一部分研究浮于干部人事档案管理表面，存在大量"馒头学"文章；也有一部分文章将廉洁档案、党员档案、绩效档案等作为研究对象，但更多的是名词上的"重新包装"，导致了干部人事档案概念"泛化"。

干部人事档案管理具有较强的实操性、政策性，如果没有实际操作经验支撑，尤其是缺少在机关、企事业单位的直接工作经历，相关研究极易陷入坐而论道、纸上谈兵的困境。有学者批评档案行政管理部门在干部人事档案管理中作用有限，其实不必如此，业务天然归口组织人事部门；再比如上海市早已实行了"户档分离"，非沪籍人员的档案不得迁入，一些研究纠结于管理主体，实则更宜以户籍制度为切入点讨论宏观管理体制。同时，干部人事档案是组织人事部门在工作中直接形成的材料，如果对选人用人工作、干部

---

① 陈纯艳. 数字化干部人事档案管理的安全风险与对策 [J]. 档案天地，2019（07）：41−42＋12.

② 金虹. 推进干部人事档案信息化建设的实践探析 [J]. 浙江档案，2019（08）：62−63.

③ 程慧. 新时期企业人事档案电子化管理问题研究 [J]. 档案天地，2019（07）：43−45＋14.

人事制度的政策缺少理性认识，仅从档案学出发进行分析，相关研究易沾染"形式主义"色彩。干部人事档案具体工作涉及党内条例、规定、办法、细则、规范性文件，经笔者梳理，截至 2020 年 1 月，根据中组部主管的"共产党员网"公布的"党章党规"专栏情况，有 26 份文件内容上与干部人事档案有关（见表1），此前研究甚少提及。

表1   与干部人事档案有关的文件

序号	文件名	序号	文件名
1	中国共产党问责条例	15	公务员考核规定（试行）
2	中国共产党党员教育管理工作条例	16	公务员奖励规定（试行）
3	党政领导干部考核工作条例	17	公务员培训规定（试行）
4	党政领导干部选拔任用条例	18	新录用公务员试用期管理办法（试行）
5	中国共产党纪律处分条例	19	公务员考试录用违纪违规行为处理办法
6	中国共产党党内监督条例	20	中小学校领导人员管理暂行办法
7	干部教育培训工作条例	21	高等学校领导人员管理暂行办法
8	党政主要领导干部和国有企事业单位主要领导人员经济责任审计规定	22	干部选拔任用工作监督检查和责任追究办法
9	中央企业领导人员管理办法	23	中共中央纪委监察部派驻机构干部工作管理暂行办法
10	事业单位工作人员奖励规定	24	党委（党组）书记抓基层党建工作述职评议考核办法（试行）
11	聘任制公务员管理规定	25	中国共产党发展党员工作细则
12	关于实行党员干部问责的规定	26	党政主要领导干部和国有企业领导人员经济责任审计规定实施细则
13	关于在干部教育培训中进一步加强学员管理的规定	27	关于加强和改进中央和国家机关党的建设的意见
14	事业单位工作人员申诉规定	—	——

再比如，大量文章的作者来自高校等企事业档案馆（室），但某些政策是以中组部文件、电话通知等形式下发的，非组工干部难以获得一手材料，这

无疑增加了研究难度。

3.2　研究角度有待创新

文章大多从具体和宏观两个研究角度切入进行研究。讨论具体管理时，文章主要围绕档案材料的收集、审核、归档、整理、转递等环节讨论，对利用环节研究不多，创新性思考和探索更少，甚至整体呈现"重藏轻用"的研究倾向；讨论宏观体制时，观点过于聚焦社会化管理模式，缺少更加开放、多元化思路。

一方面，干部人事档案的利用是传统意义上的管理后端，实践中仍以被动提供为主，创新性研究难度较大；另一方面，有价值的利用工作要避免"自说自话"，开展研究不仅要对所在单位和部门的主体业务有清醒认识、深入思考，更需要具备一定法学、管理学等其他学科专业素养。比如，在 2017年中组部公布《干部人事档案数字化技术规范》后，干部人事档案数字化加速推进，有些单位缺乏成熟的底层管理机制，管理人员忽视主体业务的利用需求层次和实际档案管理水平，盲目追求"高大上"的数字化项目，形成信息孤岛，造成资源浪费，陷入高投入、低产出的管理"死循环"。

同时，不少作者来自"体制内"，研究中依赖行政角度。一是一些文章面对问题缺少市场化思维，习惯建议政府采取措施、"一管了之"，如建议政府部门设立人事档案中心，实行社会化管理模式，实则是"政府化管理模式"。二是过于关注干部人事档案本身，忽视其天然的服务属性。档案只有放在大的管理框架和体制机制中，主动满足、挖掘、创造服务需求，才能在更大程度上发挥作用、实现价值。

3.3　研究方法有待丰富

文章普遍使用定性研究，倾向单纯描述和解释干部人事档案有关现象、原因，较少使用定量研究，缺少探索国内外对比研究。

当前文章往往贯通全篇展开理论探讨，缺少定量研究，缺少数据支撑和案例分析，观点说服力有限，参考价值亦受影响。大多数文章只关注国内干部人事档案，习惯从多方面进行画像式描述，缺少对比项。实际上，国外的公务员人事档案、雇员人事档案与干部人事档案有共通之处，并注重实现其社会服务功能，加强国内外的对比研究，有助于拓宽研究层次。

4　未来研究方向

随着国家和社会治理体系现代化发展、档案学理论进步和干部人事档案管理实践探索，未来相关研究方向可能有以下几个方面。

4.1　干部人事档案管理体制

《条例》规定"全国干部人事档案工作在党中央领导下，由中央组织部主管，各地区各部门各单位按照干部管理权限分级负责集中管理"。这种分级负责、集中管理的管理体制有利于统一和规范化的管理，但客观上也存在一些问题。

首先，已确立的管理体制略有瑕疵，表现在未彻底归集干部人事档案规定权限，导致政策法规之间仍然可能存在矛盾。比如，《条例》规定"干部死亡 5 年后，其人事档案移交本单位档案部门保存，按同级国家档案馆接收范围的规定进馆"。中共中央办公厅、国务院办公厅 2019 年 3 月印发的《关于国有企业退休人员社会化管理的指导意见》规定"国有企业退休人员的人事档案移交属地实行集中统一管理，由地方党委和政府指定单位做好档案管理工作"。两者在干部人事档案进馆的时间要求上冲突明显。其次，已确立的管理体制仍须回应实际，表现在相关组织机构之间衔接不畅亟待解决。干部人事档案工作机构、公共就业和人才服务机构、社会保障服务机构和综合档案馆之间"有寄不收""有收不寄"的情况依然存在，彼此之间如何定位、协调缺少明确的指向。再次，尚有空白领域未纳入现行管理体制，随着人力资源服务行业的发展，如何在干部人事档案管理方面加强对相关企业监督指导，是否需要加强对外籍人才建档管理，引导干部人事档案社会化、市场化管理，诸多问题仍然有待探索。

4.2　干部人事档案与社会记忆、身份认同

社会记忆是"人们在生产实践和社会生活中所创造的一切物质财富和精神成果以信息的方式加以编码、存储和重新提取的过程的总称"。① 就社会组织和各类群体而言，其成员都有对应的集体记忆，并为成员共有、传承和建构，具有主流性和多元性、传承和传播的多样性。②

干部人事档案记载着个人在主要人生阶段的主要活动信息，产生于法定组织机构，形成于人事管理或人力资源管理的重要环节，并得到相对专业的管理，具有较强的综合性和权威性。对于个人而言是最正式的身份表达③，对于群体而言是最统一的组织表达。创造性的干部人事档案管理有助于形成个人的身份认同，群体的公共记忆和文化认同，进而形成基于业缘的社会记忆，构建起"认同—记忆—再认同"的循环。为此，档案管理员需要全面、深刻地认识档案的证据、记忆、认同、社会四种范式，有责任地通过自身业务活动从被动地守护"自然"的干部人事档案转向认同、记忆的"引领者""塑造者"④。比如，相关部门通过利用功勋卓著、荣誉等身的在职或退休人员的干部人事档案，培养员工的身份认同感、组织归属感和职业历史感、使命感。

4.3　干部人事档案与社会信用体系

2014 年 6 月，国务院发布《社会信用体系建设规划纲要（2014—2020)》⑤，确定了社会信用体系建设总体思路和重点领域诚信建设、诚信教育与诚信文化建设、推进信用信息系统建设和应用、完善社会信用体系运行机制、实施支撑体系等措施。

---

① 孙德忠. 重视开展社会记忆问题研究［J］. 哲学动态，2003（3）：17－21.
② 徐拥军. 档案记忆观：21 世纪档案学理论的新范式［J］. 山西档案，2017（04）：5－12.
③ 谢丽，冯惠玲，马林青. 转型身份认同过程中档案的功用：以中国农民工群体为例［J］. 档案学通讯，2019（01）：4－8.
④ 冯惠玲. 档案记忆观、资源观与"中国记忆"数字资源建设［J］. 档案学通讯，2012（3）.
⑤ 国务院关于印发社会信用体系建设规划纲要（2014—2020 年）的通知［EB/OL］. （2014－06－27）［2020－01－03］. http：//www. gov. cn/zhengce/content/2014－06/27/content_8913. htm.

　　文件明确提出，社会信用体系的基础之一是覆盖全社会成员的信用记录；存在的主要问题包括社会成员信息记录严重缺失；措施上要求建立公务员、企业统计从业人员诚信档案，推进自然人信用建设和征信系统建设。这些观点和措施在内容上和管理上均与干部人事档案存在一定关联。干部人事档案主体与社会信用主体在实体上存在重合，内容上可以耦合，操作上已有政策和实践基础。① 将干部人事档案融入社会信用体系建设中，有助于消除信息不对称，规避造假风险②，实现信息相互验证，推动干部人事档案"社会化"多维度利用；有助于发挥档案原始记录的作用，保障信用数据来源多样性，促进各类数据资源优化整合，推动信息社会建设和社会治理能力建设。

　　综上所述，2014 年以来的干部人事档案研究有成绩也有不足。面向 21 世纪的第三个十年，干部人事档案作为重要的执政资源和管理工具，在已有成果的基础上挖掘研究深度、创新研究角度、丰富研究方法，发挥服务信息和服务人的优势，势必能够在政治、法治、德治、智治③方面为国家治理体系和治理能力现代化的过程中发挥重要作用。

---

　　① 于钊，王东艳. 人事档案与个人信用报告互动研究 [J]. 浙江档案，2014 (08)：9－11.
　　② 吴国娇，霍艳芳. 从可拓视角建构人事档案信用体系的影响因素 [J]. 档案管理，2017 (01)：54－56.
　　③ 陈一新. "五治"是推进国家治理现代化的基本方式 [J]. 求是，2020 (03)：25－32.

改革开放 40 年来我国档案服务
工作的发展与变革①

——基于政策文献的内容分析

潘 娜 常大伟

（郑州大学信息管理学院 郑州 45001）

摘 要：改革开放 40 年来，我国档案服务工作的范围、形式和内涵不断发展，档案服务工作的动力也从政治驱动、管理驱动转变为技术驱动和服务驱动。随着经济社会转型和档案工作实践发展，档案服务工作呈现出广度拓展与深度加强的发展趋向。为了顺应这一发展趋向，我们需要从创新档案服务理念、调整档案服务重心、丰富档案服务应用场景等方面，认真谋划档案服务工作的变革路径。

关键词：档案服务 档案工作变革 全国档案工作会议 政策文献分析

　　档案服务是对档案信息资源进行开发，采用各种有效方式提供档案及其信息加工产品，及时、准确地满足用户需求的工作②，其在档案管理活动中扮演者重要角色，是连接档案资源与档案用户的桥梁，也是实现档案价值、彰显档案工作意义的重要途径。档案服务一直是档案工作的重要内容，早在

　　作者简介：潘娜（1999—），女，河南新县人，郑州大学信息管理学院 2017 级本科生；常大伟（1989—），男，河南夏邑人，郑州大学信息管理学院讲师，管理学博士，主要研究方向为档案事业管理、档案治理与档案制度。

　　① **基金项目：**本文系 2017 年国家社科基金重点项目"法律规制视域下中国档案工作规范体系建设研究"（项目编号：17ATQ012），2019 年度河南省档案科技项目"档案在高校文化建设中的价值实现路径研究"（项目编号：2019－R－18）阶段性成果。

　　② 孙沁，赵传玉，唐来洲. 档案服务标准体系构建研究 [J]. 浙江档案，2019（2）：62.

1956 年曾三同志在中国共产党第八次全国代表大会上就提出"让档案工作更好地为国家建设服务"的要求①；2007 年 9 月，时任国家档案局局长杨冬权更是提出了"建立服务人民群众的档案利用体系"的论述，要求"改变过去重单位、轻个人，重业务、轻民生的档案利用观念，树立服务民生与服务业务并重，服务领导与服务群众并重的利用观念"②，成为新时期档案"三个体系"建设的滥觞和当前我国档案工作的重要遵循。改革开放以来，在经济发展、社会转型、技术更新等多重因素的推动下，我国档案服务工作的基础不断改善。如何在国家治理现代化的时代背景下，更好地"坚持以人为本、服务为先，把以人为本作为档案工作的核心，努力满足社会各方面对档案信息的利用需求，更好地为党和国家个性事业服务"③，就成为当前和今后一个时期档案服务工作需要重点思考的内容。鉴于此，本文利用政策文献分析的方法对改革开放以来我国档案服务工作的发展进程加以分析，剖析 40 多年来我国档案服务工作内容的演进和发展动因的转变，探讨档案服务工作的变革方向和路径，以期助推新时期我国档案工作实现新的发展。

1 政策文献来源与数据统计说明

1.1 政策文献来源

政策是为实现或服务于一定社会政治、经济、文化目标所采取的政治行为或规定的行为准则，它是一系列谋略、法令、措施、办法、方法、条例等的总称④。政策文献能够反映社会过程的变动和多样性，在中国当今的行政体系和行政文化中具有特别重要的研究价值。政策文献研究，有助于在微观

---

① 曾三. 让档案工作更好地为国家建设服务：中共中央委员会办公厅副主任曾三同志在中国共产党第八次全国代表大会上的发言 [J]. 档案工作，1956 (11)：1.

② 杨冬权. 在浙江省档案工作服务民生座谈会上的讲话 [J]. 中国档案，2007 (10)：11.

③ 全国档案事业发展"十三五"规划纲要 [EB/OL]. (2016－06－07) [2019－11－24]. http：//www. saac. gov. cn/news/2016－04/07/content_136280. htm.

④ 徐晨. 公共政策（第 2 版）[M]. 北京：对外经济贸易大学出版社，2015：23.

层面明晰政策意图、把握政策效果，在宏观层面了解政策演进规律、预判政策发展趋势①。召开年度全国档案工作会议是改革开放以来在档案系统形成的惯例，为国家档案局对全国档案事业进行统筹规划、组织协调和监督指导提供了重要平台。作为全国档案工作会议重要内容的国家档案局局长、中央档案馆馆长工作报告（简称"全国档案工作报告"），通过总结经验、分析问题、提出要求来引导全国档案事业发展，是系统记录、真实反映我国档案事业发展历程的政策文献，也为我们分析全国档案事业发展历程提供了一个良好的观察视角。因此，借助改革开放以来形成的 38 份全国档案工作报告，通过政策文献分析的方法来研究我国档案服务工作的发展演进，具有一定的合理性和可行性。

1.2　数据统计说明

1979 年 8 月，我国召开了改革开放后的首次全国档案工作会议，会上时任国家档案局局长张中同志作了《加速档案工作的恢复与整顿，积极开展档案的利用工作，为社会主义现代化建设服务》的报告②，形成了第一份全国档案工作报告的政策文献。此后至今，除了 1981 年和 1983 年以外，我国已连续召开 38 次全国档案工作会议，共形成了 38 份全国档案工作报告。基于上述政策文献，我们选取其中关于档案服务工作的关键词作为具体分析的对象，形成了如下数据统计，见表 1。

---

① 黄萃. 政策文献量化研究 [M]. 北京：科学出版社，2016：4.
② 张中. 加速档案工作的恢复与整顿，积极开展档案的利用工作，为社会主义现代化建设服务
[J]. 档案工作，1979 (1)：15.

表 1　　　　　　　　　　　　　　　数据统计表

年份	政策文献名称	关键词
1979 年	加速档案工作的恢复与整顿，积极开展档案的利用工作，为社会主义现代化建设服务	为社会主义现代化建设服务；主动提供利用；提供档案材料；服务党的中心工作；服务生产建设；服务科学研究
1980 年	积极开放历史档案，推动和加强档案馆工作的建设	为社会主义现代化建设服务；开放历史档案；服务科学文化事业；洽商阅读档案；摘录和复制档案；档案史料的编辑出版
	………	
1999 年	坚定信念开拓创新，把建设有中国特色社会主义档案事业全面推向 21 世纪	为建设有中国特色的社会主义事业服务；为巩固农业基础地位服务；为农民提供农业科技档案；为党中央、国务院和各有关方面筹备庆典调用档案；编辑出版档案产品；珍藏档案照片为澳门回归服务；编辑出版档案史料为党委和政府的科学决策服务；为改革开放和现代化建设服务；为广大人民群众服务
2000 年	在全国档案工作会议上的讲话	依法保管利用档案；依法开发档案信息为各级党委和党建工作提供服务；主动服务，加大为各类企业、经营者提供相关档案信息服务的力度
	………	
2017 年	在全国档案局长馆长会议上的工作报告	为党和国家中心工作服务；为领导决策服务；建设开放档案信息资源共享平台；档案资源馆际共享；为"五位一体"总布局服务；为四个全面战略布局服务；档案资源联网共享；档案服务供给侧改革；加快各类档案的整理著录，鉴定开放，数字化及联网共享；为社会主义文化建设服务；举办档案展览；积极推进《抗日战争档案汇编》编纂工作

续表

年份	政策文献名称	关键词
2018 年	在全国档案局长馆长会议上的工作报告	为党和国家中心工作服务；为各级党委政府决策服务；汇编档案参考资料；举办各类专题档案展览；重大活动档案服务；为精准扶贫、乡村振兴服务；民生档案异地查档，跨馆服务；档案应急服务；政府公开信息查阅中心；加大档案开放力度；档案资源共建共享；互联网在线服务；为国家治理现代化服务；为经济社会发展服务；全国档案查询服务平台建设；搭建容纳各级综合档案馆的网络平台；在线受理、反馈利用者的查档需求；全国范围内一网查档；利用电子政务内网开展档案利用；加大档案开放力度；开发档案文化产品

备注：①限于篇幅，本文仅列出 1979 年、1980 年、1999 年、2000 年、2017 年和 2018 年的数据；②因全国档案工作会议召开的时间不固定，存在上一年度的会议在下一年度召开的情况，如 2018 年的全国档案工作会议因为党政机构改革等因素的影响，最终在 2019 年 3 月份才召开，这里根据总结工作对象的年份确定会议的年份。

2　我国档案服务工作的发展

1979 年至今，我国档案服务工作在各方面都取得了很大进步，最直观的变化表现为档案服务工作的内容演进，而其背后驱动力量的转变则是档案服务工作发展的深层原因。

2.1　档案服务工作的内容演进

综合分析全国档案工作报告政策文献中的相关内容可以发现，改革开放以来我国档案服务工作的内容不断发展，在拓展服务对象、丰富服务形式、深化服务内涵等方面均取得了长足发展，有力地促进了档案服务工作的深化转型。

2.1.1　档案服务对象的拓展

纵观 40 多年来我国档案服务工作的发展历程，最显著的变化就是档案服务对象的不断拓展。在 20 世纪八九十年代，档案服务的对象主要是党政机构、事业单位等，服务的基本基调是为社会主义现代化建设服务，如服务党的中心工作、服务党和政府决策、服务社会主义科学文化事业、服务科学研究、服务国民经济和社会发展、服务各职能部门工作等。进入新千年之后，特别是 2006 年党的十六届六中全会提出"建设服务型政府，强化社会管理和公共服务职能"以后，档案服务的理念开始转变，更加注重拓展档案馆的公共服务职能，这就促使档案服务的对象进一步拓展，服务的范围开始延伸到社会公共领域，如服务社会各界和广大人民群众、服务社会保障工作、服务民生工作、服务公共文化建设、服务企业管理等。

2.1.2　档案服务形式的丰富

在传统手工作业条件下，档案服务的形式较为原始和僵化，服务的效率和质量难以满足档案服务的需求。在信息技术革命的助力下，特别是互联网技术、数据整合共享技术、多媒体技术等的发展，促使档案服务的形式发生了根本性变化。档案服务形式也从摘录和复制档案、编制多种用途的检索工具、开辟与建设阅览室、通报馆藏档案内容等传统形式，进一步发展到建设档案网站和多媒体档案数据库、提供互联网在线服务、推动档案资源联网共享、开通全国开放档案信息资源共享平台门户网站、将档案服务纳入"一网通办"网上政务服务范围等信息化形式，极大地提高了档案服务的范围和效率。

2.1.3　档案服务内涵的深化

改革开放之初，由于档案服务的技术手段单薄、档案工作人员的知识结构单一、档案服务能力有限等的制约，提供档案服务方式较为简单，主要包括编写全宗介绍或档案馆介绍、举办档案陈列和展览、编辑出版档案史料、开展档案资料目录信息服务等，档案内涵式服务也就无从谈起。随着档案服务理念的转变和技术手段的发展，档案机构开始加强档案信息资源开发的深度，更加注重通过构建档案知识库、促进档案数据整合、分析与可视化展示、挖掘档案数据价值、强化档案数据增值服务、提供政府决策咨询服务、开发档案文化产品等方式，拓展和深化档案服务的内涵，不断提高档案数据转化为信息和知识的速度与能力①。

2.2　档案服务工作的动力转变

档案服务对象、形式和内涵的拓展，既是国家治理模式转换、政府治理实践发展等外在环境变迁的结果，也是档案工作积极适应社会发展、追求新突破的表现。在此过程中，推动档案服务工作发展的动力也发生了新的转变，即从政治驱动转变为技术驱动，从管理驱动转变为服务驱动。

2.2.1　从政治驱动到技术驱动的转变

我国社会主义现代化建设属于政治驱动型的后发现代化模式，这一模式的关键性在于发挥政治领导的决定性作用，并以此推动政治、经济、社会各个领域的改革，共同塑造出我国现代化波澜壮阔的画卷②。改革开放后档案服务工作的发展也呈现出政治驱动的特点，如 1985 年为响应邓小平同志"开发信息资源，服务四化建设"的号召，国家档案局提出"大力开发档案信息资源，更好地为社会各方面的工作服务"的目标，有力地推动了档案服务工作的发展；2003 年为贯彻党的十六大"建立行为规范、运转协调、公正透明、廉洁高效的行政管理体制"的政策，国家档案局开始推动档案馆"政府公开信息查阅中心"的建设③，进一步充实了档案服务的内容。随着现代政府治理模式的确立和服务型政府建设的推进，提供档案服务开始成为档案馆的基本工作，利用现代技术提升档案服务的质量成为档案服务工作新的推动力量。为此，《全国档案事业发展"十三五规划纲要"》提出，要建设"以局域网、政务网、因特网为平台，以档案信息管理系统为支撑，以档案目录中心、基础数据库、档案利用平台、档案网站信息发布为基础的档案信息化体系，全面推进档案资源存量数字化、增量电子化、利用网络化"④，以现代技

---

① 周耀林，常大伟. 我国档案大数据研究的现状分析与趋势探讨［J］. 档案学研究，2017（3）：34.

② 胡伟. 改革开放后中国现代化的经验：关于"中国模式"的探讨［J］. 江西社会科学，2009（3）：161.

③ 毛福民. 毛福民在全国档案工作暨表彰先进会议上的讲话［J］. 中国档案，2004（1）：8.

④ 全国档案事业发展"十三五"规划纲要［EB/OL］.（2016－06－07）［2019－11－24］. http：//www. saac. gov. cn/news/2016－04/07/content_136280. htm.

术助推档案服务工作转型。

2.2.2　从管理驱动到服务驱动的转变

随着政府治理模式的转变，政府治理理念也由"管理即服务"转变为"服务即管理"，在知识管理领域开始了从"建构封闭性的知识应用体系"到"促进知识共享之上的创造活动"的嬗变，即"服务型政府是在批判和超越管理型政府及其支持竞争的制度之上积极建构起来的一种全新的政府模式，它所要完成的一个重要使命是在合作话语体系的建构和合作行动的开展中建构人类社会广泛的知识共享模式，促进人类社会在知识共享之上的创造性活动"①。在此背景下，档案服务工作的驱动力量也从管理驱动转变为服务驱动，这一转变主要表现在如下方面：其一，管理驱动下的档案服务工作，将档案服务工作视为政府管理活动的自然延伸，为档案服务工作设置各种前置条件，获取档案服务需要提供相关的证明材料和申请材料；而服务驱动下的档案服务工作，遵循政府信息公开制度、权力清单制度、责任清单制度的相关规定，依规依法提供档案服务，档案用户在法律规定的范围内可以便利地获取档案服务。其二，管理驱动下的档案服务工作，将档案服务视为档案业务管理活动的终端，提供档案服务的范围局限于馆藏资源的范围，是一种基于馆藏资源的档案服务，难以满足在馆藏范围之外的档案服务需求；而服务驱动下的档案服务工作，将档案服务作为档案业务管理活动的主要内容，更加注重以服务需求为导向，通过档案馆际合作、档案跨馆服务、档案资源跨机构和跨地区整合等方式提升档案服务的能力。

3　我国档案服务工作的变革

当前，我国经济发展进入新常态，"四个全面"战略布局给档案工作提出了新要求，档案工作已日益成为政府治理和公共服务不可或缺的基础和支撑。在此背景下，档案工作要以观念转变、管理变革、技术转型、服务创新来适

---

① 周军. 从管理到服务：知识视野下的政府模式变革［J］. 南京农业大学学报：社会科学版，2014（2）：111.

应党和国家的新要求，适应人民群众的新期待①。为此，需要在分析我国档案服务工作变革方向的基础上，明确档案服务工作变革的路径，从而推动档案服务工作提质增效。

3.1 档案服务工作变革的方向

结合全国档案工作会议的政策内容，我们可以发现，随着经济社会的转型和档案工作实践的发展，档案服务工作呈现出两个重要的变革趋向：一是档案服务工作广度的拓展，即档案服务工作公共性和社会性的增强；二是档案服务工作深度的提升，即档案服务工作知识性和创造性的增加。档案服务工作广度的拓展和深度的加强，是时代发展赋予档案工作的新要求，也是档案工作实现新突破的新方向。

3.1.1 档案服务工作广度的拓展

档案服务公共性和社会化的提升源于现实改革的需要，档案服务工作广度的拓展对实现档案价值扩展，促进档案工作与社会关系和谐有着积极意义。档案部门作为一个公益性信息资源服务部门，其存在的职业意义是服务好全体社会对象，而不是局限于为党政机构提供服务②。随着档案公共服务需求的增长，要求档案服务要以公共价值为取向，进一步拓展档案服务工作的广度，推动综合档案馆、专业档案馆等各类档案服务主体按照"服务社会、服务公众"的要求，积极利用新的技术手段创新档案服务的方式，强化档案服务的质量管理③，让档案回归大众、服务社会，将档案价值投射到更广泛的社会领域之中，发挥档案在构建历史、集体记忆、国家、民族认同以及促进公共服务、完善社会保障等方面的作用④，从而更好地满足社会各方面的需求。

3.1.2 档案服务工作深度的提升

知识经济时代，档案工作职能发生了重大变化，要求档案人员要将职能

① 李明华. 在全国档案工作暨表彰先进会议上的讲话［J］. 中国档案，2016（1）：16.

② 苏君华. 面向社会的档案信息资源规划价值取向研究［J］. 档案学通讯，2013（5）：15.

③ 饶圆. 档案服务社会化研究［J］. 档案学通讯，2009（6）：51－53.

④ 朱莉. 身份认同对档案信息资源建设的影响及其趋势［J］. 浙江档案，2017（2）：17.

重心从实体管理向信息管理和知识管理转变，向档案用户提供高质量的信息和知识服务①。而档案作为人类社会实践活动的直接产物和结果，是一种重要的信息和知识的载体，对档案内容进行一定的分类、聚合、排序、抽取、过滤、浓缩、提炼、评价和总结等操作，可使其成为系统的科学知识②。这就决定了新的时代背景下需要更加专注于档案内在价值的挖掘，提升档案服务工作的深度。为此，我们需要运用大数据思维看待档案资源，实现档案服务理念从档案到数据的升华；需要依托内网、外网、政务网进行跨馆、跨部门的档案融合服务，实现档案服务功能从集成到融合的拓展；需要以"用户需求＋资源生产加工＋服务与推送＋问题解决"为导向，实现档案服务平台从单一到多元的整合；需要在智库建设的潮流中提升决策服务能力，实现档案服务能力从参考到决策的提升③。

3.2　档案服务工作变革的路径

为了顺应档案服务工作变革的新趋向，更好地服务党和国家中心工作、满足社会档案利用需求，需要从创新档案服务的理念、调整档案服务的重心、丰富档案服务的应用场景三个方面，谋划档案服务工作变革的路径。

3.2.1　创新档案服务的理念

创新档案服务的理念，既需要重塑档案服务的价值理念，也需要树立档案服务的开放理念，还要改变档案服务的业务理念。从重塑档案服务的价值理念来看，档案服务应该摆脱古代以服务于统治阶层为社会理想的内向封闭性价值取向，树立起以服务于公众为社会理想的外向开放性价值取向，逐步实现从"以服务权力为主"到"以服务权利为主"的服务理念的转变④；从树立档案服务的开放理念来看，档案开放是档案服务工作的重要前提，需要

---

① 冯惠玲. 拓展职能："夹缝时代"档案职业的生存之策 [C] //21 世纪的社会记忆：中国首届档案学博士论坛论文集. 北京：中国人民大学出版社，2001：109.

② 张斌，郝琦，魏扣. 基于档案知识库的档案知识服务研究 [J]. 档案学通讯，2016 (3)：51.

③ 段先娥，赵跃. 我国档案服务发展趋势探析：基于《全国档案事业发展"十三五"规划纲要》的研究 [J]. 档案与建设，2016 (8)：21－23.

④ 苏君华. 公共档案馆的社会理想与现实困境的考量 [J]. 档案管理，2007 (4)：34.

从档案降解密、档案开放鉴定两个方面入手推动各级档案馆提高档案开放程度，把"谁定密、谁解密"的法定原则落实到档案解密实践中，探索建立与档案形成单位共同开展鉴定的新模式，优化开放鉴定工作机制①，丰富档案服务的资源基础；从改变档案服务的业务理念来看，需要摆脱档案机构及其工作人员是档案服务唯一主体的认识，并在档案开放的基础和档案服务平台建设的基础上，积极为档案用户自主获取档案服务、自主开发档案信息资源创造条件，发挥档案用户在档案服务中的积极性和主动性。

3.2.2　调整档案服务的重心

档案服务的社会化发展，促使档案服务范围逐渐由准社会化形态过渡到社会化形态，导致档案服务的对象和内容不断丰富②，这就要求进一步调整档案服务的重心。为此，一方面，我们要不断扩展档案服务的对象，将档案服务的对象由主要面向党政机构和机关单位进一步拓展到面向社会组织和社会公众，促进档案信息资源由内部共享向社会共享转变③，从而提升档案服务工作的公共属性和社会属性；另一方面，需要重新界定和调整档案与社会的关系，将档案服务的重点由基于工具理性指导的档案第一价值的发挥，向基于价值理性指导的档案第二价值的实现转变，即在实现档案为形成单位提供凭证和参考的同时，更加侧重档案在构建和谐社会、法制社会、民主社会中的功能发挥，从而将档案服务的重点与国家治理现代化和基本公共服务体系建设等重大国家战略相结合。

3.2.3　丰富档案服务的应用场景

为进一步拓展档案服务的发展空间，我们需要从推动档案服务工作的知识性、文化性和社会性三个方面入手，丰富档案服务的应用场景。具体来讲，首先要借助档案数据汇集、档案数据关联、档案数据融合、档案数据挖掘等技术手段，发掘档案数据蕴含的深层价值，构建具有决策支持、管理辅助、风险预测等功能的档案知识体系，提升档案服务工作的内涵；其次，积极发

---

①　李明华. 在全国档案局长馆长会议上的工作报告 [J]. 中国档案，2019 (4)：20.

②　饶圆. 档案服务社会化研究 [J]. 档案学通讯，2009 (6)：51.

③　陈泳欣，聂二辉. 社会治理视角下档案公共服务体系：概念和关系分析 [J]. 档案管理，2019 (1)：26.

挥档案的记忆属性、凭证属性和文化属性，通过档案服务促进社会身份建构、培育社会共同文化、凝练国家精神，强化国家认同、社会认同和文化认同①，拓展档案服务工作的功能；最后，通过为法治国家建设、公共服务体系建设、社会公平正义实现、国家记忆保护和传承等提供服务，积极将档案服务工作融入国家治理、政府治理和社会治理现代化进程之中，拓展档案服务工作的场域。

---

① 寇京，陆阳. 国家认同外部危机治理中的档案功能研究 [J]. 浙江档案，2018（10）：25.

【少数民族档案学】

云南少数民族图像档案遗存及其价值探析

陈子丹　朱文诺　刘星晖

（云南大学历史与档案学院　昆明　650091）

摘　要： 云南少数民族图像档案源远流长、风格独特、自成体系。它的种类可分为岩画、壁画、雕塑、画卷、图册等，其中的岩画、壁画、青铜雕塑年代久远，展现了古老先民的智慧和艺术水平。被称为"滇夷图"的画卷、图册大多形成于清代，是与贵州"黔苗图"齐名并行的云南少数民族图像档案遗存，具有珍贵的历史价值、文化价值、艺术价值和审美价值，堪称云南少数民族的生动画卷，被誉为"云南各民族的古代生活实录"，但近现代流失严重，长期散落于海内外，鲜为人知，有待进一步的抢救保护和发掘利用。近年来，在有关机构和各方人士的共同努力下，一些过去罕见的珍稀"滇夷图"得以刊印，重放异彩，为开展民族图像学、美术史、艺术史的研究提供了第一手资料。

关键词： 图像遗存　滇夷图　少数民族　云南

人类在没有照相机、摄像机等现代科技留存图像、影像之前，由人工绘制画卷、图册是记录当时当地各民族人物形象及生产生活的重要手段之一。流传至今的画卷、图册是研究少数民族社会生活和文化习俗的一份宝贵记忆遗产，具有文物、古籍、档案的多重属性，值得我们倍加珍惜和爱护。但是，

作者简介： 陈子丹（1963—），男，云南昆明人，历史学博士，云南大学历史与档案学院档案与信息管理系教授，历史文献学博士生导师。主要研究方向为民族档案学、档案资源建设与开发；朱文诺（1997—），女，云南曲靖人，云南大学2019级档案学专业硕士研究生。主要研究方向为民族档案学；刘星晖（1995—），女，山西太原人，云南大学2019级图书情报专业硕士研究生。主要研究方向为档案信息资源开发与利用。

以往治民族史者重文轻图、相沿成习，对少数民族图像档案遗存关注较少，特别是对云南的"滇夷图"重视不够，相关研究成果主要集中在贵州的"黔苗图"领域，且多为历史源流、版本考证等方面。本文拟从民族图像学的视角，结合田野调查和文献资料，对云南少数民族图像档案遗存的源流、种类、特点、价值、编研等问题进行初步探讨，希望有助于这一高原文化瑰宝的抢救保护和开发利用。

1　云南少数民族图像档案遗存的源流

1.1　云南少数民族图像档案遗存的起源

云南少数民族图像档案遗存源远流长、历史悠久，其前身可以追溯到远古时期的岩画以及古滇国的青铜文化。

金沙江岩画是云南境内目前已发现的最古老岩画，也是中国南方系岩画群中最古老的岩画。主要分布在丽江市和迪庆藏族自治州的金沙江两岸，大多涂绘在金沙江及支流两岸的崖壁上或洞穴内，内容主要反映野生动物和古人狩猎生活的场景，此外还有一些抽象的图形符号。岩画自 1988 年发现以来，已调查核实的岩画点达 52 处，总面积超过 1500 平方米[①]，形成十分壮观的金沙江岩画长廊，为中国乃至世界岩画学、美术史研究提供了新的范本。

著名的沧源崖画产生于 3000 多年前的新石器时代晚期，分布在沧源县北部勐省、中部勐来的高山岩壁上，共发现 11 处崖画群，可辨认出 1063 个图像，其中有人物 785 个，动物 187 个，房屋 25 座，道路 13 条，各种表意符号 35 个。还有树木、舟船、崖洞、太阳、模手印、云朵、山峦、大地等图像，[②] 展现了远古先民狩猎、放牧、村落、战争、舞蹈、杂技及宗教祭祀等活动。崖画构图简练、粗犷豪放，人物和动物形象千姿百态、栩栩如生，真实形象地记录了远古先民生产生活的各种场景，是研究云南多民族原始生活

---

① 和仕勇. 丽江金沙江岩画图集 [C]. 昆明：云南人民出版社，2011：3—8.
② 吴民. 沧源新石器时代崖画 [N]. 春城晚报，1999—05—31 (23).

的宝贵资料。

文山壮族苗族自治州广南县的弄卡岩画和猫洞山岩画形成于大约 3000 年前的新石器时代晚期，前者用赤铁矿颜料绘制，表现的是人类的洞穴生活状态和狩猎场景，后者线条粗犷简单，采用平面造型法，有文字、人、动物、几何等图案，有的图案形似梵文字体，充斥着抽象和神秘，至今仍是未解之谜。①

云南的岩画分布点较多，除以上提到的金沙江岩画、沧源崖画、广南岩画外，重要的还有耿马大芒光崖画、元江它克岩画和麻栗坡大王岩崖画。

古滇国青铜器呈现以图代文，以青铜作载体，以"国之大事"为内容的三大特征，如贮贝器盖上的雕塑具有典型性、情节性、故事性，表达的主题包括祭祀、战争、纺织、纳贡、播种、上仓、狩猎、驯马、乐舞等，以祭祀场面最多，"籍田""初耕"也多次出现在晋宁石寨山、江川李家山出土的贮贝器盖上，体现出滇人这个稻作民族特殊的历史发展进程。由于 2000 多年前的滇国处于一种类似于"复杂酋邦"或"方国"的社会发展阶段，滇人没有系统的、成熟的文字来记录历史，贮贝器就承担了"史书"的使命，它用直观感性的立体雕塑群像，再现了滇国社会历史的鲜活场景，是研究古滇国文明最真实的材料。②

1.2　云南少数民族图像档案遗存的形成

云南少数民族图像的绘制起源于原始的图画记事，其形成却有着特定的历史原因。就"滇夷图"来说，既是历代统治者了解云南边疆民族风貌，制定"因俗而治"民族政策的需要，也与中央王朝推行的职贡制度密切相关。中国幅员辽阔、民族众多，"内外藩夷，输诚向化，其衣冠状貌各有不同"。为了便于民族识别、掌握诸边"外藩""内夷"的情况，加强中央对边疆地区的有效经营和治理，历代封建王朝都高度重视"职贡图"的绘制。这类档案文献反映了国内各民族或国外入贡使者向内地中央王朝尽职纳贡的臣服、藩

---

① 秦明豫. 暗藏玄机的广南岩画 [N]. 春城晚报，2018−10−26（A16）.
② 樊海涛. 贮贝器：青铜铸造的无声史书 [N]. 人民日报，2018−03−21（22）.

属关系，正是"普天之下，莫非王土；率土之滨，莫非王臣"的真实写照。

"职贡图"的绘制因历代统治者为了宣扬其疆域之广、怀来之盛，强化中央与地方的隶属关系、处理好与周边民族的关系而逐渐形成一种定制和传统，其中又以清代最盛。特别是在乾隆皇帝的大力倡导下，西南各民族地区的官宦文人或临书描摹，或深入滇黔，丹青描绘"苗蛮""滇夷"的人物形状，并配合文字叙说当地的风土人情，从乾隆初年至民国时期蔚然成风。各种少数民族图像作品如"百苗图""苗蛮图""滇夷图""番俗图""琼黎图"等纷纷出现，其风格各异、形式多样、种类繁杂，可谓是五花八门、名目繁多。

"滇夷图"是与贵州"黔苗图"齐名并行的云南少数民族图册，是比之"黔苗图"更有研究价值的珍贵史料。据粗略估计，流传至今的"滇夷图"不下数十种，但大多形成于清代中晚期，清代最早的一件题为《滇夷图说》，据考证当为明代《云南诸夷图》的增补抄绘本，成书在康熙、雍正年间，现存于中国台湾"中央"研究院历史语言研究所，该图册还有《苗蛮图》《滇省民族图说》《西南少数民族图册》等几种抄绘本；最晚的一册是《大理府浪穹县所属地方风土人情及舆图清册》，成书于清光绪三十四年（1908），现藏于中国国家图书馆。据有关专家考证，《滇夷图说》《云南营制苗蛮图册》《滇省迤西迤南夷人图说》《滇省夷人图说》是 4 部成书年代清楚、今仍存世的重要"滇夷图"，[①] 极具版本价值和学术价值。

1.3 云南少数民族图像档案遗存的流传

在古籍文献中著录较早的少数民族图像档案遗存，见于诸葛亮作的《哀牢国谱》《西南夷图谱》。据《华阳国志·南中志·永昌郡》载："永昌郡，古哀牢国。……南中昆明祖之，故诸葛亮为其国谱也。"[②] 《华阳国志·南中志·宁州》又说："诸葛亮乃为夷作图谱，先画天地、日月、君长、城府；次画神龙，龙生夷，及牛、马、羊；后画部主吏乘马幡盖，巡行安恤；又画

---

① 祁庆富，李德龙，史晖. 国内外收藏滇夷图册概说 [J]. 思想战线，2008 (4)：21.

② ［东晋］常璩. 华阳国志校注·卷四 [M]. 刘琳，校注. 成都：巴蜀书社，1984：424.

［夷］牵牛负酒，赍金宝诣之之象，以赐夷。夷甚重之。"① 这一图谱反映了当地民族的族源传说和生活场景，是云南少数民族图像档案之始。

现存年代最早的"滇夷图"是被誉为"南天瑰宝"的《南诏图传》（又称《南诏中兴二年画卷》《南诏中兴国史画卷》），绘制于南诏舜化贞中兴二年（唐昭宗光化二年，899年），距今已有1119年的历史，原件现藏于日本京都藤井有邻馆。《南诏图传》分为文字卷和图画卷两个部分，文字卷内容为"观音七化"的故事，描述巍山蒙氏王族因敬佛而兴国，并附有南诏国末代皇帝舜化贞的敕文和王奉宗、张顺两位官员听命于皇帝的敕令；图画卷原作有《观音梵化故事图》《祭铁柱图》《南诏国王礼佛图》，补绘有《大义宁国国王杨干贞礼佛图》《西洱河图》（即《洱海鱼螺受困图》）。《南诏图传》既是云南现存最古老的纸质绘画艺术珍品，也是唐代留传下来的唯一一幅少数民族轴画卷，其中的画卷部分可视为我国最早的连环画卷。

著名的《张胜温画卷》是宋代大理国白族画师张胜温及其弟子创作的佛教绘画艺术长卷，绘制于大理国国王段智兴（利贞皇帝）在位期间（1172—1175年），现藏于中国台湾"故宫博物院"。画卷由"利贞皇帝礼佛图""天龙八部护法菩萨尊者""十六大国主众"三部分组成，上段描写大理国十八世主段智兴及太子文武官员去礼佛的场景，中段描绘诸佛、菩萨、天龙八部等像，后段描述天竺（今印度）十六国国王前来大理国朝拜的情景。② 共计134图，描绘了628个佛像和世俗人物，画卷以佛教为核心内容，兼集人物、山水、花鸟、动物等于一卷，场面宏大，内容丰富，技艺高超，有重要的历史、宗教和艺术价值。大理国灭亡后，该画卷几经辗转，于明洪武年间为金陵天界寺僧人德泰购藏，清乾隆皇帝十分珍爱，令画师丁观鹏临摹该长卷，分作《法界源流图》《蛮王礼服图》，前者收藏于吉林省博物馆，后者至今下落不明。

明初有《云南诸夷图》刊本流传，描绘了37种云南部族，并以文字记述其生产方式、生活环境和习俗、性格特征、宗教信仰等情况，是一部较早为

---

① ［东晋］常璩. 华阳国志校注·卷四［M］. 刘琳，校注. 成都：巴蜀书社，1984：364.
② 刘国秀，杨松涛. 大型古典木雕《张胜温画卷》［N］. 春城晚报，1999－06－22（23）.

云南少数民族"状其形而识其俗"的图说。① 明万历二十三年（1595）云南巡抚大中丞陈用宾修撰《云南诸夷图说》两册。② 这两本图册虽已不存，但对明清"滇夷图"的绘制产生了重大影响。

在诸多清代"滇夷图"中，最具声誉的是清嘉庆年间任云贵总督的伯麟奉圣谕编绘的一部图说奏章，俗称《伯麟图说》。这部官修图册成于众人之力，堪称清代中叶对云南民族状况的一次大规模调查和识别，原本虽公认早已散佚，但有多种版本流传于世。

清朝时期，影响最大的民族图志《皇清职贡图》生动描绘了乾隆时期藩属国、海外交往诸国及国内各少数民族人物的样貌、服饰、生活等状况。内容包括国内诸族与"外夷番众"两部分，绘制有 300 余种人物图，每种皆绘男、女两幅，共 598 幅。其中，卷七为云南各府诸族，共 72 幅；卷九有西北数部和云南整欠、景海两部 18 幅。③

清嘉庆、道光年间，昆明画家李诂深入云南许多民族地区观察民情，就地取材，绘制《滇南夷情汇集图册》108 幅，每幅有画有跋，作品采自风俗，绘其形声，宛如进入民族居住之山村。④

清末民初的云南著名画家董一道，融通中西画法，善绘山水人物，1914年编绘《古滇土人图志》钢笔画两册，手法严密，精工细致，书绘云南少数民族生活风俗 50 图、人物形象 30 图，共 80 图，多为作者实地调查后，参照云南地方志绘制而成。

---

① 萧霁虹. 古代少数民族图像著述初探［C］//林超民. 西南古籍研究（2001 年）. 昆明：云南大学出版社，2002：261－262.

② 中华书局编辑部. 宋元明清书目题跋丛刊（四）·明代卷［C］. 北京：中华书局，2006：421.

③ 萧霁虹. 古代少数民族图像著述初探［C］//林超民. 西南古籍研究（2001 年）. 昆明：云南大学出版社，2002：261－262.

④ 宋兆麟. 云南民族的生动画卷：《滇南夷情汇集》试析［J］. 中国历史博物馆馆刊，1998（2）：129.

2　云南少数民族图像档案遗存的种类

2.1　云南少数民族壁画

1963 年，在昭通后海子中寨发现东晋霍承嗣墓，西壁下画有"夷汉部曲图"，共三排：第一排 13 人，着汉装，持环首铁刀；第二排 13 人，第三排 14 人，着装均为夷服，梳有"天菩萨"（发髻），披毡，赤足，与今凉山彝族装束同，乃彝族先民。[①] 墓室壁画描绘的是"南中大姓""霍家部曲"的生活场景，留下了具体、生动的写实画面，这是现存晋代壁画中仅见的，壁画中透露出的民俗学、社会学方面的信息，为研究云南古代民族史提供了真实可信的资料。

在巍山巍宝山文昌宫文龙亭桥墩壁上，至今仍保留着一幅清代乾隆年间画的"松下打歌图"壁画。据专家考证，该壁画为现存最早的有关彝族歌舞记载的壁画。"松下打歌图"栩栩如生地描绘了 30 多位神态各异、身份不同的彝族男女老少围着熊熊燃烧的篝火，吹起芦笙、笛子，舞动大刀，饮着烈酒欢快歌舞的场景。画面全部采用古代涂料绘制而成，历经 260 多年的风吹雨打日晒仍清晰可见，成为彝族源远流长的古老文化的历史见证。

丽江壁画分布在丽江十多处村镇的庙堂里，现存于其中 4 座庙堂的壁画共有 55 面，总面积约 140 平方米。它以白沙最为集中，因而又称为白沙壁画。丽江壁画的代表和精华是琉璃殿和大宝积宫保存的壁画，前者原有 16 幅，现仅存残面；后者现存 12 幅，绘有 167 个形象。这些壁画是在明初至清初 300 多年的时间里陆续完成的，工程量浩大，有众多各民族工匠参与其中，融汇了中原汉文化的传统技法和藏、白、纳西族等西南少数民族的绘画艺术风格，如采用垒金、贴金等手法，线条流畅细腻、色彩丰富艳丽、人物造型个性鲜明、体态各异，从内容到形式，丽江壁画都成为了研究滇西北乃至西南地区各民族社会、文化、宗教艺术等方面的弥足珍贵的艺术瑰宝。

---

① ［东晋］常璩. 华阳国志校注·卷四［M］. 刘琳，校注. 成都：巴蜀书社，1984：360.

2.2　云南少数民族画卷

中国国家博物馆（中国历史博物馆）收藏有一幅 1963 年在北京琉璃厂收购到的明代绢画，题为《麽些图卷》，画面上人物众多，内容丰富，涉及丽江纳西族的生产劳动、物质生活、民俗文化等方面，既反映了该民族的社会经济，又对其衣食住行、节日和婚俗作了形象生动的描绘，堪称一幅"明代纳西族的风俗画卷"。①

《中甸新奉归舆图》由画卷、文字及舆图组成，图中画有自金沙江桥头经小中甸、菁口、大中甸、奔子栏、阿墩子的入藏通道及藏族人物日常生活画面。文中提到迪庆藏族土目"所进之图"，但今已不见，范溥"集成卷轴"，成为反映清代中甸（今香格里拉市）藏区山川、民俗、风物的重要历史画卷。②

20 世纪 50 年代，云南省博物馆在昆明征集到一组（6 幅）反映云南少数民族生产生活场景的清代条幅画，题名为《写经图》《乘象图》《踏歌图》《沐浴图》《采槟榔图》《狩猎图》。③ 该馆还收藏有明代苗族的《斗牛图》、清代苗族的《百苗全图》、哈尼族的《采茶图》，以及《清代少数民族风俗画屏》《开化府图说》《普洱府图说》等珍贵作品。④

2.3　云南少数民族图册

云南少数民族图册、图籍亦称"滇夷图册"，大多形成于清代，现今流传下来的主要有《滇夷图说》《云南营制苗蛮图册》《滇省迤西迤南夷人图说》《滇省夷人图说》《云南种人图说》等，其中的《滇夷图说》是清代最早的一本"滇夷图"册，《滇省迤西迤南夷人图说》对"滇夷图"的绘制起到很大影

---

①　宋兆麟. 一幅珍贵的纳西族风俗画 [J]. 民族研究，1989（6）：59-66.

②　王恒杰. 迪庆藏族社会史 [M]. 北京：中国藏学出版社，1995：153，158.

③　熊丽芬. 云南省博物馆藏明清少数民族绘画 [J]. 收藏家，2012（6）：47-52.

④　熊丽芬. 清代《普洱府图说》概况述略 [C] //林超民. 西南古籍研究（2011 年）. 昆明：云南大学出版社，2012：381.

响，《滇省夷人图说》是目前已知最早的《伯麟图说》原本的副本或抄绘本。① 此外，在《皇清职贡图》恢弘御制的影响下，还出现了多种同一类型的"滇夷图册"，如《云南民族图考》《云南苗族风俗图》《丽江府十种彝人图》《维西夷人图旧画本维西舆地图旧画本》《永北舆地并土司所属夷人种类图》《普洱府舆地夷人图说》《大理府浪穹县所属地方风土人情及舆图清册》《云南永昌府永平县属风土人情汉夷耕读种类清册》《蒙化厅所属汉夷风俗及各种夷蛮情形分类图册》《云南罗罗图》《汉夷风土人情图册》等。

3　云南少数民族图像档案遗存的特点

云南少数民族图像档案遗存具有独特的绘制风格。这种手工绘制虽不及现代的影片、照片、图片那样逼真传神，但其画面风格古朴、自然天成、少有雕饰，色调柔和、鲜而不艳，笔力劲健、气韵生动。无论是画面的设色风格与空间结构，还是其中蕴含的艺术审美情趣，都显示出地方文人画家以写实为主的创作风格。

"滇夷图"既有以全省少数民族为对象描绘的图册，也有以道、府、厅范围内少数民族为对象描绘的图册，各种传本创作年代不一、流传背景复杂，其题名、版式、条目、图景、文字、书法、绘画等均有不同程度的差异。策划人有总督、巡抚，也有流官、土司；编绘者有当地画师，也有民间丹青高手；名称有图说、图谱，也有图志、图赞；图幅有长短画卷，也有大小图本、图籍；形式有册页、散页，也有条幅、条屏；内容有夷人图，也有舆地图；版本有原本、副本，也有传抄本、改绘本；画法有白描，也有彩绘；材质有纸张，也有绢帛、金石。

"滇夷图"最大、最明显的特点是绘图著说、图说兼备、图文并茂。画面构图精巧别致，人物形象栩栩如生，衣物线条流畅细腻。树木先以墨笔勾出，再涂染绿汁。画面虽简，却颇为传神，寥寥几笔，每个民族或其支系的真实风貌及特点、生产生活习俗等便跃然纸上。文字说明简洁明了，文笔精炼，

---

① 祁庆富，李德龙，史晖. 国内外收藏滇夷图册概说［J］. 思想战线，2008（4）：26.

书写工整。不仅简要介绍各民族（分支）的族名、族属、分布、衣着、饮食、居住、出行、娱乐、宗教、习俗、禁忌等风土人情，而且注重各民族（分支）服饰、样貌、性格特征的描写，直观、生动、形象地展现了云南古代各民族从事耕种、畜牧、渔猎、纺织、婚嫁、丧葬、节庆、祭祀、交易等社会活动的场景。

"滇夷图"还体现出夷人图、舆地图合二为一的特色。《南诏图传》中的《西洱河图》（亦称《洱海图》或《洱海鱼螺受困图》）是云南最古老的一幅地形图。该图根据南诏神话传说绘制，用各种颜色形象逼真地绘出了双蛇，又绘有一鱼一螺困于蛇体内，在洱海周围还标注了东、南、西、北四个方向以及江河的名称。① 《滇省夷人图说》收图 108 幅，附有伯麟题写的长达 1848 字的跋文，与之配套并存、式样一致的《滇省舆地图说》两册 55 面，亦彩绘，"收录云南舆图及图说 22 种，一种为云南全省舆图及云南省总图说，其余 21 种为各府及直隶州舆图及图说，以云南府、迤东、迤西、迤南地域排序"②。

4 云南少数民族图像档案遗存的价值

以极其前卫的现代美学观念审视古老的云南少数民族图像档案遗存，令许多画家、艺术家惊叹不已。不论是色彩亮丽的图画文字、象形文字（如东巴象形文字、富宁壮族坡芽歌书本身就是一种绘画），还是巍山彝族的"松下打歌图"、带有藏汉印记的丽江壁画，不论是东巴画谱还是神路图，都异常明晰地透露出人类故有的哲思。

"滇夷图"比之贵州的"黔苗图"，不仅出现得更早，而且独树一帜、别具一格、自成一体，其版本价值、历史价值、文物价值和艺术审美价值更胜一筹，被誉为"云南各民族的古代生活实录"。

---

① 丁海斌，等. 中国古代科技档案遗存及其科技文化价值研究［M］. 北京：科学出版社，2011：124.

② 祁庆富，李德龙，史晖. 国内外收藏滇夷图册概说［J］. 思想战线，2008（4）：30.

　　"滇夷图"中收录描绘的云南少数民族种类多少不等，多的百余种，少的几十种，其覆盖范围虽不尽全面，但对世居民族或其支系的介绍甚详，几乎包含了云南各民族的部落、种类、居处、习性、音乐、歌舞、风俗、农耕、渔猎、商业、贸易等各个方面，形象生动具体，内容翔实丰富，图绘中留存的各民族传统文化表现形式，亦是今日我们保护和传承非物质文化遗产的宝贵依据。

　　《伯麟图说》与《滇省夷人图说》这两部图册为我们留下了近200年前关于云南民族文化及社会生活的表征图像，充分展现了清代中期云南的民族分布及文化习俗、风土人情等社会风貌，如实记录了清政府处理云南民族关系的重大举措，为研究民族史、民族学、人类学、社会学、地理学，以及清代云南政治、经济、军事、文化、艺术等诸多领域提供了一份不可多得的珍贵史料。又如，李诂绘制的《滇南夷情汇集》堪称清代云南民族社会生活的掠影，具有重要的学术价值，从中可以了解到云南少数民族的形成和发展，看出云南少数民族不同族群的构成和社会文化的演变，具有很高的民族支系学研究价值，有助于当地民族史、民族学和古代民族文物制度的研究。

　　以"滇夷图"为代表的云南少数民族图像档案遗存，可以说是一部读不完的百科全书，它不仅真实地反映了古代、近代各民族的衣食住行、婚丧嫁娶、风俗习惯等文化现象，也忠实地记录着各民族的伦理道德、宗教信仰、节庆礼仪等精神风貌。时至今日，解读这些图像符号自身表达的意图和被表征物之间的复杂关系，阐释其在特定语境中生成的意义，有着重要的历史学、民族学、民俗学，以及边疆政治学、历史地理学的研究价值。

　　此外，清末来华西洋人留下的"西式滇夷图"也有特别的价值。19世纪70年代，法国海军军官安邺（Francis Garnier）率队考察云南，写下著名的《印度支那探险记》，书中刊载的《景洪民族图》《云南民族图》是清代后期云南少数民族的真实记录。①

---

① 祁庆富，李德龙，史晖. 国内外收藏滇夷图册概说 [J]. 思想战线，2008 (4)：30.

5　云南少数民族图像档案遗存的编研

　　云南少数民族图像档案遗存在近现代损毁、流失严重，幸存下来的主要收藏在国内外图书馆和博物馆中，部分高校、科研机构和个人也有收藏。现存的"滇夷图"册大多是手绘本，个别刊刻本更是稀见，传世珍本、孤本有的早已流失到海外，有的散落在国内收藏机构或私人手中，被奉为至宝，秘不示人。对于研究者来说，亲眼目睹尚且不易，更何谈发掘利用了，这也是"滇夷图"鲜为人知的一个主要原因。

　　国内对"苗蛮图"的研究起步较晚，而对"滇夷图"的编研更是长期处于空白状态，没有引起足够的重视。近年来，在有关机构和各方人士的共同努力下，一些过去难以见到的珍稀"滇夷图"得以刊印，重放异彩。例如，云南大学图书馆邀请专家学者对馆藏的《云南种人图说》与《金筑百苗图》两部罕见珍本进行整理改编，并于 2005 年 4 月由云南美术出版社出版了《清代滇黔民族图谱》一书，使这部尘封已久的民族图册得以公之于世，为云南民族史、民俗文化史研究提供了一份珍稀史料。2009 年 4 月，中国社会科学出版社不惜挥斥重金，以 5 亿像素"原色原大"标准，按原貌高仿真照排出版，限量推出了清代传世珍本《滇省夷人图说·滇省舆地图说》，为在昆明召开的国际人类学与民族学联合会第十六届大会献上了一份厚礼。此外，有关专家学者和高校师生还先后撰写发表了《一幅珍贵的纳西族风俗画》（宋兆麟，1989 年）、《云南民族的生动画卷——〈滇南夷情汇集〉试析》（宋兆麟，1998 年）、《〈伯麟图说〉考异——〈御制外苗图〉及〈滇省夷人图说〉略述》（祁庆富、李德龙，2007 年）、《再谈〈伯麟图说〉及按语》（祁庆富、李德龙、史晖，2007 年）、《国内外收藏滇夷图册概说》（祁庆富、李德龙、史晖，2008 年）、《〈滇夷风俗图〉考略》（孙麒，2010 年）、《清代〈普洱府图说〉概况述略》（熊丽芬，2011 年）《清代〈普洱夷人图说〉研究》（赵荔，2013 年）、《清代〈滇省夷人图说〉研究》（蔡琪蕊，2015 年）、《清代云南少数民族的生动画卷——〈云南种人图说〉考释》（陈子丹、郑宇、庄兴成，2016 年）等专题论文，为整理、公布、研究云南少数民族图像档案遗存做出了贡献。

基于档案文献的滇西民众修建
滇缅公路贡献研究

华 林 高 俊 刘凌慧子

（云南大学历史与档案学院 昆明 650091）

摘 要： 在滇缅公路修建中，滇西民众付出了巨大牺牲，档案文献研究这段历史，可揭示滇西民众在建设滇缅公路中做出的重要贡献，弘扬滇西各民族群众抗击外敌，保卫国家的爱国主义情怀。文章依据原始档案文献，阐述滇缅公路修建时中国抗战严峻形势，滇缅公路修建决策、方案，滇西民众在施工建设中发挥的重要作用，付出的巨大牺牲和做出的重大贡献。以翔实档案文献揭示这段真实历史，对宣传中国军民抗战事迹，弘扬以爱国主义为核心的民族精神，为中华民族的伟大复兴注入文化动力有现实意义。

关键词： 滇西民众 滇缅公路 档案文献

1 抗战背景与修建决策

1937 年 7 月 7 日，日本侵略军袭击北平卢沟桥，发动全面侵华战争。日本帝国主义为尽快灭亡中国，在从其国内抽调大批援军，侵占华北、华东，进逼中国内地的同时，对中国实行全面经济、军事封锁。"卢沟桥事变"时，中国军队使用的武器除步枪、轻机枪自制外，重机枪、大炮等重武器，以及

作者简介： 华林（1965—），男，云南普洱人，云南大学历史与档案学院，教授、博士生导师，全国档案专家，主要研究方向为档案学、民族档案、抗战档案等；高俊（1997—），男，浙江嘉兴人，云南大学历史与档案学院硕士研究生；刘凌慧子（1997—），女，江苏徐州人，云南大学历史与档案学院硕士研究生。

汽车、汽油、通讯器材、医疗用品、工作母机等军事战略物资，完全从外国进口。这些物资主要通过沿海口岸进入中国，此外，还可从当时法属印度支那北部通往云南的滇越铁路，或通往广西的桂越公路进口军事物资①。1937年8月20日，日本海军全面封锁中国沿海，阻止援华物资输入中国。日本帝国主义对中国经济、军事的封锁，使一直依赖英美被迫进行抗战的国民政府受到严重威胁。

滇缅公路的修建经历了较长的决策过程。1931年"九一八"事变后，日本军国主义侵占中国的意图日趋明显，南京国民政府基于对中国抗战物资依赖进口的担忧，决定修建连接缅甸、保证抗战物资运输的滇缅公路。1935年9月，蒋介石派时任公路处处长曾养甫赴云南调查当地交通情况。曾养甫考察后上书蒋介石，提出具体的道路建设计划："经职一再考察，其向西路线，应由昆明至大理、云州、达边境之滚弄，接通缅甸之腊戍，工程并不甚艰，各方亦均赞同。现与龙主席商定，为应付目前需要计，拟先筑铁路路基，行驶汽车，已将来筹有款，再行铺轨。预计建筑经费，与公路比较，相差无多。期间昆明至大理公路，年内已经可筑通；大理至滚弄一段，长约四百公里，拟即行踏勘测量，约需经费三万余元。"② 这是从云南修通缅甸公路计划首次在国民政府高层被提出，遗憾的是该计划直到抗战全面爆发都未实施。1937年8月，龙云赴南京参加会议，蒋介石与其在北极阁讨论当时战局，龙云对未来可能发生的交通问题进行分析，他认为："上海方面的战事恐难持久，如果一旦沦陷，南京即受威胁，也难固守。上海既失，即无国际港口，国际交通顿感困难。我的意见，国际交通应当预作准备，即刻着手同时修筑滇缅铁路和滇缅公路，可以直通印度洋。公路由地方负担，中央补助；铁路则由中央负责，云南地方政府可以协助修筑。"③ 此建议得到蒋介石的首肯，并很快着手办理。自此，滇缅公路的建设正式提上日程。

---

① 朱振明. 抗日战争时期的滇缅公路 [J]. 云南社会科学，1982 (04)：73—81.

② 蒋中正档案 [G] //曾养甫致蒋中正九月篠午电（摘要），中国台北：台湾"国史馆"，002—080200—00457—268.

③ 龙云. 抗战前后我的几点回忆 [C] //中国人民政治协商会议全国委员会. 文史资料选集合订本第5卷第17辑. 北京：中国文史出版社，2011：36.

滇缅公路建设事关军政大事，南京政府十分重视，宋子良在给蒋介石的电文中说："查中缅交通极其重要，该地带地势崎岖，建设路线，殊多困难，前经我方商准英方赶修滇缅公路，计自昆明经大理、保山、龙陵、芒市、畹町河，在木姐与缅方八莫起经木姐至腊戌之公路相衔接，将来该公路成功，于物资运输，裨益极大，现任交通部联运处处长陈清文、颇为熟悉当地情形，职经已商调派充本处驻缅分处处长，饬其前往实地考察，除电呈孔院长外，仅电陈。鉴查"① 其后，南京政府专门派员前往缅甸办理此事②。自此，滇缅公路建设完成决策，建设工程全面启动。

2　方案制定与民众征召

滇缅公路是指从中国云南省会昆明，经下关到中缅边境，与缅甸境内的腊戌公路对接，再经腊戌至仰光的铁路到达出海口，构成的一条完整陆地交通线③。当时，修筑滇缅公路已具备一些有利条件。一是秦汉以来就存在有滇缅通商古道，为滇缅公路修筑提供了依据。秦汉以来，滇西地区就与缅、印等国相通，形成从云南大理，经永昌（保山）、腾冲到缅甸北部八莫的"马帮"通道。滇缅公路修筑前，中缅两国人民通过这些"马帮"通道进行边贸，友好交往。二是云南省已有滇西公路，为滇缅公路修筑奠定了基础。1929 年后，云南省政府成立"云南省公路总局"，负责公路修筑。到 1937 年，昆明至下关的滇西公路已经全部建成通车，因而滇西公路的国内段，实际上已完成了一半④。而滇缅公路建设的问题，就是如何修建下关至国境的路线，以及协调英缅方面修建缅甸境内的通道。

缅甸是英国的殖民地，修建滇缅公路必须要得到英国及缅英政府的支持。

---

①　滇缅公路交涉总纲 [B]. 宋子良电蒋中正中缅交通线重要我方商准英赶修滇缅公路，中国台北：台湾"国史馆"，002－020300－00015－012－001x.

②　韦丹凤，李晓岑. 滇缅公路工程决策过程研究 [J]. 工程研究－跨学科视野中的工程，2018，10（02）：206－217.

③　崔巍. 国民政府的外交努力与滇缅公路的修建 [J]. 江海学刊，2013（06）：171－177.

④　朱振明. 抗日战争时期的滇缅公路 [J]. 云南社会科学，1982（04）：73－81.

1937 年 10 月 6 日，蒋介石指令外交部与英国方面协商修建滇缅公路相关事宜。11 日，外交部秘书段茂澜前往英国驻华大使馆，向英方提出中国政府的要求，主要内容为"吾人以鉴于中国南海岸香港、安南两海口将来日军大举破坏时，或有阻碍危险。为未雨绸缪计，思及缅甸云南一线，缅甸境内自腊戌中国边境，未经修筑之公路仅 180 公里。我国云南境内自下关至边境亦只 380 公里。中国政府深望英国本国联援助中国抗战之义，即日兴修自腊戌至中缅交界之公路，俾能由缅直通中国之公路"①。英国政府对此事十分重视，其后，英外交部与殖民地事务部进行协调。经过一个月的准备，11 月 6 日，英国驻华使馆秘书裨德本（P. Bmme）等人来到中国外交部，就滇缅公路的修建向中国外交部次长徐谟递交英国政府的正式答复："英王陛下的政府和缅甸政府在原则上欢迎修建直接连通云南和缅甸之间的公路。我们设计了路线选择的问题。我们相信这样的路线是可行的，即从铁路的尽头腊戌，经过木姐和龙陵，与昆明—下关的可通机械车辆的道路连接。不过，当然也可能有其他的路线。毫无疑问，这是一个值得贵政府认真考虑的问题。而我们将等待你们就这个问题作出决定。"② 为共同利益，英国政府不仅答应了中国的筑路要求，还提出了大致建设方案。关于滇缅公路修建线路云南省政府主席龙云提议，从昆明经祥云、大理、宝山、龙陵、芒市、瑞丽通到缅甸境内，与腊戌的铁路连接。龙云认为："该线工程已有基础，且龙陵境内的澜沧江铁桥可利用。滇省芒市至英属腊戌已修有公路，亦可利用。由腊戌至新街瓦城仰光均有铁道可通。"③ 最终，经过协商，采用了龙云提出的建设方案④。

1937 年 10 月，国民党政府交通部派人到云南，与云南省地方政府商定滇缅公路修筑事宜。云南省政府遂于 1937 年 12 月开始征调各县民工，赶修从下关到畹町的公路。关于滇西各县征调的修路民工据延安《解放日报》

---

① 段茂澜秘书会晤英大使馆参事包克本谈话记录（1937－10－11）[B]. 中国台北：台湾"国史馆"，馆藏国民政府外交部档案，172－1/0413－2.

② 英国大使馆致徐谟次长的照会（1937－11－6）[B]. 中国台北：台湾"国史馆"，馆藏国民政府外交部档案，172－1/0413－2.

③ 后方勤务部部长俞飞鹏致外交部长王宠惠电 [B]. 中国台北：台湾"国史馆"，馆藏国民政府外交部档案，172－1/0413－2.

④ 崔巍. 国民政府的外交努力与滇缅公路的修建 [J]. 江海学刊，2013（06）：171－177.

1945 年 2 月 16 日文章报道,有 15 万民工参加修路。夏光南著《中印缅道交通史》中说,前后动员了民工 20 万人。日本国分正三在其著《大缅甸志》中记述,最初为 15 万人,后增至 30 万人。为加紧修筑,实行分段施工,除较大的桥梁涵洞由政府派专人修筑外,其余都由道路经过的各县负责征调民工修筑。工程完工后,由政府验收。同时,云南省政府又成立关漾、漾云、云保、保龙、龙潞、潞畹 6 个工程处,在保山设置总工程处,直接指挥各段工程的建设工作①。

3　恶劣条件与艰苦建设

1937 年 11 月 2 日,滇缅路西段路线方案最后确定。国民政府行政院拨款 320 万元②,令云南省政府主席龙云负责限期修建完成。由于滇缅公路建设事关中国抗战物资的运输,国民政府和云南地方当局都极为重视。1937 年 9 月 10 日,《龙云希严督赶修滇缅公路电》说:"急。腾冲李督办曰垓览:边密。中日战争,日渐激烈,范围日渐扩大。与我接近之海岸,亦被其封锁。滇缅公路已成必要之交通,尚希积极赶办。当此国难时期,非严厉督促,实难收效也。特电遵照。主席龙云。"1937 年 11 月 21 日,《蒋介石希从速赶修滇缅公路电》记述:"急。昆明。龙主席:枕密。昆缅公路工程进行情形如何?此路有从速完成之必要。其材料经费由中央补助,征工与工价由滇省担任。希从速赶修为盼。中正。"③ 为完成建设,云南省政府立即通令沿线各县和设治局(少数民族地区相当于县一级的政权机构),务必于 1938 年 8 月完成施工。1937 年 12 月,工程正式开工,云南省在保山成立滇缅公路总工程处,由云南省公路总局技监段纬主持工作。由于事关国防军事,云南省政府要求各县

---

① 朱振明. 抗日战争时期的滇缅公路 [J]. 云南社会科学, 1982 (04): 73-81.
② 谢本书, 温美贤. 抗战时期的西南大后方 [M]. 北京: 北京出版社, 1997: 235.
③ 云南省档案局. 抗战时期的云南: 档案史料汇编(上册)[M]. 重庆: 重庆出版社, 2015: 251.

（局）长必须亲临所划定路段督修，滇黔绥靖公署也指派官员到各县（局）进行督办①，以保证建设工程按期完成。

　　滇缅公路西段由下关至滇缅边境的畹町河，全长 547.8 公里，沿途要翻越横断山脉纵谷区的云岭、怒山、高黎贡山等大山，跨越漾濞江、胜备江、澜沧江、怒江等大河。大山巨川连绵不断，海拔起伏很大，每年夏季更有长达 4 个月的雨季，工程艰苦不言而喻②。1938 年 1 月至 8 月是滇缅公路施工的高峰期，全线施工人数平均每天有 5 万多人，最高时达到 20 万人③。滇缅公路的修建对民工而言面临着三大难题：其一，没有相应施工设备，修建困难极大。20 世纪 30 年代的中国施工条件极为落后，再加上滇缅公路沿线的滇西地区更属偏远，不仅没有先进施工手段，连修筑公路的基本机械，如推土机、钻机、压路机等一无所有。滇缅公路的修筑全由民工自带刀锄锤钻完成，肩挑人扛，劳动强度极大④。其二，生活条件艰苦，温饱问题难以解决。参与滇缅公路修建的民工主要来自邻近公路的各县（局）的民族群众，有傣、彝、德昂、布朗、傈僳、阿昌、佤、白、苗、哈尼、怒、独龙、拉祜、汉等民族，路途遥远的需要三五天才能到达筑路工地，还需自带粮食、衣帽、锄头等。工地上没有住房，都是民工自建临时窝棚。冬天高寒山区寒风刺骨，民工风餐露宿，只能烤火取暖度日。夏天河谷地带则炎热难耐，瘴疟为患，恶性疟疾能在几小时内夺人生命，可见条件的恶劣⑤。一些民工不堪忍受劳役，纷纷逃离。保山县长伤天理在给省政府的呈文中说："各区乡镇长，无论如何苦劝严督，而民壮趁冬季瘴轻，潜往佣工避役，纵加处罚，亦无可禁

　　① 贾国雄. 抗战时期滇缅公路的修建及运输述论 [J]. 四川师范大学学报：社会科学版，2000（02）：100－105.

　　② 贾国雄. 抗战时期滇缅公路的修建及运输述论 [J]. 四川师范大学学报：社会科学版，2000（02）：100－105.

　　③ 中国公路交通史编审委员会. 中国公路史：第一册 [M]. 北京：人民交通出版社，1990：297.

　　④ 贾国雄. 抗战时期滇缅公路的修建及运输述论 [J]. 四川师范大学学报：社会科学版，2000（02）：100－105.

　　⑤ 贾国雄. 抗战时期滇缅公路的修建及运输述论 [J]. 四川师范大学学报：社会科学版，2000（02）：100－105.

绝。"① 之后政府为缓解矛盾，由政府拨款每天"补贴二角"。然而，这些"补贴"也大多落入各级官吏私囊。国民党第五战区长官司令部政治部主任给云南省政府的一个报告中说："查近来为便利各部行军与军需运输计，各县多有奉命征工修筑公路之举，唯闻此项征工工程伙食，在省府业已规定数目，而各县政府则以款未请领，密不公布，迨至事过境迁，即私自侵吞中饱，民众未获实惠，以至怨声载道。"② 其三，民工数量不足，疾病事故伤亡惨重。1939 年 6 月，美国人尼克·史密斯与美国驻昆明领事馆领事保罗·梅耶沿滇缅公路到缅甸，记录描述了修路民工"所穿的衣服简直是褴褛不堪"，"有三分之一都患着很重的胫腺肿症"。在一个地方有 300 多名修路工，"最令我们奇怪者，是其中有差不多相等人数的女工"③。由于工作艰辛，加之疟疾的危害，不少民工因此丧生。在 1937 年年底至 1938 年年底的《云南省政府公报》中，每月都有筑路民工死亡的记载④。虽如此，修路的技术人员和广大民工仍忍受艰辛，日夜苦干，抢修公路。大理县中学生、永平县杉阳高小学生，都自愿远道来到工地挖土筑路⑤。他们把修路看作抗日救国的行动，以及无上光荣和应尽的义务⑥。

4　巨大付出与重要贡献

经过 9 个多月的艰苦奋战，1938 年 8 月，滇缅公路中国段全线畅通。滇缅路的筑路大军用最简陋的设备，完成了土方 1100 多万立方米，石方 110 万立方米，小桥 1700 多座和部分路面工程⑦。具体建设成果 1939 年 7 月 15 日

① 参见《云南省政府公报》第十卷第十七期，1938－03－21.

② 参见《云南省政府公报》第十卷第八十期，1938－11－02.

③ 尼克·史密斯，滇甸公路 [M]. 亢德书房，1941：46－47.

④ 朱振明. 抗日战争时期的滇缅公路 [J]. 云南社会科学，1982 (04)：73－81.

⑤ 中国政协西南文史资料协作会. 抗战时期西南的交通 [M]. 昆明：云南人民出版社，1992：91.

⑥ 贾国雄. 抗战时期滇缅公路的修建及运输述论 [J]. 四川师范大学学报：社会科学版，2000 (02)：100－105.

⑦ 中国公路交通史编审委员会. 中国公路史：第一册 [M]. 北京：人民交通出版社，1990：297.

的《云南全省公路总局请接收滇缅公路各段移交工程表册公函》记载:"综计
滇缅公路由昆明起至畹町止,全长959公里360公尺,共有土方19983960立
方公尺,石方1875497立方公尺余,永久式桥梁206座,半永久式桥梁271
座,临时式桥梁59座,石涵洞2198个,木涵洞1114个,石挡墙15堵,铺
路碎石1108739立方公尺余,外建有养路工房11间,路工人员居住瓦房1
所,草房1所,护桥团兵驻扎碉堡4座,排水沟5道,水捲槽2道,过水路
面2处。除令催各段绘呈图表造报决算及呈请云南省政府备案外,相应检同
表册函请贵局查照接收,并冀见覆为荷。"① 英国《泰晤士报》在1938年5月
17日、18日、19日,连续三天发表文章和照片,报道滇缅公路修筑情况,
并感叹:"只有中国人才能在这样短的时间内做到。"完工后的滇缅公路为泥
结碎石面,路面宽度为五至十米。全路大小桥梁三百多座,其中横跨怒江的
惠通桥和横跨澜沧江的功果桥,是当时少有的钢索吊桥。在滇缅公路的全部
修筑过程中,国民党政府共支出九百余万元②。云南地方当局也动用了大笔
款项③。

　　由于施工设备落后、生活待遇差,加之地势艰险、气候恶劣等原因,中
国修路民众付出了惨重的伤亡代价。据1939年12月31日《保山县政府填报
修筑滇缅公路负担工程调查表呈》记载,该县负责"由坡脚起至龙洞止,共
长146公里"的修建,"死亡工人男532丁,女28口。外有征赴芒市民工,
共死亡657人"④。1939年12月30日《盈江设治局填报滇缅公路各县局负担
工程调查表致云南全省公路总局呈》记录,该局负责"由白花洼起至新桥河
止共长10公里"的修建,"死亡工人男156丁、女23口"。⑤ 全程死亡人数近
3000人,其中包括沙伯川、杨汝光、王纪伦、李华、潘志霖、杨汝仁、张文

　　① 云南省档案局. 抗战时期的云南:档案史料汇编(上册)[M]. 重庆:重庆出版社,2015:
255.
　　② 妫立溆. 云南之交通[J]. 经济建设季刊,1943(01—02).
　　③ 朱振明. 抗日战争时期的滇缅公路[J]. 云南社会科学,1982(04):73—81.
　　④ 云南省档案局. 抗战时期的云南:档案史料汇编(上册)[M]. 重庆:重庆出版社,2015:
256.
　　⑤ 云南省档案局. 抗战时期的云南:档案史料汇编(上册)[M]. 重庆:重庆出版社,2015:
257.

远和陈昭 8 名技术人员①。《云南日报》曾以社论《滇缅路修通了》为题报道："曾经有不少的征服自然的男女战士粉身碎骨，血肉横飞，怪可怕的死于无情岩石底下，怪凄惨的牺牲于无情大江之中，还有不少开路先锋则死于恶性疟疾的暴力之下。据大约统计，牺牲于上述种种缘故的男女不少于二三千人。"② 可以说，滇缅公路的高速建成，是云南各族人民和筑路员工的爱国热忱和辛勤劳动的结晶。血肉筑成的滇缅路"是中华民族生存力量的纪念碑"③。

滇缅公路的修建在中国抗战中发挥了巨大作用。其一，改善运输条件，极大地支援了中国军民抗战。滇缅公路的建成通车，使中国在通过缅甸向国内运输物资方面做到了铁路、公路相连接，并与水上交通形成了三位一体的交通体系。在这一体系中，仰光是连接海外的转口枢纽。铁路最北之终点是密支那，在云南腾冲之西北的另一终点是腊戍。腊戍与滇缅公路相连接。水路交通以伊洛瓦底江为唯一通道，可以由仰光，经曼德勒、八莫，到达密支那，然后进入云南。这样，中国从海外进口的物资就有了比较可靠且相对便捷的运输通道④。其二，打破日军封锁，极大地鼓舞了中国军民抗战热情。日本帝国主义在发动军事进攻的同时，占领广州，控制了中国全部出海口。滇缅公路从云南昆明延伸至缅甸的畹町，全长 959 公里，1938 年 11 月全线修通。此后，外国接华武器和军用物资通过滇缅公路源源不断运入中国，每月由此输入中国的物资多达 4000 吨⑤。这些抗战物资的输入不仅宣告日本封锁政策的失败，而且增强了中国抗日的物质力量。此外，滇缅公路"在一定程度上也能鼓舞中国军民的士气"⑥，这对增强中国抗战信念，赢得抗战的最终胜利发挥了重要的历史作用。

---

① 中国政协西南文史资料协作会. 抗战时期西南的交通 [M]. 昆明：云南人民出版社，1992：114.

② 佚名. 滇缅公路修通了 [N]. 云南日报，1938－09－21.

③ 贾国雄. 抗战时期滇缅公路的修建及运输述论 [J]. 四川师范大学学报：社会科学版，2000 (02)：100－105.

④ 崔巍. 国民政府的外交努力与滇缅公路的修建 [J]. 江海学刊，2013 (06)：171－177.

⑤ 萨本仁，潘兴明. 20 世纪的中英关系 [M]. 上海：上海人民出版社，1996：228.

⑥ 刘金源. 滇缅公路危机与中英关系 [J]. 江海学刊，1999 (03)：140－145.

2009 年以来我国西南地方档案
研究的回顾与展望

——以期刊文献为中心

李玥瑾　　杜其蓁

（云南大学历史与档案学院　昆明　650000）

摘　要：本文采用文献计量学相关方法，以万方学术期刊和 CNKI 中国学术期刊数据库为数据来源，对其收录的 2009—2019 年关于西南地区地方档案的研究论文，进行作者、期刊、年度、被引量、基金、主题等方面的分析，根据分析结果总结我国西南地方档案目前研究的不足及对未来的展望。

关键词：地方档案　期刊文献　地方档案学

1　研究概述

本文所指西南地方档案是指四川、贵州、云南、广西四省区（含重庆）在某一特定历史时期、某一特定地域内直接形成的，具有共同主题内容和重要历史价值的原始记录，分为官文书（包括行政文书和司法文书）和私人文书（民间文书，包括契约、账簿、谱牒等）两种类型，通常是以产生、发现地来命名。目前，已经发现的西南地方档案主要包括清水江文书、巴县档案、南部档案、冕宁档案等。本文以万方学术期刊、CNKI 中国学术期刊网为检索

作者简介：李玥瑾（1996—），女，云南昆明人，云南大学历史与档案学院 2019 级档案学硕士研究生，主要研究方向为地方档案、档案保护；杜其蓁（1994—），女，云南昆明人，云南大学历史与档案学院 2019 级档案学硕士研究生，主要研究方向为民族档案、地方档案。

来源，以 2009—2019 年发表在专业期刊的文献为检索范围，以"清水江文书"（包括"锦屏文书""黎平文书""天柱文书""三穗文书""剑河文书""台江文书""岑巩文书"）、"巴县档案"、"南部档案"、"冕宁档案"为检索词，于 2020 年 2 月 5 日实施检索，剔除重复、学术价值低的文献，共得期刊文献 349 篇。

2　研究分析

2.1　作者分布

对 349 篇期刊文献的作者进行分析，根据普莱斯指数定义，我们统计出发表文献最多者为林芊，共计 22 篇，可得核心作者篇数为 $\sqrt{22} \times 0.749 \approx 4$ 篇，则共有核心作者 22 人，具体如图 1 所示。22 位核心作者共发文 151 篇，占发文总数 43.27%，已形成较为稳定的核心作者群。

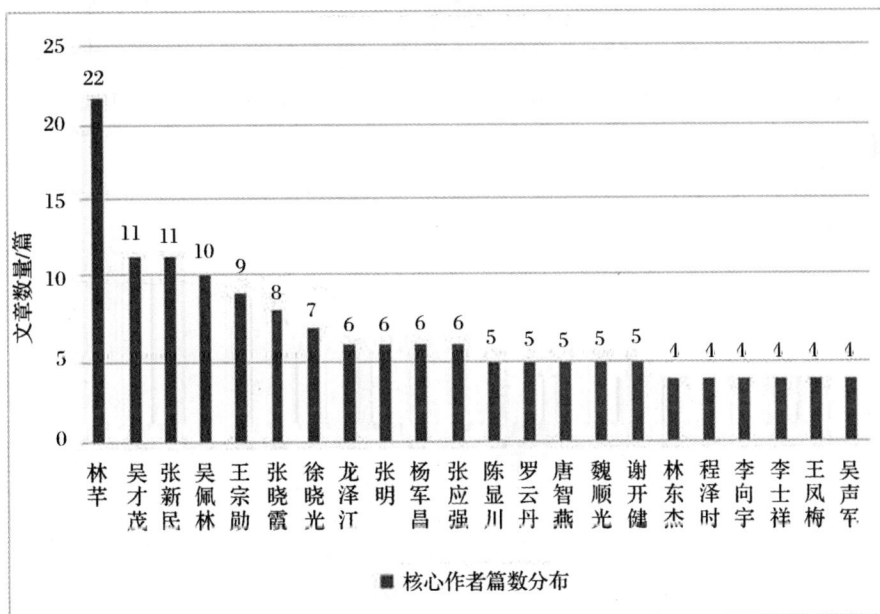

图 1　核心作者篇数分布

2.2　期刊分布

通过对 349 篇文献的发表期刊进行分析，我们统计出高校类期刊共发文 159 篇，占发文总数 45.56％；民族学类期刊共发文 80 篇，占发文总数 22.92％；图书情报与档案类期刊共发文 32 篇，占发文总数 9.17％；法学类期刊共发文 11 篇，占发文总数 3.15％；其他类期刊共发文 67 篇。此外，共涉及 23 种核心期刊，核心期刊发文 46 篇，占发文总数 13.18％。由此可见，对西南地方档案的研究主要集中于民族学、图书情报与档案学、法学方向，主要研究群体为科研能力较高的高校，发文期刊层次较高，研究成果的学术价值较大。

2.3　年度分布

通过对 349 篇期刊文献的发文年度进行分析，我们统计出具体发文情况如图 2 所示，可见西南地方档案的期刊研究可分为两个阶段，2009—2015 年为增长期，发文篇数从 6 篇增长到 50 篇；2016—2019 年为平稳期，年均发文 40 篇。由此可知，西南地方档案的期刊研究从 2009 年开始起步，此后研究成果逐年递增，至 2016 年达到研究成果最高值，研究热度始终居高不下。

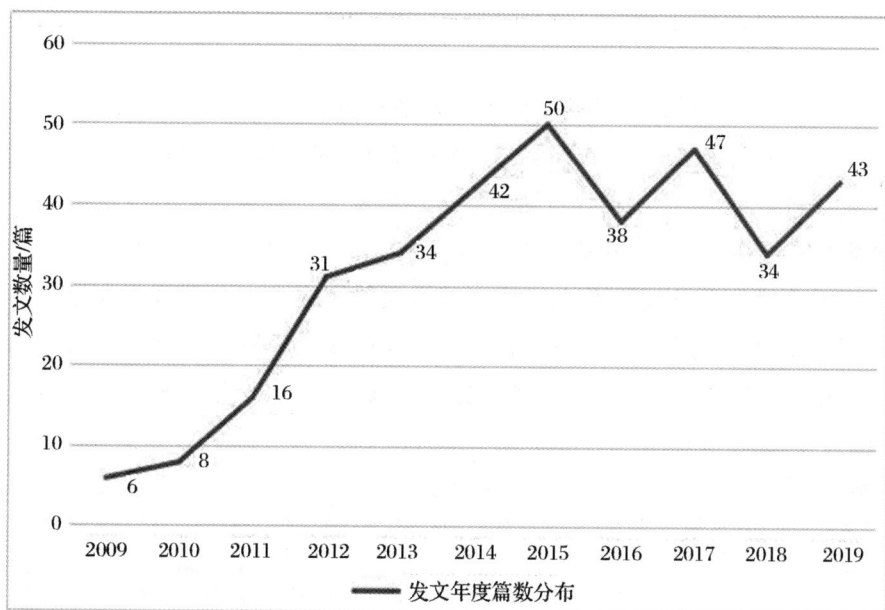

图 2　发文年度篇数分布

2.4　被引量分布

通过对 349 篇期刊文献的被引量进行分析，我们统计出共有 262 篇论文被引至少 1 次，被引率高达 75.07%，具体情况见表 1。

表 1　　　　　　　　　引用量分布

被引量/次	篇数/篇	被引量/次	篇数/篇	被引量/次	篇数/篇	被引量/次	篇数/篇	被引量/次	篇数/篇	被引量/次	篇数/篇
1	63	2	47	3	28	4	34	5	14	6	12
被引量/次	篇数/篇	被引量/次	篇数/篇	被引量/次	篇数/篇	被引量/次	篇数/篇	被引量/次	篇数/篇	被引量/次	篇数/篇
7	10	8	12	9	2	10	8	11	4	12	5
被引量/次	篇数/篇	被引量/次	篇数/篇	被引量/次	篇数/篇	被引量/次	篇数/篇	被引量/次	篇数/篇	被引量/次	篇数/篇
13	3	14	2	15	4	16	1	18	3	19	1
被引量/次	篇数/篇	被引量/次	篇数/篇	被引量/次	篇数/篇	被引量/次	篇数/篇	被引量/次	篇数/篇	被引量/次	篇数/篇
20	4	22	1	26	1	34	1	36	1	53	1

2.5 基金分布

各项基金的资助情况反映了国家及社会对该学术主题的关注程度，对 349 篇期刊文献的基金资助进行分析，涉及国家自然基金及社科基金 40 项，教育部人文社科基金 16 项，省（直辖市）级自然基金、哲学社会科学基金 14 项，省教育厅基金 13 项，高校基金 23 项，其他基金 26 项，共计 132 个项目。其中，国家自然基金及社科基金、教育部人文社科基金具体情况，见表 2，共 56 个项目，占项目总数 42.42%；349 篇期刊文献中有基金资助的文献 249 篇，占发文总数 71.35%，可见西南地方档案的研究一直是国家及社会关注的热点，研究层次较高。

表 2　　　　　　　　　　　　　基金分布

序号	课题类别	课题名称	篇数/篇
1	国家自然科学基金	建构侗族传统知识在森林可持续经营中的作用及政策涵义	1
2	国家社科基金重大项目	清水江文书整理与研究	63
3	国家社科基金重大项目	清代南部县衙档案整理与研究	33
4	国家社科基金重大项目	西南少数民族传统生态文化的文献采辑、研究与利用	12
5	国家社科基金重大项目	健全自治、法治、德治相结合的乡村治理体系研究	1
6	国家社科基金重大项目	中国古代方言学文献集成	1
7	国家社科基金重大项目	中国古文书学研究	2
8	国家社科基金重大项目	黔湘桂边区汉字记录少数民族语言文献分类搜集整理研究	1
9	国家社科基金重大项目	清代南部县衙档案整理与研究	4
10	国家社科基金重大项目	历代孔府档案文献集成与研究及数据库建设	1

续表

序号	课题类别	课题名称	篇数/篇
11	国家社科基金重大项目	全面推进依法治国与促进西南民族地区治理体系和治理能力现代化研究	1
12	国家社科基金重大项目	明清商人传记资料整理与研究	1
13	国家社科基金一般项目	清代苗疆社会转型期理讼研究	3
14	国家社科基金一般项目	西部散存民族档案文献遗产集中保护问题研究	1
15	国家社科基金一般项目	晚明至民国时期内地侗、苗民族地区土地买卖与地权分配研究	22
16	国家社科基金一般项目	近 500 年清水江流域文明发展史研究	4
17	国家社科基金一般项目	苗侗契约文书濒危原件抢救保护研究	1
18	国家社科基金一般项目	锦屏文书数据库建设与村寨原地保护模式研究	2
19	国家社科基金一般项目	清代州县佐杂官与基层社会治理研究	1
20	国家社科基金一般项目	近代民间契约文书方俗字词研究	3
21	国家社科基金一般项目	清水江流域典当文书研究	3
22	国家社科基金一般项目	近 300 年清水江流域林业碑刻的生态文化研究	1
23	国家社科基金一般项目	贵州传统村落民俗数学调查研究	1
24	国家社科基金一般项目	水江文书制度与苗侗族经济发展关系研究	1
25	国家社科基金西部项目	清水江流域土地契约文书研究	2
26	国家社科基金西部项目	贵州锦屏文书研究	4
27	国家社科基金西部项目	中国古代容隐制度研究	1
28	国家社科基金西部项目	清代四川地区刑事司法制度的变迁与演进	1
29	国家社科基金西部项目	清代至民国清水江流域林业契约文书研究	2
30	国家社科基金西部项目	贵州锦屏文书研究——以清代黔东南苗、侗族土地契约、文书研究为中心	2

续表

序号	课题类别	课题名称	篇数/篇
31	国家社科基金西部项目	清至民国清水江流域抄本、刻本文献语言研究	1
32	国家社科基金西部项目	西部民族地区城镇化建设与民生改善调查研究	1
33	国家社科基金青年项目	清代黔东南苗族妇女的婚姻与生活研究	2
34	国家社科基金青年项目	湘黔桂边区侗族聚落遗存与文化生态变迁研究	1
35	国家社科基金青年项目	清代州县档案中的市场、商人与商业制度研究	1
36	国家社科基金青年项目	清代巴县婚姻档案研究	5
37	国家社科基金重点项目	黔桂界邻地区少数民族石体资料的搜集、整理与研究	1
38	国家社科基金重点项目	中国少数民族文化生态研究	1
39	国家社科基金重点项目	中国集体林权改革研究	1
40	国家社科基金后期资助项目	清代手写文献之俗字研究	2
41	教育部人文社科项目	清水江流域林木生产的社会规约研究	1
42	教育部人文社科项目	清代贵州清水江流域田册整理与研究	1
43	教育部人文社科项目	锦屏文书的人类学研究	1
44	教育部人文社科项目	锦屏文书计量史学研究	2
45	教育部人文社科项目	清水江流域宗族关系文书研究	4
46	教育部人文社科项目	清水江文书词汇研究	1
47	教育部人文社科项目	近代民间契约文书词汇研究	1
48	教育部人文社科项目	协商与日常：清代以降贵州天柱苗、侗族地区民间契约文书的调查与研究	5
49	教育部人文社科项目	清代基层组织对乡村的管理研究——以《南部档案》为中心	1

序号	课题类别	课题名称	篇数/篇
50	教育部人文社科项目	贵州少数民族地区珍稀佛、道教资料的收集、整理与研究	1
51	教育部人文社科项目	清代地方民事纷及其解决——以清代四川地方档案为中心的研究	1
52	教育部人文社科项目	陕西社德寺塔出土文献研究	1
53	教育部人文社科项目	清代中期坟产争讼问题研究——基于巴县档案为中心的考察	5
54	教育部人文社科项目	山地与江河之间——清代以来贵州东南清水江都柳江流域的开发与人群	3
55	教育部人文社科项目	山地、流域与族群社会：西南民族地区的生态、文化多样性与社会变迁研究	3
56	教育部人文社科项目	巴蜀民俗节庆演剧研究	1

3　研究主题

　　地方档案不但是记录地区人民生活的真实写照，更是社会发展变迁不可替代的记录和见证，形式丰富，内容多种多样，具有极高的学术价值和社会价值。本文按照研究主题对 349 篇期刊文献进行简单的归纳整理，可分为 5 类，具体见表 3。

表 3　　　　　　　　　　　　主题分布

主题	篇数/篇	占比率
资源建设	18	5%
保管保护	13	4%
开发利用	7	2%
史料研究	278	79%
其他	33	10%
总计	349	100%

3.1 资源建设

资源建设是档案工作的基础，本次共检索到 18 篇相关文献。例如，王勇将清水江文书的常见校改格式做了总结和说明，并对其他文献中出现的错误进行了更正[1]，为清水江文书的释读和整理工作打下了坚实的基础；张新民认为国家应当将清水江文书的整理作为一项系统工程，形成相应的成果和著作，并主张将归户性特征运用到文书整理中来[2]。

3.2 保管保护

保管保护是档案工作的基本要求。本次检索到的 13 篇保管保护文献的研究对象都是清水江文书，如华林提出要将清水江文书统一由国家综合档案馆集中进行保管和保护，这无论是对于已经破损的档案的修复还是对于档案的日常保护工作均有利[3]；鉴于清水江文书大部分是契约类文书，且一部分尚可继续作为凭证使用，收集起来集中保管较为困难，为此龙泽江、曾羽提出建立村寨原地保护模式，既能缓解文书收集的困难，也便于民间继续利用[4]。

3.3 开发利用

开发利用是档案工作的最终目的。本次检索到的 7 篇开发利用文献仅涉及清水江文书，且内容仅有档案全文数字化、数据库建设两个方面。例如，最早提出将清水江文书进行数字化的龙泽江、罗康智，他们明确提出要建立锦屏文书数据库，并就建立数据库的意义、建设内容，以及建设的关键问题

① 王勇. 清水江文书校改格式与清水江文书整理 [J]. 安庆师范大学学报：社会科学版，2019，38（05）：28—34.
② 张新民. 清水江文书的整理利用与清水江学科的建立：从《清水江文书集成考释》的编纂整理谈起 [J]. 贵州民族研究，2010，31（05）：48—53.
③ 华林，杜昕，王逸凡，等. 清水江文书国家综合档案馆集中保护问题研究 [J]. 档案学研究，2015（02）：62—65.
④ 龙泽江，曾羽. 锦屏文书保护现状、困境与出路 [J]. 兰台世界，2011（08）：38—39.

都作了说明①；王英学对清水江文书文献数字化的著录标准和原数据设计标准进行了统一的规范②。

3.4　史料研究

西南地方档案涉及土地契约、谱牒、司法文书、官府文书等多方面内容，对法律史、经济史、民俗史、社会史、语言史等历史研究具有重要的参考意义。本次检索共有 278 篇文献对史料进行了多角度研究，如在法律史方面，汪雄涛介绍了清代纠纷解决机制，解说了由国家个人共同构成的"压抑型诉讼"③；在经济史方面，龙泽江对清代贵州苗族、侗族地区货币流通中的银两成色、平砝标准和银钱比价关系等问题进行了说明④；在民俗史方面，罗云丹通过研究清水江文中的婚姻文书，归纳总结出了清代及民国时期天柱、锦屏民间的婚姻习俗⑤；在社会史方面，林芊根据水江土地契约文书（天柱卷）中所反映的乾隆年间凸洞侗族地区土地产权转移情况，分析研究出当地的社会状况⑥；在语言史方面，唐智燕对一些不常见的俗字进行了释读⑦。

3.5　其他

除以上主题外，西南地方档案还包括其他零散研究。例如，吴才茂⑧梳理了清水江文书发现、命名的过程，将文书研究分为了初步研究和深入研究阶

①　龙泽江，罗康智. 关于建立锦屏文书数据库的思考 [J]. 凯里学院学报，2010，28（02）：119－121.

②　王英学. 清水江文书数字对象描述元数据设计及著录规范 [J]. 原生态民族文化学刊，2015，7（03）：59－62.

③　汪雄涛. 清代州县讼事中的国家与个人：以巴县档案为中心 [J]. 法学研究，2018，40（05）：171－188.

④　龙泽江. 从清水江文书看清代贵州苗侗地区货币流通中的几个问题 [J]. 贵州大学学报：社会科学版，2013，31（02）：68－72＋99.

⑤　罗云丹. 从清水江文书看清代及民国时期天柱、锦屏民间的婚姻习俗 [J]. 原生态民族文化学刊，2018，10（04）：41－48.

⑥　林芊. 从清水江文书看近代贵州民族地区土地制度：清水江文书（天柱卷）简介 [J]. 贵州大学学报：社会科学版，2012，30（06）：70－79.

⑦　唐智燕. 清水江文书疑难俗字例释（一）[J]. 原生态民族文化学刊，2014，6（03）：25－30.

⑧　吴才茂. 近五十年来清水江文书的发现与研究 [J]. 中国史研究动态，2014（01）：39－52.

段，并对清水江文书未来的研究提出了展望；舒彩前在基础理论层面对清水
江文书进行了概念界定，对概念的内涵外延都进行了详细的研究，并提出了
目前研究还需要解决的问题①。

4　研究特色

4.1　研究领域涉猎广泛

在目前对西南地方档案的研究中，史料研究占据了研究成果的大部分，
共 278 篇，涉及经济史、法律史、民俗史、语言史、社会史等门类，占文献
总数 80％；档案学方面的研究，共 38 篇，占文献总数 11％。西南地方档案
研究涉及领域之广、成果之丰硕可见一斑。

4.2　民间文书势头正盛

在本文所研究的西南地方档案中，官文书有南部县衙档案、巴县档案和
冕宁档案，民间文书有清水江文书（包括锦屏文书、黎平文书、天柱文书、
三穗文书、剑河文书、台江文书、岑巩文书）。在研究成果中，民间文书 243
篇，官文书 106 篇，民间文书占总数的 70％；在 56 个基金项目中，民间文书
相关项目共 48 个，占到了 86％；在档案学 38 篇研究成果中，民间文书的研
究成果有 37 篇，占到了 97％。由此可见，民间文书的研究已远超官文书，成
为西南地方档案研究的主要方向。

4.3　清水江学呼之欲出

自敦煌文书、徽州文书、黑水城文书发现以来，学界涌现出了大量的研
究成果，且分别形成了与之对应的敦煌学、徽学、黑水城学（西夏学）。在本
次分析的文献中，清水江文书的研究文章达到了 244 篇，已经初步具有了一
定的规模，形成了一定的体系，且有继续扩大的势头，基本具备了形成一门

---

① 舒彩前. 清水江文书概念考析［J］. 贵州大学学报：社会科学版，2017，35（02）：35－39.

新学科的基础条件，清水江学的建立既是清水江文书研究的大势所趋，也是档案学发展的必然要求。

5　研究不足

5.1　档案界参与度不够

在 349 篇西南地方档案文献中，档案学方面文章只有 38 篇，占所有文章的 11%，远低于史料研究的 278 篇。档案学本应该是研究西南地方档案的众多学科中的主力军，但由统计的数据可以看出，档案学研究的参与度并不高，成果不多，且大多数文章并没有对上述几种西南地方档案进行深层次的研究探讨，无论是资源建设、保管保护，还是开发利用，都没有形成系统全面的成果，地方档案研究缺乏统一的研究范式。

5.2　研究对象不尽均衡

在本次研究的西南地方档案的四个对象中，关于清水江文书的共 244 篇相关文献，占到了总量的 70%；南部档案共 60 篇，占 17%；巴县档案共 42 篇，占 12%；冕宁档案共 3 篇，占 1%。由此可见，四种地方档案的研究极不均衡，清水江文书研究一家独大，冕宁档案研究则鲜有问津。

5.3　开发利用墨守成规

目前，西南地方档案的开发利用和研究主要围绕传统的开发利用方式即开展档案编研，除清水江文书有关于数据库建设的研究外，其他三种档案都没有提出创新性建议，冕宁档案研究文献甚至没有涉及开发利用。在重藏轻用思想逐步消失的今天，陈旧的方式对于地方档案的开发利用极其不利。

6　研究展望

当今科技的发展日新月异，地方档案的开发利用方式也应该与时俱进，越来越多的新技术、新平台，无论是各种形式的新媒体、VR 技术、3D 全息投影技术，还是已经开始逐步商用的 5G，都为档案的开发利用带来了无限的可能，档案人只有积极探索适宜的方法和技术，不再墨守成规，地方档案才能够焕发新的生机。

越来越多地方档案的发现，越来越多研究成果的发表，都标志着地方档案已经成为档案学界研究的重要组成部分，将地方档案学作为一门单独的学科加以建设已经迫在眉睫。如此，地方档案的研究才能够更加系统、更加有效地进行，学术资源的平衡分配、研究成果的提炼升华，才能使学科统筹发展。

【档案学教学改革】

基于微信公众平台的档案学专业本科课程互动式教学模式探析

曹　玉　魏莹莹

（天津师范大学管理学院　天津　300387）

摘　要：微信公众平台已成为国内主流社交平台之一，如何借助微信公众平台整合教学资源，创新教学形式，丰富教学内容，实现教与学的有效互动是本文研究的重点问题。本文采用案例分析法，对天津师范大学"与档同行"微信公众平台的目标定位、菜单设置与运行模式进行分析，挖掘微信公众平台应用于档案学专业本科教学中所体现的形式、内容与情感三个层面的互动价值。

关键词：微信公众平台　档案学专业课程　互动式教学　教学模式

微信公众平台，同知乎、QQ空间、微博、博客等社交平台共同作为当今主流的自媒体行为空间，各个社交平台有其特有的功能和特点，其中微信公众平台以"圈"为活动范围进行一对多的自媒体行为。基于微信的便捷、易操作、费用低等优势，各行各业利用微信公众平台开启了宣传推广模式，政府机关、企事业等单位也开通了微信服务，截至2018年12月，微信城市服务累计用户达5.7亿个①。目前，全国共有142个档案微信公众号，创建主体包括全国各级各类档案机构、企事业档案管理部门、高校档案学专业等。对于档案学专业本科教学而言，"圈"内的知识共享可实现专业内容在一定范围

作者简介：曹玉（1986—），女，管理学博士，天津师范大学管理学院讲师，主要研究方向为档案管理伦理、档案服务；魏莹莹（1999—），女，天津师范大学管理学院本科生。

①　中国互联网络信息中心．第43次《中国互联网络发展状况统计报告》[R]．2019年2月．

内的分享交流。本文以天津师范大学"与档同行"公众号为案例,分析其目标定位、菜单设置及运行模式,并在此基础上总结微信公众平台应用于档案学本科教学的互动性价值体现。

1 档案学专业微信公众平台开设现状

2014年6月2日,中国人民大学档案学专业团队"档案那些事儿"微信公众平台的开通,开启了档案学专业开设微信公众平台的尝试。近五年来,多所高校档案学专业(各高校专业名称设置略有不同,以下泛称为"档案学专业")陆续以团队或个人名义开设了微信公众平台。

1.1 档案学专业微信公众平台开设概况

笔者采用访谈法,选择目前国内设有档案学本科专业的33所学校的学生代表进行调研,访谈主要内容包括档案学专业微信公众平台的开设与运行情况,以及学生在微信公众平台的参与度等情况。同时,笔者通过关注已开设的微信公众平台,分析其菜单设置和教学相关文章的推送情况。

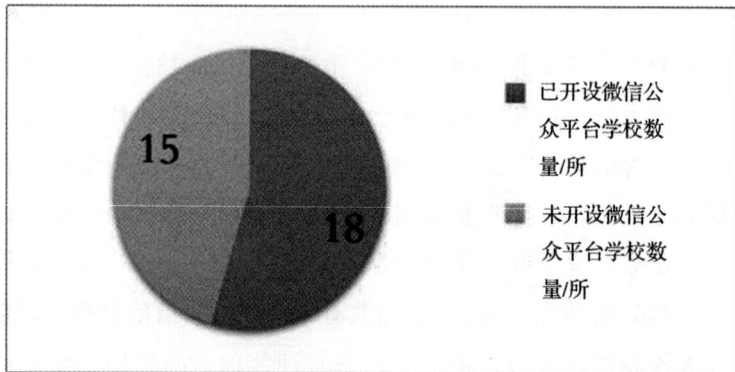

图1 以档案学专业或专业课程为依托的微信公众平台开设情况

如图1所示,在目前国内33所设有档案学本科专业的学校中,18所学校档案学专业开设了微信公众平台,其中山东大学档案学专业开设了两个微信公众平台,即"山大文秘档案学系"与"兰台之声",前者作为山东大学档案学专业的官方微信公众平台，后者则是更为亲近学生的互动平台。四川大学档案学专业"未来档案员"，以"档案学概论"课程为依托，虽然该平台并非以专业为基础，但因其与档案学专业课程的高度结合，故将其统计在调研结果中。

1.2　档案学专业微信公众平台菜单设置

在菜单设置方面（见表1），各微信公众平台结合自身实际情况、实际需求进行设置。其中，"时光特工""山大文秘档案学系""未来档案员""现代柱下使"尚无具体菜单设置。其他15个微信公众平台普遍设有专业介绍、专业文化等宣传类菜单，也有关于资讯报道类菜单，另有特色类菜单，如"苏大图情档"的特色专栏、"档案之音"的档案诗歌等。具体到与课程相结合的菜单设置，有"与档同行"的特色课堂、"档案黑帮"的本硕教学、"云大情报与档案"的本科教学、研究生家等。

表1　　　　　　已开设档案学专业微信公众平台的菜单设置

序号	学校名称	公众平台名称	菜单设置
1	中国人民大学	档案那些事儿	知识传播、档案宝库、联系我们
2	北京联合大学	联大档案	招生信息、往期精选、赴美交流
3	河北大学	时光特攻	未划设具体模块
4	天津师范大学	与档同行	天师档案、特色课堂、兰台时讯
5	吉林大学	遇见兰台	学科介绍、学术交流、学生活动
6	黑龙江大学	档案黑帮	专业概况、本硕教学、教研科研
7	郑州大学	档案零距离	栏目组、互动交流、联系我们
8	郑州航空工业管理学院	档案图志	关于我们、共建知识
9	山东大学	山大文秘档案学系	未划设具体模块
		兰台之声	学术在线、原创精选、走进兰台
10	上海大学	上海大学图书情报档案系	L－I－A、党团学、百宝箱
11	上海师范大学	吾观档案	往期精彩、关于我们
12	四川大学	未来档案员	未划设具体模块

序号	学校名称	公众平台名称	菜单设置
13	苏州大学	苏大图情档	信息速递、特色专栏、关于我们
14	扬州大学	兰台小子	兰台资讯、友情链接、扬州记忆
15	湘潭大学	湘大档案君	在湘大、学档案、回顾
16	云南大学	云大情报与档案	本科园地、研究生家、系情介绍
17	西北大学	现代柱下使（试运行）	未划设具体模块
18	贵州师范学院	档案之音	档案诗歌、档案与我

1.3　档案学专业微信公众平台教学互动

据笔者通过对上述 19 个微信公众平台推文情况的总结来看，除"未来档案员"结合课程推送多篇文章并获得较高的阅读与点赞量外，目前已开设的微信公众平台与专业课程的互动性较低，多所学校开设的微信公众平台推送资讯类、报道类、介绍类、宣传类推文较多，与课程或教学相关的推文较少。其中，"档案那些事儿"推送的有关电子文件管理、归档、保存和现代企业档案管理等涉及教学内容的文章阅读量平均在 2500＋；"联大档案"推送的"我们的古籍修复课"阅读量达到了 400＋；"档案零距离"推送的关于档案装订、走进档案实验课等有关教学的文章阅读量平均 300＋；"档案图志"推送的关于档案鉴定、利用、编研等有关档案管理教学的内容阅读量均在 200＋；"兰台小子"推送的"档案实体管理学习心得"阅读量 110＋；"与档同行"推送的教学类文章相对较多，阅读量均在 100＋；"云大情报与档案"推送的关于电子文件管理和档案管理系列文章，平均阅读量在 100 左右。

1.4　档案学专业微信公众平台师生互动

笔者通过对已开设微信公众平台的档案学专业在校生访谈获悉，部分微信公众平台与学生之间的互动效果并不是很好，以学生为主体运行专业微信公众平台的高校相对较少。"档案那些事儿"在全国范围内招募团队成员，学生在此平台上能够得到诸多锻炼与提高的机会；"兰台之声""时光特工""兰台小子""与档同行"的运行主体为本专业学生团队,学生互动性较高;"档案黑帮""档案之音""未来档案员""苏大图情档""档案零距离""吾观档案"推送的内容多为学生原创,学生间互动较好。

综合目前19个微信公众平台的整体运行、推送内容与推送频率来看,"档案那些事儿"推送国内外档案界第一手资料,为全国的档案学专业学生提供了发展的空间。"时光特工"的"档案新闻①+①"极具特色,截至2019年6月27日已推送88期资讯,帮助档案学人掌握档案实践领域的新鲜资讯,同时也增强了河北大学档案学专业学生的资讯获取与新闻解读能力,提高了学生的专业敏锐性。"未来档案员"推送时间集中在每年年末,内容以面向档案未来的设计为主,为学生开辟了创新思维的想象空间,提高了学生的专业兴趣。"档案零距离""与档同行"的推送频率较高,以学生原创、专业实践、第二课堂等内容为主,在激发两校学生的主观能动性的同时,强化学生的专业素养。另外,有多个微信公众平台在宣传专业文化方面具有较强的优势。

2　微信公众平台应用于教学的案例剖析

事实上,部分已开设的微信公众平台也存在活跃度低、推文频率低等现象,甚至出现"僵尸号"。笔者通过将其与运行较好的微信公众平台对比发现,"僵尸号"普遍存在目标定位过于单一、运行团队力量不足、运行模式有待规范等问题。下文重点分析天津师范大学档案学系(以下简称我系)"与档同行"微信公众平台(已定的 Where)的目标定位、菜单设置与运行模式三个方面。

2.1　微信公众平台目标定位

笔者认为,专业微信公众平台的目标定位从其推送内容及分享范围来看,可划分为三个层次。第一层次,文化宣传平台。推送关于专业、师资等介绍类的推送内容,让更多的人了解本校本专业,提高专业知名度与认可度,起到对外推广的作用。第二层次,资源共享平台。推送有价值的本专业及学界与业界动态资讯或原创文章,实现专业知识共享,加强专业内的主体交流。

第三层次，记忆珍存平台。用于存储学生在校期间的活动、体会等记忆内容，增强在校生的存在感，以及毕业生的归属感。

"与档同行"开设于 2017 年 9 月 20 日，开设的初心定位于第二层次，即资源共享平台。为了给学生提供一个共享交流空间，提高学生专业知识的获取与写作能力，增加不同年级学生之间的互动性与凝聚力，我系组建跨年级专业团队，发布学生关心的热点问题。经过半年的发展，我系将微信公众平台的目标定位推向第三层次，即记忆珍存平台，推送内容不再局限于专业相关内容，增加以班级为单位的活动播报，试图将学生在校期间的生活、学习、实践相关内容均珍藏于此平台中，为学生留存在校记忆。在此过程中，"与档同行"间接收获了第一层次文化宣传的效果，关于专业介绍的内容于建号八个月后正式推送。

对于专业公众号而言，如果只是将目标定位于文化宣传这一基础层面，那么宣传的内容是有限的，因而推送的内容、推送的频率也必定是有限的，久而久之，将导致微信公众平台长时间无内容可推，"僵尸号"便会出现。"与档同行"将发展目标定位于资源共享与记忆珍存，这样在确保有内容可推的同时，更是提高了学生的专业素养与专业适应性。

2.2 微信公众平台菜单设置

根据上述目标定位，"与档同行"分别创建介绍宣传类、课程互动类、课程实践类三个一级菜单，十四个二级菜单（见表 2）。

表 2　　　　　　　　　　"与档同行"微信公众平台菜单设置

一级菜单	二级菜单	具体内容
天师档案	专业介绍	介绍有关专业概况、师资力量、培养方案、专业发展等
	教师专栏	本专业老师通过接受采访、撰写文章等不同方式，讲述老师们的心灵感悟，以及对学生的寄语等
	团队风采	介绍公众号团队的基本情况、发展情况及团队成员
	校友心声	校友分享各方面经验及个人专业文章的发布
	投稿须知	关于投稿到公众号的相关要求、审稿流程及投稿方式等
特色课堂	兰台新语	学生原创的专业相关文章
	编纂成果	"档案文献编纂"课程实践成果展示
	外档新知	介绍国外档案管理特色和国外知名学者
	课堂内外	学生对创新课堂的习得与感悟，以及对实践课的经历分享
	蒋道理	系主任专栏
兰台时讯	资讯速递	转载国内外学界与业界的实时资讯，以及本系学生通过采访或搜集等形式获取的、对本系学生发展有价值的信息
	动态播报	档案学系专业活动、学生活动等动态的报道
	节日档案	从档案史料中挖掘节日背后的故事，以及节日往事等
	蠹鱼读书	档案学系蠹鱼读书会专栏，分享读书会成员们的读书心得

"与档同行"的"天师档案"一级菜单主要介绍本专业、公众平台团队及校友等宣传类内容。与第一课堂相结合的有"兰台新语""编纂成果""外档新知""资讯速递"四个二级菜单，其中"兰台新语"除推送学生自主原创文章外，还推送"专门档案管理"与"档案法规专题"两门课程的优秀结课论文；"编纂成果"大都推送"档案文献编纂"课程编纂实践成果与档案文献编纂实践心得；"外档新知"展示的是"档案学专业英语"学生课堂展示成果的后期制作；"资讯速递"与"档案信息检索"课程相结合，由学生检索国内外新鲜资讯，并进行解读，任课老师从中挑选出有分享价值的新闻进行整合推送。

创新课堂感悟、翻转课堂体会和实践课程总结等推文集中在"课堂内外"菜单。与第二课堂相关的内容，如"蠹鱼读书"为我系读书会专栏；学术讲座、经验交流、专业指导、学生活动、科研活动、参会感悟等与我系师生活动相关报道内容通过"动态播报"进行推送。另有"节日档案"与"蒋道理"两个常设菜单。通过对微信公众平台菜单点击数据分析可以看出，五个与课程相关的菜单点击量处在中上点击次数段（见表3），可见，"与档同行"课程类菜单设置效果相对较好。

表3　　　"与档同行"菜单分析（2019－03－01 至 2019－06－24）　　　单位：次

一级菜单	二级菜单	菜单点击次数	菜单点击次数	人均点击次数
天师档案	教师专栏	52	43	1.21
兰台时讯	资讯速递	47	45	1.04
特色课堂	蒋道理	44	35	1.26
天师档案	团队风采	39	35	1.11
特色课堂	兰台新语	36	30	1.20
特色课堂	编纂成果	35	32	1.09
特色课堂	课堂内外	33	28	1.18
兰台时讯	动态播报	33	29	1.14
兰台时讯	节日档案	27	20	1.35
特色课堂	外档新知	26	23	1.13
天师档案	专业介绍	22	21	1.05
天师档案	校友心声	17	16	1.06
天师档案	投稿须知	13	12	1.08
兰台时讯	蠹鱼读书	11	10	1.10

2.3　微信公众平台运行模式

2.3.1　运行主体方面

"与档同行"拥有一支25人左右的学生团队负责该微信公众平台的日常运行，团队成员主要来自我系大一、大二、大三的学生。一方面，"与档同行"采取学生社团式的分组模式，分为稿件部与后台部两个大组（如图2所示），稿件部由文稿一组、文稿二组、采访组、资讯组构成，稿件部由图片组和排版组构成；另一方面，社团式的管理模式较为灵活，学生可根据自己的兴趣和时间安排自愿加入或离开团队。大一新生对专业知识了解较少，文稿部的新生通常会安排在资讯组，新生通过检索、阅读、理解档案界的新闻动态更好地了解档案学专业，在能力得到提高后，可调入其他小组。大二学生为中坚力量，大三学生主要起到引导和带动的作用。

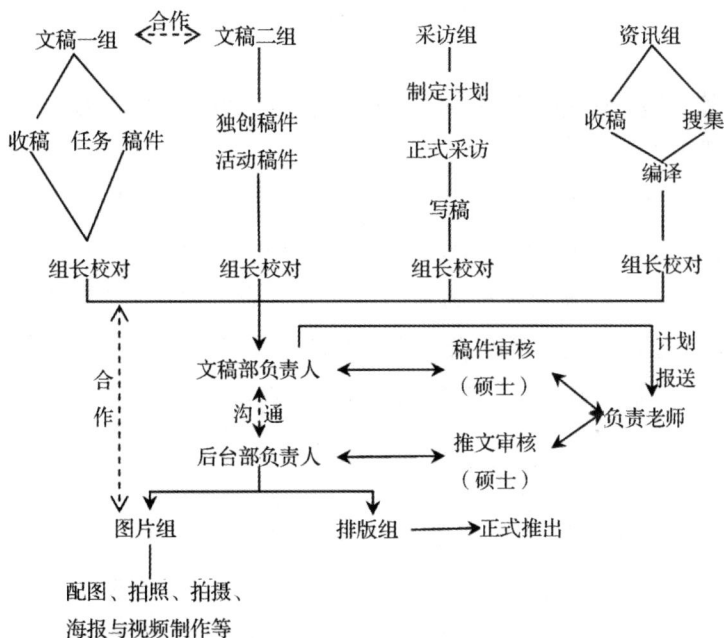

图2　"与档同行"团队分工合作与流程管理图

2.3.2　运行管理方面

首先，建立规范的日常管理制度，它包括团队建设、团队文化、分工合作、例会、请假、交接等多方面。其次，"与档同行"在推文时间、报送推文计划时间及换届交接时间三个点上均有明确的时间管理安排。再次，在流程管理上（如图2），每个小组、每个环节都有清晰的方向，以保证稿件质量。最后，在运行机制方面，"与档同行"坚持团队合作，虽然各个小组分工不同，但在举办活动、任务匹配等情况下会实行组间合作，其中图片组几乎要与所有小组进行合作。信任机制与激励机制主要作用于教师与学生之间，教师在团队整体运行中起到宏观指导作用，给予学生充分的信任和必要的激励，在发挥学生潜力的同时，也能够增强学生的自信心。

合理的运行团队和规范化的运行方式，能够保证微信公众平台长久持续的运营，避免"僵尸号"出现。社团管理模式更符合学生流动性的需求，在建设专业团队同时也能够提高本专业学生的归属感，提升其对专业的兴趣。序化的运行方式彰显团队的严格，从某种程度上约束当代大学生的拖延问题，起到督促的作用，从而提高学生学习、工作效率。

3　微信公众平台应用于教学的互动价值体现

"教育的过程是教学相长的过程，是教师的'教'与学生的'学'相互碰撞与融合的过程。因此，所谓的教学是教学过程中教师与学生开展互动的行为方式的总称。"[①] 在新媒体较为盛行的时代，教师的"教"与学生的"学"均需作出时代性的转变，微信公众平台应用于教学可以实现教与学在形式、内容、情感三个层面的互动，为教与学注入新鲜的活力。

3.1　创新双主体教学的形式互动

"教学"既可以作为一个动词，指代教师的授课过程，也可理解为"教"与"学"两个动词，即教师的教与学生的学。因此，教学是两个主体间的相互作用，然而，在现代教学体系中仍然重教法轻学法，即使利用新媒体进行教学改革，如慕课，更多的是实现课程资源的跨时空共享，在授课方式与互动形式上做了调整，但并没有改变学生"听讲"的本质。微信公众平台从其推送结果来看，虽然仍为文字、图片、音频、影像这样的传统形式，但从将课程与推送相结合的运行管理过程来看，教师与学生在教与学的过程中发生了形式上的互动转变。

---

① 张宁，赵国俊，张斌. 对我国档案学专业创新人才培养教学环节的思考 [J]. 档案学通讯，2015（3）：65－68.

3.1.1　教师主体的角色在此过程中由讲授者转变成了课程设计者

以笔者所讲授的四门专业课程为例，平时分设置相对复杂，在课程设计上采用多种形式，如相对传统的 PPT 讲授、视频教学、课后作业、报告展示等，在传统教学方式中，仅有较为优秀的报告展示可转化为成果进行推送，效果一般。互动形式授课，如热点讨论、案例讨论、辩论会、互动游戏等，以及翻转课堂形式的情景模拟、论证会、讲解员、小剧场等，学生可将新形式的课堂体验与收获，针对主题问题的个人看法转化为成果进行推送，效果较好。

3.1.2　学生主体的角色在此过程中由学习者转变成了课程参与者

"所谓研究型课程，不是指老师们是如何围绕某一课程开展研究活动的，而是指如何让课程的内容变成教师与学生共同的研究主题，在教学过程中，将教与学都变成一种互动式研究行为加以展开。"① 学生对于时代敏感信息的获取能力要强于教师，并且能够从学生群体本位出发思考问题。在教学过程中，教师可以作为引导者，结合课程设置主题，交由学生设计具体互动形式，使其在娱乐中掌握知识要点，在兴趣中学会专业知识，进而再借助微信公众平台的展示增强学生的专业自信。

3.2　巩固课上与课下的内容互动

上文提到笔者在所讲授的课程中会增加与学生的互动性内容，但课堂互动效果并不理想，通过笔者与我系学生课下交流得知，大部分学生对于老师设置的问题会用心思考，但部分学生对自己所查找的资料、所总结的内容及自己的观点不自信，进而出现互动胆怯，还有部分学生羞于在同学们面前做"勇者"。微信公众平台可以改变学生课上互动的形式，鼓励学生将课上讨论问题的观点或所学内容以实名或匿名的形式在网络空间上加以表达。当学生的推文得到老师的肯定，同学的点赞后，自信心会极大地增强，最终实现课堂上下都能够很好地阐述自己的观点，形成教师所授内容与学生所学内容的

---

① 张宁，赵国俊，张斌. 对我国档案学专业创新人才培养教学环节的思考［J］. 档案学通讯，2015（3）：65－68.

良性互动。

"新媒体的互动与社群属性有效支持互动式教学，促进教学过程中主客体关系的转化，使得学生对所学习与获取的内容能以主体角色予以呈现以及传播。"① 正如上文提到的，教师如果是课程教学的设计者及课程内容获取的引导者，那么学生则成为知识获取的主体角色，学生与教师进行无声的知识互动交流，启发教师深入细致地思考学生的问题或建议，在这个过程中教师成为知识的吸收者，这种参与式的专业课程教学，解决了部分课程课堂教学的被动与互动有限的问题，在这种打破时空界限的互动交流中，教学内容得到逐步深化。

加强第一课堂内容与第二课堂内容的互动。其一，借助微信公众平台团队的力量，整合课程资源，创办多种形式的第二课堂，如我系的创新团队、经验交流分享会、读书会、科研兴趣小组等。其二，第二课堂相比第一课堂，表现出更加开放、有趣、自由的特点，学生结合自己的兴趣爱好选择性地加入某第二课堂，没有过多的强制性和约束性，而且规模较小，满足学生自由表达的愿望。专业第二课堂在某种程度上可看作是第一课堂的延伸，用以巩固第一课堂内容；第一课堂为第二课堂提供基础性专业内容，两者相互促进，以实现学生对专业知识的吸收与理解。

3.3　增强多主体之间的情感互动

在教学过程中，教育工作者常常强调因材施教、个性化满足等教学理念，但面对个性迥异的学生，如何才能真正做到因材施教才是理念提倡背后所要解决的问题。微信公众平台的开设，为教师与学生搭建了良好的互动空间，无论从第一课堂还是第二课堂建设来说，学生有自主权利选择感兴趣或与自己发展相关的平台，也可以通过文字的形式抒发自己的所感所想，甚至可以直接参与到课程设计中，以适应学生对学法的需求，提高学生对教学的满意度。良好的情感互动，有助于学生感受到专业温暖，在这样的情感互动驱使

---

① 周文泓. 新媒体背景下档案课程教学优化策略探究：基于四川大学"未来档案员"项目的案例分析 [J]. 档案学通讯，2009 (1)：107－112.

下，缩短师生之间的距离感，教师的教学质量与学生的学习收获均能得到
提升。

　　情感互动还体现在不同年级学生之间。在传统模式下，多以班级为单位
设置课程或开展活动，跨年级的同学很少有沟通的机会。微信公众平台的线
上内容分享，使学生可以跨越年级讨论问题，拉近学生彼此间的距离，在创
新项目等学生课题申报时，更好地组建跨年级团队，合理分工，有效合作。
另外，毕业生与在校生的情感也能实现良好互动，"与档同行"设置了"校友
心声"专栏，目的是为了校友能够通过主动或被采访的形式将工作后的经历
与感悟传递给在校生。在校生对于未来是充满好奇，也是带有迷茫的，校友
的榜样力量对学生起到激励与促进的作用。

　　此外，学生还会将其情感通过文化创意产品设计的形式展现出来，如我
系一名大三学生将其对档案学专业由未知懵懂到颇为喜爱再到严谨认知的心
理变化过程，调制成由木香、花果香、木花果混合的三层香，并取名为"闇
（音同'案'）香"。情感对于具有社会属性的个体而言，是较为有效的催化
剂，情感互动能够化解矛盾，增强个体之间的信赖度，促进团队合作。

4　结论

　　通过"与档同行"近两年的尝试，笔者认为，微信公众平台应用于档案
学专业本科课程具有以下四方面优势：于教师而言，开放式的知识共享可督
促教师完成基本教学内容的讲授，而且还能激发教师教学的热情，创新教学
形式与教学内容。于学生而言，在专业教学与专业活动中可以发挥主体作用，
参与到课程教学过程中，有助于增强学生的专业自信，提升专业在学生心中
的认可度。于专业而言，档案学长期处在边缘地位，专业发展受到一定限制，
优化教学方案，以逐步提高专业地位。于教学而言，互动式的教学模式，便
于掌握学生的学习导向，及时调整教学规划，有助于提高教学质量。

　　然而，基于微信公众平台的档案学专业本科课程教学模式的创新尚存在
如下问题待完善：第一，"与档同行"的互动式教学究其本质仍处于线下互
动，虽然微信公众平台可以留言，但互动效果并不好，不能做到线上实时互

动。第二，目前学生的互动激励机制以授课教师对学生的观点或参与度给予一定的平时分鼓励，较为传统和主观。第三，互动式教学模式需要为师生提供更多的资金投入，包括线上互动程序的开发、线下学生活动与专业活动的组织、文化创意产品定制等多方面的资金投入。基于此，"与档同行"将会针对以上存在问题进行优化改进，继续探索专业课程的互动教学。

难忘的本科毕业论文"致谢"

闫丹妮

（辽宁大学历史学院　沈阳　110036）

摘　要：闫丹妮同学是辽宁大学历史学院 2016 级档案学专业学生，本科毕业论文题目为《〈黑图档·嘉庆朝〉所见清代盛京科举考试研究》，指导教师为赵彦昌教授，其本科毕业论文写作非常认真，最终毕业论文被评为优秀本科毕业论文，而论文中最吸引人的确是文末的"致谢"，特刊发于此，与大家同赏共勉，更希望后来学子都能认真对待"致谢"的写作，而不是流于"套路"。

关键词：本科毕业论文　档案学　致谢　《黑图档》

当我写到致谢这一部分时，在某种程度上来说，转瞬即逝的四年也到了该致谢的时候了。本以为会有千般风情洒落字里行间，但提笔时竟无语凝噎，唯一能记下的只有道不尽的深深感谢。

感谢我的导师赵彦昌教授，本论文是在他的指导和帮助下完成的。选择赵老师作为毕业论文导师是想为我的大学四年画上一个圆满的句号，大学四年以来，我一直被他的治学精神所感染。课堂上幽默而不失严谨的他，既是我的恩师，也是我最敬佩的学者，在眼前所闪现的曾经无数迷茫时刻，都让我感叹，若能找到你所热爱并愿为之奋斗一生的事情是多么幸福啊！赵老师对工作的严谨态度，对学术的热爱，是我所缺失并致力于追求的至高境界。在撰写毕业论文的过程中，赵老师始终尽心尽力地帮我修改文章的不足之处，

作者简介：闫丹妮（1998—），女，辽宁沈阳人，辽宁大学历史学院 2016 级档案学本科生，主要研究方向为《黑图档》的整理与研究。

不断为我指正方向，值此毕业之际，真诚地向赵彦昌老师表示我由衷的敬意和感谢。

此外，我还要感谢辽宁省档案馆为我们提供珍贵的《黑图档》。去档案馆的那天，我们坐在会议室里一本一本地记录日后需要用到的资料，翻得每一页都让我颇为撼动，是需要怎样的知识储备和毅力才能完成这一本本的编撰工作。或许对于编撰人员来说，这谈不上是某种"坚持"，但对于从中受益的学者以及我们这些学生们来说，正是因为足够珍贵，才用上了"坚持"二字。在此，我要向《黑图档》的整理编撰人员致以我最真诚的敬意。

当然，我也真心地感谢共同整理《黑图档》资料的同学们，正是因为大家的整理与分享，才使得我的论文有了更多可参考的内容，大家在论文写作中的互相帮助我将铭记于心，正是因为有你们，我才能不断克服写作过程中的种种困难。在此毕业之际，我想借电影《本杰明巴顿奇事》中的一句话作为送给同学们最诚挚的祝福："我希望你能活出最精彩的自己，我希望你能见识到令你惊奇的事物，我希望你能体验从未有过的情感，我希望你能遇见一些想法不同的人，我希望你能为你自己的人生感到骄傲。"

言尽于此，书不成字。愿你我都好，愿彼此未来精彩纷呈。

闫丹妮

2020 年 5 月于沈阳

【云端档案学术论坛综述】

"2020 国际档案周前沿论坛暨第五届档案社交媒体圆桌会议"对建构社媒记忆的探讨

韩新伊　　胡馨月　　洪睿轩

（中国人民大学信息资源管理学院　北京　100872）

摘　要：由中国人民大学信息资源管理学院和档案社交媒体联盟主办、中国人民大学电子文件管理研究中心协办的"2020 国际档案周前沿论坛暨第五届档案社交媒体圆桌会议"于 2020 年 6 月 9 日在"腾讯会议"平台召开。以"赋能知识社会、建构社媒记忆"为主题，中国人民大学王健教授、天津大学王燃副教授和四川大学周文泓副教授分别发表演讲，通过深入探讨档案领域与社交媒体的关系、网页存档及新冠疫情社交媒体档案库的建构等，为数字转型时代的档案理论与实践创新注入新的活力。

关键词：国际档案周　社交媒体　档案库　第三方

2020 年 6 月 9 日（国际档案周/日），"2020 国际档案周前沿论坛暨第五届档案社交媒体圆桌会议"在腾讯会议平台拉开帷幕。会议由中国人民大学信息资源管理学院、档案社交媒体联盟主办，中国人民大学电子文件管理研究中心协办。中国人民大学信息资源管理学院副院长、电子文件管理研究中心主任刘越男教授担任主持人，中国人民大学信息资源管理学院王健教授、天津大学法学院王燃副教授、四川大学公共管理学院周文泓副研究员分别作

作者简介：韩新伊（2001—），河北景县人，中国人民大学信息资源管理学院学生，主要研究方向为政务信息管理；胡馨月（1999—），重庆渝北人，中国人民大学信息资源管理学院学生，主要研究方向为政务信息管理；洪睿轩（2000—）安徽芜湖人，中国人民大学信息资源管理学院学生，主要研究方向为政务信息管理。审核：王健教授（中国人民大学信息资源管理学院）。

主题演讲。

　　会议刚一开场线上会议室便已爆满，会场外不断发来渴望加入的申请，无奈腾讯会议的上限是 300 人。与会人员除高校师生之外，还有很多来自档案局（馆）的领导和企事业单位一线的档案工作者，更有档案社交媒体的运营者、小编团队及社交媒体的研究人员、读者群，还有大洋彼岸的与会者半夜参会。会场不时传出第一次参加线上会议的朋友兴奋的声音，新朋老友相互问候节日快乐。会场气氛热烈，暖场音乐令与会者兴奋陶醉，参会者送出的"鼓掌"表情和鼓励、赞同及充满期待的留言源源不断。

　　会议伊始，主持人刘越男教授代表主办方和协办方对所有与会者表示热烈欢迎。她指出：今天是全体档案人共同的节日，本次论坛的主题是"赋能知识社会、建构社媒记忆"，会议将从社交媒体的角度探讨如何赋能的问题，欢迎各位与会者踊跃交流、发表见解。

1　演讲之——社交媒体影响力

1.1　演讲摘要

　　王健教授在正式发言首先介绍了本次会议的背景、契机和主线，本次会议的主题研讨具有特殊的意义。

　　作为社交媒体联盟的召集人，王健教授回顾了 2015 年冯惠玲教授倡导建立的档案社交媒体联盟的发展历程，以及在大家的共同努力下所取得的成果。

　　几年来，档案社交联盟连年推进、多维发展，社交媒体研究多元展开，勾勒出社交媒体联盟在人才培养、宣传成效、科学研究、业务驱动、国际交流等方面的成长链条。

　　王健教授从档案社媒的视角切入，分析了在重大突发公共事件中档案部门的行动力和影响力。

　　在重大突发公共事件中社交媒体的社会化、实时化、互动化等特性得到充分发挥，特别是在宣传和信息传播方面发挥了很好的作用，与报刊、网站形成联动机制。社交媒体已经成为开展业务活动的重要工具。

社媒信息归档的阻力和反推力相伴相生。王健教授通过对不同典型案例的分析,提出新媒体时代对拓展归档范围的反思:归档的目的?归档范围是否应予拓展?以往规则换个场景依然套用?现有收集/征集范围能否满足不同利用需求?我们应该留下怎样完整多元、多维的记忆?类似事件再发生时档案的价值体现?

"档案人是记录的保管者,社交媒体作为新兴的传播方式产生的文件应该能使其若干年以后有迹可循。"

1.2　主持人点评

王健教授在档案社交媒体工作领域有极其丰富的经验,不仅梳理了档案社交媒体联盟的发展和取得的成果,而且分别从档案工作模式创新和社交媒体信息作为新型档案的保管和利用两个角度介绍了档案社交媒体工作的现状、机遇和挑战,十分精彩。王健教授提出的反思,值得大家共同思考。

2　演讲之——站时光机:网页存证的新模式

Waybcak Machine(网站时光机)不仅有互联网存档的功能,其归档网页在美国司法实务中也发挥着证据功能,并通过判例确立了其网页证据可采性规则。王燃副教授围绕这一新兴互联网网页存证模式,分别阐释了美国 Wayback Machine 的存证经验和中国第三方平台存证的发展情况,进而提出建设网页存证模式的可行建议。

2.1　美国 Wayback Machine 网页存证模式

王燃副教授选择以美国网页存证为案例,主要是源于其本人在美国加州伯克利大学学习深造时亲赴旧金山,对一家名为"Internet Archive"的公益性机构进行调查研究的经历。该机构通过互联网平台保存、公开发布书籍、视频、音乐等资源,Wayback Machine 也是其中一项重要功能。它主要用于对因特网上的页面进行实时抓取、保存,以解决网页易消逝、变化的问题。Wayback Machine 从 1996 年起即对因特网上的页面进行实时抓取、保存,

2001 年起正式向公众开放。

为进一步说明 Wayback Machine 网页抓取功能，王燃副教授以淘宝网为例，介绍 Wayback Machine 对其进行网页信息抓取的过程及相关记录，另以相关法律判例为例，详细介绍 Wayback Machine 存档网页所发挥的证据功能，该功能不仅得到美国司法实务界的认可，还确立了其可采性、真实性规则。

2.2　近年来我国兴起的第三方平台存证模式

在我国涉互联网诉讼中，传统的公证保全、法院保全成本较高且时效性差，这为第三方存证平台的兴起提供了机遇。后者以其高效率、低成本、高时效性的优势逐渐普及。然而，在我国诸多法律案件中，不同法院对第三方平台保全证据的认可度不同，持怀疑态度的法院认为以下三方面存在争议：一是对平台资质、中立性的质疑；二是对平台技术可靠与否的质疑；三是对技术阐释缺乏的质疑。

近年来，一些新动向促使第三方存证平台逐渐得到认可，她列举杭州互联网法院"区块链存证"第一案，以及《最高人民法院关于互联网法院审理案件若干问题的规定》（2018）、《最高人民法院关于民事诉讼证据的若干规定》（2019）等法律规定，为第三方电子存证平台的法律效力提供法律背书。

2.3　如何建设网页存证的对策建议

王燃副教授结合 Wayback machine 的经验和我国相关电子证据的规定，认为需从以下六个方面着手建设我国网页存证模式：一是从技术上保证电子证据的真实性、可靠性；二是建立健全载体关联性保障；三是提高计算机系统的硬件、软件、环境的完整性和可靠性，以保障电子数据证明力；四是法院应以中立态度对待第三方存证平台，更多关注平台背后的技术实质和电子数据本身；在平台资质要求方面，可参考目前三大互联网法院对接入平台的规定；五是推动存证归档技术人员出庭作证趋势；六是建立公共性存证平台，倡导政府、公益机构、高校积极参与到公共性存证平台的建设中，向社会提供公共存证资源。

2.4　主持人点评

王燃老师具有法律学习背景，她的发言给我们档案部门不同的方向指引。美国 Internet Archive 的 Wayback Machine 网页存证所保存的网页，除了提供知识服务以外，还在诉讼案件中作为证据而使用。我国目前支持第三方平台存证，它与档案部门之间将来的关系，是同步共生、竞争，还是合作的关系？抑或是在某种程度上职能重叠或者一起做一些事情。档案部门有没有可能承担一部分第三方存证平台的功能？

3　演讲之——社会第三方视角下社交媒体档案库的建设

3.1　演讲内容

为何选择第三方的视角？现在信息存档的主体除了档案馆、图书馆和博物馆等官方机构和组织，以及微博、微信等提供服务的社交媒体平台外，社会中同样存在有意愿、能力、资源并开展行动的组织机构、群体和个人，他们成为社交媒体信息存档的重要力量。国家政策在档案事业的发展上也在鼓励各方社会力量积极参与，所以今天选择第三方视角，并不是为了分解档案机构的权力，而是希望通过第三方的视角去发现，我们要怎样从全局的视角探讨整个档案事业在数字空间中可以延伸和建构的一些内容，进而从细碎的问题中发现更多的存档思路。

周老师的演讲从四方面展开：日有新像，重大社会事件的社交媒体应急建档时空议题；应势而为，第三方的参与万象和迈向成果；行走之间，实践的多重挑战与协同要义；渐趋全景，档案（记忆）机构的担当与升级。

周老师详细解析了存档的两个关键问题：一是存档复杂性提供专业升级试验场。人文、技术、管理等挑战驱动跨情境、跨主体、跨对象、跨进程、跨方法的档案理论与方法体系构建，建立面向重大社会事件的前置存档框架（让信息来找你）。二是社会化存档的统筹机遇。拓展角色与功能，辅助多方的档案利益相关者、协调与集成各方力量和成果、引领档案事业发展。

3.2 主持人点评

周老师从学者的理论思考和自身实践出发，对社交媒体信息保存过程中的问题进行了深度剖析，对协同之路上档案机构作用的空间进行了深入全面的思考，很有启示意义。

4 互动环节

尽管会议时间一再延长，与会者依然兴致不减，表示发言干货满满，希望能够听到更多内容。在互动讨论环节，与会者或留言、或发言，分享体会与感悟。中国档案协会常务理事、原浙江省档案局（馆）副局（馆）长韩李敏先生，"我为档案代言"接龙活动发起人之一"牡丹哥"等，从社媒归档到微信公号的运作实践、推文经验、全媒体传播等角度表达了自己的见解。

跨界交流，社媒会友，知识分享，使命共担，国际档案日，档案人发出自己的声音、展现了其始终为档案事业发展不懈奋斗的精神。

5 会议总结

主持人刘越男教授以"多维视角"和"知识分享"两个关键词概括了此次会议的特点，揭示了会议的知识性和公益性，三位报告者无私分享了他们最新的研究成果，对三位的精彩发言表示衷心感谢，对所有与会者的热情参与表示感谢。在《友谊地久天长》的歌声中，大家纷纷致谢并相约再聚。曲终人未散，研讨还在继续……

"新《档案法》研讨会"综述

嘎拉森　吴文怡

（中国人民大学信息资源管理学院　北京　100872；

中山大学资讯管理学院　广州　510006）

摘　要： "新《档案法》研讨会"于 2020 年 8 月 15 日借助腾讯会议平台举办，来自学界、业界的专家、学者们就新修订的《中华人民共和国档案法》的立法环境、立法特点、重要条款的理解与适用、蕴含思想和局限性等主题进行了讨论。本次研讨会促进了全国各地的实践部门档案工作者与高校档案学专业师生对于新修订的《中华人民共和国档案法》的认识与理解，同时为大家提供了一个高质量的学习与交流平台。

关键词： 档案法　法律适用　档案事业　档案安全　档案开放利用

2020 年 8 月 15 日，由《档案学通讯》杂志社与中国人民大学信息资源管理学院共同主办的"新《档案法》研讨会"借助腾讯会议平台举办，并于哔哩哔哩视频网站与学术志平台进行同步直播。2020 年 6 月 20 日，第十三届全国人大常委会第十九次会议表决通过了新修订的《中华人民共和国档案法》（以下简称新《档案法》），此次研讨会便是以此为契机，专门组织的一次在线学术研讨会。中国人民大学一级教授、国务院学位委员会图书情报与档案管理学科评议组组长、《档案学通讯》杂志社社长冯惠玲，中国人民大学党委组织部常务副部长、中国档案学会副理事长、《档案学通讯》杂志社总编辑张

作者简介： 嘎拉森（1996—），女，内蒙古自治区呼和浩特人，中国人民大学信息资源管理学院，主要研究方向为电子文件管理、档案信息化。吴文怡（1999—），女，湖南郴州人，中山大学资讯管理学院，主要研究方向为档案开发利用、档案信息化。

斌，中国人民大学信息资源管理学院党委书记、《档案学通讯》杂志社执行总编辑徐拥军，中国人民大学信息资源管理学院院长、《档案学通讯》杂志社副总编辑刘越男，以及来自全国各地的实践部门档案工作者与高校档案学专业师生共计 5991 人在线参加了本次研讨会。

2020 年 8 月 15 日上午，研讨会正式开始。开幕式由徐拥军教授主持。徐拥军教授简要阐述了新修订的《中华人民共和国档案法》（以下简称《档案法》）颁布的意义，说明了举办本次研讨会的目的，并向各位与会者表示了热烈的欢迎。

冯惠玲教授在开幕式上致辞。冯惠玲教授首先肯定了大家对新《档案法》的充分理解和思考，然后详细阐述了新《档案法》的三个特点：一是修订时间长、难度大。此次修订历时 13 年，比第一部档案法制订时间还长。二是修改幅度大。新法的条款数量翻倍、内容变化极多。三是进行了实质性调整。此次修订提升了档案法的内在品质，在法制现代化上的道路上迈出了非常重要的一步。接着，冯惠玲教授分别从规范管理和保障权利两大方向介绍了新《档案法》的进步之处。最后，她指出新《档案法》仍有局限，这也是举办新《档案法》研讨会的意义所在。"法制现代化需要一代又一代人的不懈努力，每一代人都要跑好我们自己这一棒，把尽可能好的基础交给下一代，我想我们正在跑这一棒。"

张斌教授在开幕式上致辞。张斌教授首先对中国人民大学信息资源管理学院和《档案学通讯》杂志社进行了介绍，接着以参加调研和《档案法》修订征求意见会等亲身经历说明新《档案法》修订之不易、成果之可贵，最后指出新《档案法》的颁布对于新时代档案事业高质量发展具有重大意义和深远影响。

研讨会第一时段的主题报告由郑州大学信息管理学院陈忠海教授主持。上海大学图书情报档案系周林兴教授以"《档案法》的效用困惑及完善路径"为题，通过两个案例引出了《档案法》的效用困惑所在，并从《档案法》的宣传、执法，衔接的力度、广度和深度这三个方面与三个维度展开，分析了《档案法》产生效用困惑的缘由。最后，针对以上困惑与不足，提出应通过《档案法》"联合执法"机制的建构、"立体化"宣传方式的运用和"无缝化"

衔接机制的形成来完善《档案法》的实践效用。中共浙江省委办公厅档案法规综合处胡文苑副处长以"新修订的《档案法》理解与适用若干问题辨析"为题，结合本人执法实务，就新《档案法》的立档单位档案工作责任制、电子档案法律效力认定规则和档案工作监督检查等五项重要制度规范谈了理解、适用要旨和应注意把握的问题。中国计量大学马克思主义学院邢栋博士以"论新《档案法》'档案安全'条款蕴含的习近平国家安全思想"为题，首先辨析了"档案安全"条款的含义，并由此引出对新《档案法》中"档案安全"条款主要构成的分析与介绍，最后分析了习近平国家安全思想对新《档案法》"档案安全"条款的立法影响。中国民用航空局档案馆孟祥喜副研究馆员以"新《档案法》存在若干问题分析"为题，指出新《档案法》存在档案馆设立程序、要求不明确，机关档案部门权力设置矛盾，"属国家所有档案"所指不清晰，档案域外适用条款缺失等七个方面的问题，他依次就每个问题所导致的档案工作不足进行了列举分析。中国人民大学信息资源管理学院宫晓东教授以"《档案法》修订局限性文化分析"为题，指出修法的局限性意见可以从宏观、中观和微观三个层级进行分析，并基于文化、文明的视角，将局限性意见参考系确定为法文明的条件及其演化状态，通过梳理我国的法文明演进、文明转型，引出关于法治文化建设困境的讨论，为大家提供了从理想的法制建设和从传统文化习惯两个角度思考修法局限性的思路。该时段的主题报告环节结束后，在线参会的听众分别就"档案馆行政被告主体资格""私人档案买卖"等问题与各位报告人展开了讨论。

研讨会第二时段的主题报告由湘潭大学公共管理学院陈艳红教授主持。首都师范大学文学院杨霞副教授以"从文本视角看《档案法》的立法特点"为题，立足档案法律文本话语，从文本主题特点、制度创新特点和法律效力特点三个方面谈了对于新《档案法》的看法与研究，最后基于文本分析了新《档案法》在档案信息资源相关规范缺失方面的不足。广州市城市建设档案馆袁绍晚副研究馆员以"档案法法律环境刍议与施行路径建议"为题，指出档案法不是一部孤立的法律，而是与其他法律法规互相补充、协调一致的。在此观点基础之上，杨霞副教授对新《档案法》部分条款实施的法律环境进行了刍议，并从政治统档、科技强档、开放活档、文化育档、人才兴档六个方面为新《档案法》的施行与档案事业的高质量发展提出了可行的路径建议。南开大学商学院白文琳博士以"数字转型视角下评新《档案法》的得与失"为题，阐明以"数据赋能"为核心议题的数字转型时代已经来临，并对文件档案管理提出了新的要求，在结合新时代与新要求探讨此次新《档案法》中数字转型内容的得失之处的同时，提出了对相关法律法规的完善建议。连云港经济技术开发区档案馆胡卫星馆长以"国家档案馆不是政府信息公开的法定主体"为题，从社会对政府信息公开的热切呼应与档案部门屡成政府信息公开案件被告出发，为大家梳理了政府信息与档案信息的异同、主体原则在法律修改中的不断完善、政府信息公开与档案开放利用的衔接等问题。随后，在线参会的听众就"档案馆馆藏资源的开放鉴定""档案专业本科课程设置""理工科思维对档案工作的影响"等问题与各位报告人展开了进一步的交流与探讨。

15日下午，本次研讨会的青年专场正式开始，由中国人民大学信息资源管理学院博士研究生嘎拉森担任主持人。湘潭大学公共管理学院博士研究生方雯灿以"中国《档案法》与英国《公共档案法》的比较研究"为题，基于文本对比分析，从差异性的角度对这两项法律进行了体系结构、内容侧重和管理机制三个方面的梳理与比较，最后提出了细化档案费用规定、强化私人档案管理和优化档案封闭期限三个方面的完善意见。南京师范大学文学院博士研究生姚刚以"新《档案法》对'中国古文书学'研究的益处——以档案利用为中心"为题，介绍了文书学学科的发展及古文书的特征，说明了中国古文书学研究中存在的研究需要和馆藏开放利用的矛盾，以及新《档案法》在档案利用主体、利用时限、利用方式等方面的突破，最后从文学研究者的实际需求出发，提出了对于古文书档案信息化建设的完善建议。中山大学资讯管理学院硕士研究生史林玉以"新《档案法》中档案开放利用条款解析及思考"为题，从加大档案开放力度、保障公民档案利用权力，深入融合时代要求、促进档案信息开发共享和协调理顺原有矛盾，完善档案责任监督机制三个方面谈了新《档案法》对于拓展档案开放利用新边际的作用，最后针对档案开放利用过程中存在的障碍，提出了实施建议。山东大学历史文化学院本科生刘洋洋以"国家治理现代化视角下《档案法》修订的内在逻辑"为题，指出"推进国家治理体系和治理能力现代化"是新时期《档案法》内在修订逻辑的重要框架，并从治理根基、治理逻辑、治理效能和治理共识四个方面展开进行报告。中国人民大学信息资源管理学院博士研究生杨千以"总体国家安全观视角下《中华人民共和国档案法》的安全理念"为题。在报告中，杨千将新《档案法》中的安全形态识别为本体和投射两个形态类别，并据此分析了安全理念的具体特征，最后提出安全法治下新《档案法》需要在档案数据安全和跨国企业境外档案安全两个方面进行完善。主题报告结束后，参会听众分别就"英国档案的管理体制"、"信息自由获取"和"企业档案面向个人用户的开放利用"等问题与各位报告人展开了讨论。

研讨会闭幕式由刘越男教授主持。刘越男教授首先对本次研讨会的参与人表示了感谢，随后就本次研讨会作了三点总结：第一，本次研讨会是一次档案事业使命责任担当的研讨会。社会各界对于新《档案法》的高度关注和热烈讨论反映了"依法治档"在整个档案界已经成为一种共识，并上升为事业上的自觉，形成了使命感与责任感，本次研讨会即为一个缩影。第二，本次研讨会是一次视野开阔、视角多元的研讨会。各位与会人不仅就档案论档案、就档案法论档案法，而是将讨论置于国家和社会发展的大环境中，为大家构建了一个立体化和多元化的研究体系。第三，本次研讨会是一次观点争鸣、思想碰撞的学术盛会。批判思维与独立思考作为研究的基本特质，在本次研讨会得到了非常充分的体现。最后，刘越男教授指出，未来将有更多与档案法治相关联的问题等着我们这一代人去共同努力，倡导大家基于本次研讨会对《档案法》和相关内容的研究再出发。

本次研讨会汇集不同研究视角，融合不同学科理念，专家、学者、实践工作者共聚一堂，深入探讨、全面剖析了新《档案法》的变化、特点，为全国各地的实践部门档案工作者与高校档案学专业师生提供了一次宝贵的学习交流机会，必将为增强全社会档案意识、促进新《档案法》贯彻实施贡献力量。

王平老师谈大数据与档案信息化

——2020 年"国际档案周学者谈"第一期

王　平[1]　牟胜男[2]　袁丽娜[3]

（1，3　武汉大学信息管理学院　武汉　430072；

2　南昌大学人文学院　南昌　330031）

摘　要： 在大数据背景下，信息技术不仅是档案机构转型升级的助推力，而且也是档案管理工作新型化的"催化剂"。文章从大数据与档案信息化入手，对人工智能、数字保护和新兴技术对档案管理工作、档案管理机构、档案管理人员、档案专业学生及整个档案行业未来发展前景的影响进行探讨，分析了档案行业、档案机构应对知识社会所带来问题的方法，并阐述了"区块链"技术在档案管理中的应用场景。

关键词： 档案信息化　智慧档案馆　区块链　档案赋能知识社会

1　理论阐述

问题 1：在大数据环境下档案管理工作会发生哪些转变？

一是管理环境的转变。首先是管理环境由物理空间构建转向数字空间、内容空间管理转变。目前，档案馆更侧重于档案馆物理空间的构建，如档案建筑的布局，密集架采购及数字化外包选型等问题，而忽略了档案专业自身的本质、内容，因而我认为未来在数字中国背景下管理环境应由物理空间构

作者简介： 王平（1981—），男，湖北巴东人，武汉大学信息资源研究中心/武汉大学信息管理学院副教授，主要研究方向为数字/智慧档案馆、区块链与文件档案管理、机器学习与自然语言处理；牟胜男（1999—），女，湖北恩施人，南昌大学人文学院，本科生，主要研究方向为档案学基础理论；袁丽娜（1995—），女，黑龙江双鸭山人，武汉大学信息管理学院，硕士研究生，主要研究方向为档案学基础理论。

建转向数字空间、内容空间管理转变。其次是数字化趋势。从"十二五"到"十三五"时期，我国档案数字化投入很大，数字化程度明显提升，但同时也存在档案开放利用程度不高，大多只是存储在服务器或数据中心的问题（其中也涉及档案保密问题）。此外，单轨制的实行也是管理环境改变的一部分。

二是管理对象的改变。相较于传统环境下档案管理工作现在人们更专注于文本分析，当前数据类型发生转变，如非关系数据类型的出现，特别是企业里涉及很多图纸、二维图、三维图，对其多模态载体的管理是一个难题。我十分认同钱毅老师将档案归为模拟态、数字态、数据态的观点。未来档案管理很有可能从模拟数字、数字管控向数据知识的管控转变。

三是管理手段的改变。从搜狗输入法中随处可见的 AI 应用来看，技术赋能也为档案工作带来了思考，如目前国家档案局与科大讯飞合作成立的人工智能实验基地等。对于档案来说，我们需要有更多元的思路、方式去理解档案工作。

四是管理职能的改变。就以往经验来看，针对不同类型的档案，其管理聚焦、侧重点不同，在大数据环境下社会对档案管理环境、管理职能、管理手段、管理人员素养自然会有更高的要求。现如今管理人员从整理、数字化加工、数字档案馆的平台建设到智慧服务，大部分都是采取外包的方式，缺乏自主建设的能力。因此，需要通过宏观规划与顶层设计，形成一套蓝图设计与方案。

问题 2：档案馆该如何应对大数据机构与档案馆"抢"数据的现象？

2015 年 8 月，国家颁布《促进大数据发展行动纲要》，明确了大数据发展的战略，各省市积极响应。2018 年 3 月，国家深化机构改革，推行档案局馆分离。档案馆行政职能归属党委管理，在它只留有保管利用职能的同时，一些大数据机构相继成立。在此背景下，我们首先需要明确档案馆的核心职能、自身的职责范围，以及各个部门之间的关系；其次是要在各部门职责分工的基础上融入信息化建设。大数据办公室主要承担的是关于数据产业的政策制定，体制设计、智慧城市建设、信息化规划，以及数据交易、流通规范制定的责任。档案馆则主要承担档案保管利用的职能，这涉及在文件转化为档案的过程中要知道管什么、怎么管的问题。当前，一些大数据机构与档案馆"抢"数据的现象体现出了数据资源的束缚。我们要认识到由于档案是文件的延伸，在政务背景下大数据机构与档案馆的职能既存在交叉，又存在差异。档案馆在该自审的同时，应迎合趋势，提升自身专业素养与技能，主动去拥抱行业变化与趋势，在信息化建设中多参与、多贡献。比如说制定电子文件的归档、描述标准乃至设计整个安全框架。既要注重与其他行业的合作，也不要过多纠结于它到底是数据还是档案，抑或是文件，要树立大文件观、大数据观、大档案观去管控有保存价值的数据。

问题 3：数字档案馆与智慧档案馆之间的差异是什么？

我认为两者的差异主要体现在数据内容本身的治理和管理职能聚焦点的维度上。就档案数据本身而言，数字档案馆主要负责档案的收存管用，更多关注档案全文、档案目录和文件级存放问题；而智慧档案馆的业态、数据本身发生了很大的转变，其将数据上升到智慧层面，即细粒度、语义内容层面的描述，这包含了制作专业档案词表、著录、标引、编码、分类及元数据的抽取等一系列工作，以达到提升数据价值，挖掘数据关联，实现数据映射的目标。据了解，青岛市档案馆就尝试运用数据挖掘、可视化等情报学、计算机科学的技术赋能智慧档案馆服务。就管理职能而言，数字档案馆更多的是应收尽收、应归尽归，但没有高效开发应用。随着管理环境由物理空间构建转向数字空间、内容空间转变，智慧档案馆也应随之而变，把数据变活，解决数据怎么用、如何用的问题，进而以用户为中心提供智慧服务。对于十分看重档案资源的价值的企业而言，尤其需要智慧档案馆将档案资源转化为一种经济效益，以辅助企业更好决策。在实践中，智慧档案馆应从数据本身做文章，与企业产品数据管理平台及其业务平台对接，开放接口，做好电子文件移交的接口设计，及时归档有保存价值的文件。总之，当前数字档案馆和智慧档案馆是一种并存状态，亦可认为数字档案馆是基础，更多关注收和藏，而智慧档案馆注重处于更高层次的挖掘、利用。

问题 4：未来智慧档案馆中的管理人员构成应该是怎样的？

第一，管理人员的构成必然离不开档案专业人员，这点是毋庸置疑的。档案专业知识是开展档案工作和活动的基础，是档案馆的立身之本。倘若人员只有技术基础而没有档案知识储备，不懂档案本身的内容和结构，那么在档案移交等环节中就无法全面系统把握。第二，虽然档案知识是智慧档案馆的立身之本，档案管理人员仍需要顺势而为，去拥抱前沿技术，如在本科生的培养过程中让学生去了解前沿技术背后的机理、原理，做好技术储备。第三，要关注能与业务结合的复合型人才，可以将本专业知识与前沿技术融会贯通，要敢于尝试，哪怕尝试还不够成熟，只是试验级别的。我认为这三个方面是缺一不可的，未来的档案人才不一定偏向技术或历史，但他一定是一种复合型的人才，这是大势所趋，我们也应顺势而为。

问题 5：您认为区块链在档案管理中有哪些应用前景？

2019 年 10 月，国家将区块链列入国家发展战略之中。在这个政策背景下，电子文件和电子文档管理经常提到的真实、完整、可用、安全的"四性"问题就可以尝试通过区块链解决，区块链涉及信息安全、计算机安全、密码学、经济学、博弈论等方方面面的学科知识。但是，我们应该勇敢地拥抱它，踏踏实实地去琢磨。区块链的核心思想就是去中心化，是一种共享经济与共享模式。特别在单套单轨的环境下，区块链在档案移交归档、鉴定销毁的流程中很有大的应用场景，同时也包括共识机制、合约框架等。目前，在区块链的研究中，研究者应在保证原来的"四性"的基础上尝试在行业中推广示范并打造可信的生态，实现数据真实可信。

问题 6：您认为赋能知识社会对我们意味着什么？知识社会的档案是什么？

这个问题还是有一点挑战的。在 ICA 之前提到的重点中我关注到几个问题：第一个是关于 AI，关于 Data Curation，人工智能如何与档案结合；第二个是 Sustainable Knowledge 可持续性知识；第三个是 Trust and Evidence。由于大数据背景下的数据价值密度相对较低且不易考究数据来源，那未来有了区块链，有了智慧层面的底层描述，档案部门的数据实际上是可以实现可信的。我觉得这一点也映射了在赋能知识社会，档案工作者要去探讨"我们为什么管、管什么和如何管"的问题。那知识社会的档案是什么，我认为档案要融入社会的大数据治理体系当中，围绕档案本身在社会建设和数字中国的建设中充分发挥出档案的价值，要结合新的技术，利用好档案来强化国家的信息资源建设。

2 现场问答

问题 1：如何避免企业认为档案工作者存在的意义不大？

一方面，档案部门要主动出击，实行前端控制，积极参与电子文件归档的规划与设计，同时通过提供档案咨询报告来辅助企业战略与运营规划，帮助企业管理者优化分析决策，以此展示档案价值；另一方面，如前所述，此现状也对档案管理人员自身素养提出了更高的要求，不仅需要其具备扎实的档案基础理论知识，还需掌握一些计算机技术的辅助工具方法及对行业业务知识的了解，这样才能更好地融入企业信息化建设过程中。

问题 2："智慧档案馆更偏向数据层面"是"智慧更偏向档案利用方面"吗？

智慧档案馆建设尤其要在内容层面下功夫，只有内容层面做好了，才会有根据资源本身提供个性化的或者知识化、智慧化服务的可能，这是智慧档案馆的一个核心所在。原来的数字档案馆更强调移交归档与保存，智慧档案馆更多与应用密切相关。在新型的智慧城市中，实际上的档案数据，如民生档案，可能已经被放在政务云平台上面。所以关于利用这一问题，这种智慧应用是非常重要的。

问题 3：针对档案与开放数据的关系，请问您怎样看待档案与开放数据的关系？开放数据背景下档案利用权力实现的障碍有哪些？怎样在开放数据的背景下保障公民利用档案的权利？您对"档案数据"是如何理解的？

这个问题是关于档案与开放数据关系的，我们首先要明确档案是文件生成的，档案一定是有价值的，具有考证作用和保存归档价值；对于数据来讲，开放数据是在公开的范围之内，进行数据生产、流通、交易和利用等工作，所以从属性来讲，档案与开放数据是有区分的，开放的数据和数据条目不一定是档案。因此，在实现档案利用的障碍中，最大的问题就是档案在保密的前提下如何实现开放鉴定。

在档案的利用过程中，开放是前提。开放实则是一个开放鉴定的过程，但开放鉴定在体系和政策方面实施起来有些困难，有很多主管领导不愿意担责任，所以就不敢去开放。因此，我们应该成立一个开放鉴定委员会，认可档案开放、利用，并由此来保障公民档案利用权。在电子文件持续增量的情况下，档案数据化的程度可能越来越高，所以说在这个过程中，涉及企业的业务平台，在政府、综合档案馆中涉及 OA，这些平台可以把可以回溯的电子文件保存起来。第二个就是档案工作者本身，在网页层面、政府的新媒体层面，其也可能会将这些资源作为档案数据。因此，未来应是一种大数据、大档案、大资源和大文件观，不局限于传统的档案。

问题 4：如何调和区块链技术的去中心化与档案管理的中心化管理的矛盾？

区块链技术去中心化确实是一个最大的亮点，而在管理的过程中区块链涵盖收管存用，是一个全流程的、全生命周期的过程。在这个过程中，无论是销毁还是修改数据，都需要有共识机制、合约体系和表决机制。对于公开的数据，每个成员对档案的随意改动或篡改，都会被知道，因而要制订好规则，以保障销毁修改的体系流程。

问题 5：区块链技术在电子文件的长期保存中是否可以起到关键性作用？

区块链在档案长期保存中必将成为非常核心的技术。一方面，我们可以通过区块链的时间戳、哈希值在电子档案的安全存储方面进行探讨，包括如何利用哈希值来加密，利用时间戳来标记电子档案，以实现链上的可追溯和可找回；另一方面，通过智能合约和共识机制，对电子档案进行鉴定、封装、加密，尤其是在 SIP、AIP、DIP 的过程中，我们可在不同的信息包里面做链上同步存储，这其中可能会形成一些新的存储模型来保障档案的长期存放和储存。

牛力老师谈"智慧——赋予档案专业无限可能"

——2020年"国际档案周学者谈"第二期

姜　璐　吴一诺

（南昌大学人文学院　南昌　330031）

摘　要：信息技术具有强大的数据挖掘功能与分析功能，当其广泛运用于档案领域时则将赋予档案专业无限的可能。文章以"档案＋智慧""档案＋智能化"为切入点，深入分析了信息技术对档案开发、档案利用的重大影响，并对当前档案领域中信息技术的分散利用与融合协同进行了探讨。最后，文章对"赋能知识社会"和"知识社会中的档案"进行了相关阐述。

关键词：智慧档案　档案开发　档案利用　赋能知识社会

截至2018年，国家档案局已经保存了162.9万GB的电子档案，其中包括很多的照片档案、录音档案、录像档案及数字化副本，而全国的数字化资源已达到2243万GB，在今天这个时代，不仅有海量的数据，还有更多的人工智能、数据挖掘等方式方法让档案数据发挥巨大价值。

基于此，今天的报告主要分享三个观点。

作者简介：姜璐（1997—），女，四川遂宁人，南昌大学人文学院2017级档案学专业本科生，主要研究方向为档案学基础理论；吴一诺（1998—），女，甘肃平凉人，南昌大学人文学院2016级档案学专业本科生，主要研究方向为档案与权利，档案文化。

1 观点一：档案开发从表征向深度复杂计算转型

从数据角度让档案本身更具备分析价值和开发价值，下面我们以数字文档知识化处理为例。

1.1 企业文件的智能化分析

在当前的研究中，面对一篇 PDF 文档，若想引用一条数据或引用一段文字，我们就会使用到 OCR 技术。但是，这个技术无法识别文字当中的结构，只能把文字提取出来。PDF 包括单层和双层两种：单层 PDF 可以将其视为一张图片，双层 PDF 是把文字嵌入到图片之上。双层 PDF 的识别率相对更准一些，可以直接提取文字，单层 PDF 要难一些。另外，在文档中还有很多表格、流程图、图像，甚至还有印章、签名等内容，如果仅依靠普通 OCR 技术，就无法对其进行更深层次的利用。

目前，我们采用的方式是通过人工智能，在对文档扫描解析后，直接把文档中所有的文章结构、文章内容（如目的、范围、参考文件、相关术语等）分门别类地用解析算法进行计算和解析，形成数据库中可存的结构化数据。

1.2 文档的智能化查询

做文档的智能化查询，即通过数据做什么。依据之前的处理方式，我们可以将文章做成知识图谱的结构。在解析更多文件之后，我们将这些文件做有效关联，以形成一个多份文件的知识结构。有了这个知识结构，我们就可以进行完整的计算了，即将所有文件进行图像识别，继而基于图像识别再进行 OCR 识别，进而解析文档。

从语义化的查询界面到知识查询的界面。这是一个类似查询网站的界面，在框里输入一个要查询的语句，比如说"信息文档处"，点击查询，界面即可把"信息文档处"需要的所有责任全部列出。每个责任的来源，都是由多份文档来提供数据的，而且这个数据的所有相关内容均是通过知识图谱构建出来的。对于每篇文章的来源出处及其相应的具体情况，都可以分门别类地进行抓取。

1.3 企业的智能化利用

企业当中的管理程序非常复杂。比如这样一个企业，规定信息文档处相应工作的文件就多达 20 份，换句话说，20 份文件当中都规定了信息文档处要做什么。每份文件规定的点都不一样，"文印服务"当中规定的信息文档处需要服务公司的印刷，"经验反馈"中规定信息文档处需要其反馈建设和维护的经验。所以说每一个程序当中对信息文档处的责任的定义都是片面的，那么通过分析，就可以把这所有片面信息做一个有效集成，保证每份数据每份语言的来源都是原文。

对整个数据进行可视化展示，就是把传统工作中关注它的收集保管，转为关注档案的利用，即通过何种计算方式让档案更好用。

2 观点二：档案利用从单一向高阶多维价值发现转型

2.1 数字文档知识化应用——以中国档案学术网现状为例

中国档案学术原网站是一个传统的信息集成平台，但近期网站进行重新改版，其将档案进行展示，让网站更富有趣味性、知识性，也让档案利用活了起来。改造后网站的整个界面设计有了较大的改进，不仅加入了一些喜闻乐见的要素，如将档案大事记以弹幕的形式展示出来，而且同时也增加了一些专题模块，在人物专题中，所有的信息都实现了自动集成，如人物参加过哪些会议，有哪些关系网络，有哪些人物关键词，发表过哪些文章，所有的人物照片，甚至他在一年中都去过哪里都可以用非常直观的、可视化的方式呈现出来。这样的方式改变了档案利用的整体逻辑，即将以"存"为导向的档案利用改为以"用"为导向。

2.2 档案数字化开发利用——以安徽大学九十周年数字记忆网的建设为例

数字记忆网站的特色是专注于档案开发利用，整合一些故事性、历史性、记忆性的线索脉络，利用档案综合采编功能，运用多种可视化技术及展示方案，实现档案的资源增值，提供多样的服务。安徽大学九十周年的数字记忆网站是安徽大学档案馆为学校九十周年校庆开展的一项工作。传统的学校校庆筹备工作思路主要是编书和线下展览，这一工作的工作量不但非常大，而且实际效果也不一定会很好，如果能够通过将档案资源来进行整合，形成网上展览，则会有不同的效果。以照片档案资源为例：一方面，我们可以借助照片的时空属性将照片的时空映射在地图之上从而进行照片的组织；另一方面，可以将照片内容从人物故事、历史记忆、事件脉络等角度进行串联，从而实现老照片档案的活化利用。这样的方式改变了档案工作的价值状态，实现了从被边缘化到被重点关注的转变。

3 观点三：关键技术从分布离散应用向融合协同创新转型

技术在档案应用中主要有两个方向：一是档案利用的前提是需要先发出档案的"声音"，且这个"声音"必须是社会能够听懂的语言，因而我们需要借助向上的形式化和可视化的技术来帮助社会理解，以实现档案数据与价值的社会化；二是借助向下的技术实现对档案内容的深入挖掘和更广泛的探讨，而不仅仅是浮于表面。而在这两个方向之上，档案工作中可能会用到的技术主要包括智能分析、数据联结和知识化组织三种。首先，对单份档案进行智能分析，即将单份档案里面的内容通过智慧的方式抓出来、找出来；其次，将单份档案当中找到的知识点串成一条线，使之连贯；最后，对关联内容进行概念化，这个概念化指的是知识化组织的方式，而这一技术的实现则需建立在前三个阶段的基础之上。综合运用这些技术不仅为我们的档案工作提供了很多新的尝试的可能，同时也让档案得到更多的利用，发挥了更多的价值。

4　现场讨论

主持人：您接不接受本科为档案专业的学生？在您的团队中，您会如何引导他们？或者说在技术的高要求下，大家可以如何学习或者如何切入？

牛力老师：可能由于我是计算机背景进入到档案专业的，我觉得就个人而言专业融合起来相对容易。档案学专业出身的同学，对我刚才讲述的工作内容可能存在畏惧心理。我通过例子给大家一些鼓舞。

第一，团队中目前最核心的技术负责就是由档案学专业的本科生承担的。学档案学不代表将来就不能做别的工作。两者之间是有一定的关联性的，这种关联性能够创造无限的可能。

第二，刚刚给大家分享的我们正在做的工作，一方面如网站，它是档案文化方面；另一方面是企业档案价值的发现。我每年都会招收档案学专业的研究生，因为只有我们先明白档案的本质内容，才能使档案发挥出价值。换句话说，技术永远不会主导工作，而是用来实现工作目的和场景的，所以我们更需要档案学专业的同学，因为他们知道到底未来档案可以做什么，发挥什么样的价值。

现在是智慧社会和知识社会，如果我们不研究人工智能、大数据等，可能会与当下社会脱节。对档案专业同学而言，更多的是去了解技术，知道技术的应用场景是什么，而不是针对技术开发本身。比如，让档案学专业的同学去做一个人脸识别的算法，对他是不太公平的，也没有必要。档案学专业的同学应该有更多考虑，人脸识别发展到今天，我们可以在什么场景下发挥这项技术的最大优势和作用，这能为档案和档案工作的提升带来什么好处。

在数据时代，我想我们会是数据时代的"中东富豪"。因为我们掌握了巨大的数据、数据源。这就要求我们要思考，思考如何将这些数据宝库的价值发挥出来。作为新时代的全新的档案工作者，我们的未来一定不同于过去，我们要成为这个社会的引领者。

因此，今天的主题"无限可能"，其实就是将这些智慧融入档案之中，让它变成无限可能，也希望我们可以一起开创档案的无限可能。

加小双老师谈档案与数字人文/数字记忆

——2020 年"国际档案周学者谈"第三期

加小双 史林玉 秦 杨

（中国人民大学信息资源管理学院 北京 100872；

中山大学资讯管理学院 广州 510006；

河北大学管理学院 保定 071000）

摘 要：数字人文结合了数字科技和人文研究的双重智慧，并为档案领域的发展带来了新思路。文章深刻剖析了数字人文对档案业务和理论产生的影响，以及目前档案领域中数字人文研究存在的问题，并对国内外数字人文研究实践进行对比，在此基础上，进一步探讨了数字人文影响下的档案学学科设置、人才培养等内容。

关键词：数字人文 数字记忆 档案 赋能知识社会

1 理论阐述

问题 1：目前，档案领域的数字人文/数字记忆研究存在的最突出问题是什么？是否已有解决方案或者尝试？

数字人文源于 20 世纪 40 年代的人文计算实践，我们通常将其理解为一

作者简介：加小双（1989—），女，湖北随州人，中国人民大学与加拿大英属哥伦比亚大学联合培养博士，中国人民大学信息资源管理学院讲师，主要研究方向为档案基础理论，数字人文（记忆），数字档案资源建设，档案社会化，信息资源管理、数据治理等；史林玉（1997—），女，山西忻州人，中山大学资讯管理学院 2018 级硕士研究生，主要研究方向为电子文件管理，档案学基础理论；秦杨（1987—），女，河北唐山人，河北大学管理学院 2017 级硕士研究生，主要研究方向为智慧档案馆，档案管理与科技。

门结合了数字科技和人文研究的学问。对于其的界定很多，但现在尚未形成一个关于数字人文的共识性概念。数字人文具有跨学科的属性，会向很多学科进行渗透，向深层次问题进行渗透，向年轻学者进行渗透，但是一直困惑数字人文学者的问题依然存在，首当其冲就是"数字人文究竟是什么"。数字人文的学科边界目前尚不稳定，这也让很多数字人文学者，特别是中青年学者有一种惴惴不安、如履薄冰的感觉。

不同的学科对数字人文的解释不尽相同，但它们会共同强调各类人文资源的数字重构以提升其可访问性，促使其大众化，图情档作为文化记忆保存的核心机构，关注并参与数字人文（研究与实践）自然顺理成章。档案领域是何时开始正式关注数字人文的？大概是从 21 世纪开始，确切地说，第一次正式讨论可追溯到 2009 年美国档案教育与研究协会（AERI）第一届年会（参见 http://www. digitalhumanities. org//dhq/vol/4/1/000084/000084. html）。UCLA 的博士后 Joshua Sternfeld 坚信档案工作者已将他们的藏品转移到网络上（或至少建立一种在线状态），但他们并没有同时在这方面进行创新，他们经常选择"大规模数字化"，并转移那些不在粒度级别上描述的大量材料。一旦物品以数字形式出现，档案工作者的工作便变得同样重要，因为档案工作者为研究人员提供了关于"物品在哪里"的知识，而当档案藏品由大量未描述、未分类的文件和格式组成时，这些知识是不存在的。当意识到档案工作者参与数字人文的迫切性，他在会上组织了一次关于"档案教育应该如何应对数字人文的挑战"的研讨会，20 多位学者分为三个小组进行了深入研讨。自此以后，档案界越来越多的人开始关注数字人文。

回顾这十几年档案领域对数字人文的研究，个人认为其中相对突出的问题大概有三个方面：

第一个是功利化的追求热点。这在我国的表现尤为突出。在我国档案领域，目前发表的一些关于数字人文的文章，多是国外的情况介绍，或者是过于浅显化的论述，而对档案领域和数字人文之间的深度契合与互动应对的深度研究相对较少，并且在实践层面只有零星的项目案例可见。当然，档案领域追逐数字人文的热点并不可怕，重要的是要有追求，要有深度思考，思考它究竟是不是档案领域未来发展的一个新领域、新希望，或者是不是具有落地的可能性。

第二个是创新与守旧的对立。数字人文是一个相对年轻的学科领域，所以当其渗入其他学科时，首先会在中青年学者中引发追随狂潮，进而引发该学科领域里中青年学者和老一辈学者态度的对立。诚然，数字人文确实对传统档案习惯和规范有一定破坏，必然会与那些试图保护传统的档案原则学说不相符合，进而产生创新与守旧的对立，但这也可能会带来一种突破式创新。支持和批判的力量同时存在，这种对立之间所形成的张力，也是数字人文在档案领域成为热点的重要原因。

第三个是学科边界的不稳定。档案学和数字人文能融合到什么程度？当下还很难说，因为数字人文作为一门学科，其自身的边界也尚不稳定。档案领域想要进行数字人文的一些深入尝试，面临缺平台、缺教育配套等一系列问题。就档案学而言，目前其学科发展路径主要集中在两大路径，这个在国际范围内（包括中国）都可以看到一些端倪。一方面，是技术方向，即档案领域会与数据科学形成合力发展，最为典型的可能就是 iSchool 联盟式的发展壮大；另一方面，是人文方向，即突出在社会记忆和数字人文方面寻求突破，如澳大利亚的 GLAMR 将图书馆、美术馆、档案馆、博物馆和文件管理单位作为一个比较大的文化记忆机构联盟整合起来发展。

可见，数字人文确实有潜力成为图情档寻求学科创新发展的一条可行路径。

问题 2：数字人文对于档案业务实践和档案理论研究会产生哪些影响？

用一句诗来概括，就是"只因感君一回顾，使我思君朝与暮"。当数字人文渗入档案领域或是开始与其他学科交融时，都会体现出明显的互动性。就像一位学者所说："当我们考虑数字图书馆、数字档案馆和基于网络的一些馆藏，以人文主义的方式展示与用户和文化对象互动的可能性时，这个信息科学就可以和数字人文的创新进行相当大的共同扩展。"这大体上说明了图情档学科对数字人文感兴趣的原因。长期以来，图书馆、档案馆、博物馆及其他的文化记忆机构都是人文资料非常重要的提供者。当人文资料开始在数字人文研究中凸显，甚至成为非常重要的基础设施时，档案学科理所当然是可以和数字人文共同扩展的。具体来说，从目前来看，数字人文在实践上对档案实践至少有三个方面的影响：

一是档案的数据化。数字人文的本质是要解决基础数据的问题，如果要更好地从数字人文的角度来提供档案数据，档案基础数据的结构化问题就会被提上日程。如果档案作为人文资料提供方要参与其中，其基础数据的结构化、再结构化都会成为档案业务实践中所要面临的一个非常重要的问题。

二是如何来创新档案信息资源的开发利用方式，即如何通过数字手段来提供档案信息资源知识化或智能化服务。这不仅涉及数字工具的使用，还会涉及档案与用户和文化对象的深层互动。中国档案领域已经发表了不少相关论文，来讨论档案领域如何把数字人文的理念或技术应用到档案信息资源创新开发上，并且也有国外学者提出档案领域应该提供更多的产品式服务，而不是具体的流程式服务。

三是档案化的管理理念和方式会成为常态。数字人文项目始于基础资源库的建设，很多数字人文学者会用"归档""档案库"来描述其基础资源库，他们认为自己是在有选择地对一些资料进行长期保存并促进档案的开放获取，这就是在进行一项档案工作。如果按照档案领域的概念去解释，我们会发现这些资料库只是一些资料汇集，完全称不上是"档案"。但是，撇开对象的争议不谈，这些资源库确实大量采用了档案管理的理论和方法，所以对于档案领域来说，档案化的理论及管理方式如何与数字人文项目的开展，特别是数字人文基础资料库的建设进行有效结合，或者说与彼此建立共同责任、协同创新，这都是非常重要的实践。

上述所提及的这三个方面的业务实践，都可以映射到档案理论的探索和创新上，如档案的数据化、档案的元数据问题、档案信息资源的开发利用、档案化管理，以及本体论、关于档案理论的批判性研究、学科或是档案教育的发展创新等，也都值得思考和研究。

需要注意的是，数字人文与档案学在跨界融合，以及互动共生中孕育出新的研究领域和学术增长点并不容易，会衍生出各种各样的矛盾、问题和争议，同时也会催生出各种各样的创新和可供开拓的空间。对于档案学而言，不管是为了维护自身的价值使命，还是要促进本学科的创新发展，在数字人文的浪潮中都不能缺位，也不可缺位。因此，我们要以一种开放、包容的态度去积极拥抱和应对其中的机遇和挑战。

问题3：在国内外的档案领域，档案在数字人文研究层面存在着哪些异同？

相同点用一句话概括是"都在摸着石头过河"。所有档案领域的人都无法确切预估数字人文可能对学科、对业务实践将会产生多么深刻的影响。所以从态度上来看，中外都是一样的，研究者均持有一种谨慎且怀疑的态度。倡导者对其爱之深，将其作为一种新的发展方向来大肆推进，因而不管是在理论上还是在实践上，不断有先行者们在尝试中开拓创新；批判者对其恨之切，认为数字人文是对传统档案理论的背叛。

不同点包括两个层面：一方面是有差异。相对而言，目前国外更强调建构性研究，体现为相对较深入的思考，如元数据、档案著录、来源原则应该怎么样发展和创新，档案教育应该如何应对等；而国内目前的大多数研究还停留在对国外经验的介绍，或是反复铺陈数字人文和档案领域之间的具体关系。同时，国外的数字人文研究更偏重于实践性。目前，国外已经成立数字人文研究中心，进而产生大量有关档案和数字人文的项目，属于"起而行"；但国内大多数学者更偏重于理论层面的研究，虽然也有少数高校已经建立了数字人文研究中心，如武汉大学与敦煌研究院有不少的合作项目，中国人民大学的北京记忆数字资源平台也是一个实践典型，但大多数研究仍止步于"坐而思"，与国外相比，代表性项目还非常少。从另一方面来看，这些差异也折射出中国档案领域对于数字人文的研究，不管是在实践上，还是在研究深度上，与国外还有较大差距。这些差异和差距，也是我们需要去面对和努力的方向。

问题4：数字记忆成为未来趋势有哪些理由？

数字记忆是中国人民大学冯惠玲教授最早提出的概念。冯教授称："数字记忆的需要，是因为我们现在所处的时代是数字时代，人类社会正在从现实空间向虚拟空间迁移。"这次受疫情影响，线下教学全面向线上教学转移，就是一个现实空间向虚拟空间迁移的过程。对数字记忆的需要，也是人类记忆管理的要求，所以冯教授提出"我们需要构建丰富而活泼的数字记忆"。

经过多年探索，中国人民大学数字记忆团队也初步形成了一个关于数字记忆的概念，即通过应用数字技术，对各种记忆资源进行数字化的组织和在线，使之达到可解读、可保存、可关联、可再组、可传播与共享，进而支持数字时代集体记忆的构建和传承。数字记忆和数字人文是什么关系？目前，我个人更倾向于将数字记忆视为数字人文的一个分支，这体现了档案领域在数据领域中的深度实践和参与。

如果要谈数字记忆成为未来趋势的理由，那么我们大体可以归纳为以下几个方面。

第一，从国际层面来说，目前关于遗产记忆的保护已经实现公约化。以联合国教科文组织为例，从 1972 年的《保护世界文化和自然遗产公约》，到 2004 年的《保护非物质文化遗产公约》，以及世界记忆工程，其实都是在国际层面强调文化遗产和文化记忆保护的重要性。既然国际层面都在强调记忆留存的重要性，那么数字记忆必然会成为趋势。

第二，在在人类层面，人的一个本质或生物的一个本质就在于基因的传递；从人类整体而言，人类非常重要的使命或本质存在就是文化基因的传递。这也是人类自诞生之日起就一直非常强调记录的重要性的原因。

第三，从社会层面来看，记忆具有普遍性，每个人都可能形成自己的个人记忆、集体记忆或是文化记忆，对此学术界已产生了不少的支持理论，比如说集体记忆理论、文化记忆理论等，还有档案领域强调的档案记忆观，这一系列的理论为数字记忆发展奠定了理论基础。

第四，是技术层面，过去我们所面临的问题是选择应该保存什么，而数字时代"保存"成为默认选项，我们面临的问题变成了应该删除或者是清除什么。在记忆成为常态的数字时代，构建数字记忆的可能性已经大幅度提升。现在大家无法否认，数字采集、数据处理、数字展示、数据传播这一系列的数字技术，都可以在记忆实践里得到轻巧应用，如大家可以拿着手机拍摄下所经历的点点滴滴，甚至记录生命日志都可以从技术层面得到支持和保障。

第五，从学科层面来说，在数字时代，不管是在一级学科层面，还是在二级学科层面都面临着发展危机。在此前的 2019 年中国人民大学信息资源管理学院发起的 39 青年论坛中，来自各大高校图情档学科的 39 位青年学者相聚一堂，共同探索学科发展和创新问题。虽然大家发言的重点各有不同，但所形成的共识性的理念是相同的，即我们应该推进这个学科向更加开放和包容的方向来进行发展。可见，从学科发展的角度来说，档案学科现在确实面临着发展危机，它也确实需要一些新的发展来对其进行补充，或是探索一个新的发展路径。数字人文或者是数字记忆是否可以成为学科的一个创新路径，我想这是值得探索和期待的。

问题 5：数字人文和数字记忆作为一个相对前沿的研究方向，对档案学子的培养有哪些要求？

之前提及的数字人文对档案理论的影响，包括档案数据化、档案信息资源开发利用、档案用户交互、档案化管理、档案理论批判性研究、档案教育教学改革等，它们都可以成为潜在的研究选题。这些选题都没有背离档案或是档案理论和实践本身。因此，档案学专业的学生如果要做数字人文研究的话，切记要不忘初心，即不忘档案学本身最本质的东西，要依托档案学自身的特点和特质，从总体或反射性的角度来思考数字人文对自身学科可持续发展的影响，这其实是档案领域开展数字人文研究非常重要的前提，也是档案学专业研究数字人文的独特所在。

从培养要求来说，如果想要很好地完成档案学和数字人文研究成果的话，研究者需要具备两个方面的素养：一是档案素养，二是数字人文素养。档案素养包括大家所学到的档案学的基本理论和基本方法；数字人文素养包括基本的问题意识、数字素养、人文素养、批判性思维、项目管理素养等。这一系列加起来，依托个人其实很难达到，所以这也是档案学领域一开始就从学科、教育体系改革和创新的角度来探索如何更好地迎接数字人文挑战的原因。关于这一问题的探讨，在 2019 年美国档案教育与研究协会（AERI）的专题研讨会上虽没有形成共识，但却提出了一些方向，比如说硬技能中的研究方法和学科知识，还有软技能中的项目管理、项目沟通、同理心等。此次会议后，一些学校吸收了研讨会的一些成果，在档案学下开设相关课程。但是，从根本上来说，这种素养的培养，是个人所不能及的，需要有一个完整的培养体系或培养方案做支撑。

问题 6：数字人文潮流对国内高校的档案学科设置与课程设置有何影响？

把数字人文完全架构在档案学专业下并不合适，因为数字人文并不仅仅属于档案学或者图情档学科。针对此情况，国外已经有很多应对方案，其大体上可分为三大类：正式的学位教育，如英国伦敦大学开设了本硕博的数字人文专业学位；非正式的学位教育；项目培训。

国内目前也有一些高校在档案学专业下开设数字人文相关课程，如中国人民大学、上海大学、苏州大学等。但目前来看，我国系统开始数字人文教育的应该仅有中国人民大学信息资源管理学院。它在本科层面自 2019 年 9 月起实施数字人文荣誉辅修学位，正式的数字人文硕士学位也在有序进行申报。数字人文学位的设置并非下设于档案学，而是下设于图情档一级学科，所以其课程体系设置都是一个全面的创新与改革。

从总体来看，数字人文对国内外图情档一级学科建设都产生了不可忽视的影响，促进其开设各种学科教育、培育项目以更好地进行应对。可能在未来很长的一段时间内，相应的教育项目会呈现出纷繁复杂的态势，包括正式的学位教育，非正式的学位教育，以及一些项目培训、暑期夏令营等。

2　现场问答

问题 1：关于开发档案中的社会记忆，要如何评价这种开发成果，要做好这项工作需要哪些条件和前提？未来是否会存在发展极为不平衡的情况？

北京记忆项目不只是建立一个网站，而是要构建一个综合性平台。冯惠玲教授带领的团队针对该项目构建了三个板块。一是专题网站，目前呈现的网站是第一版，第二版网站还在开发中，即将上线，新版网站的专题性会更丰富，可观赏度会更高；二是互动网站，即记忆众包网站，这一网站可以使社会所有主体对北京的记忆被记录和留存；三是数据资源库，它作为底层数据资源基础设施，支持整个项目的资源管护。对于该项目的开发结果，尚无法评价，因为目前国内外都还没有形成一个关于社会记忆项目的评价机制，但大抵上也可以从它的社会影响力、公众认可度等方面进行评价。

第二个问题，国内其实并不缺少数字记忆的相关案例。国家图书馆也在做北京记忆项目，同样这也是一个投资很大的项目；四川的非遗记忆也是很好的成功案例，广州记忆也正在加紧建设中。记忆项目的界定方式可以有不同参照，或是不同侧重，有的以记忆资源库、记忆专题的建设为参照，有的是以数字修复为侧重，如数字圆明园的建设。因此，不能只参考北京记忆这一个项目，因为记忆项目的内涵或者形式非常丰富多样。

第三个问题，发展不平衡问题。这涉及数字贫困或者数字文化贫困的问题。2017年，数字文化遗产大会（DCH2017）在德国召开，会上就有学者从国际层面提出"数字南方"这个概念，即西方发达国家会利用自己的资金、技术优势，去非发达国家收集和保存他们珍贵的社会记忆和文化遗产，他认为这会导致并加剧在文化记忆方面的不平衡情况。但是回过头想，这种不平衡情况在各种文化资源上都会得到体现，并且由来已久。以档案领域为例，档案领域就长期面临着国际争议档案问题的处理。对此，国际档案理事会在讨论处理原则的时候，以前主要考虑尊重谁生成谁所有，现在针对这一问题作出了一定的妥协，即如果有些地区确实存在无法保存或没有能力保存档案的情况，会建议将生成国的部分珍贵档案暂时保存在西方国家。因此，发展不平衡的情况一定会存在，但随着"人类命运共同体"和"全球治理"相关理论的发展，希望未来能够通过共享、共同所有权或者其他的路径或方法去维护一种平衡发展。

问题2：数字人文技术和新兴技术具体有什么联系和区别呢？

目前来说，并没有哪项数字技术是专属于数字人文的，因为数字人文在方法论上强调的是通过对各类数字技术的应用以更好地推动人文问题的解决，各种新兴技术的工具属性并没有改变，数字人文只是其应用的领域之一，两者是工具与应用领域的关系。但是也确实存在这样的情况，在数字人文长期的发展过程中，会涉及 些普遍使用的数字技术，如数字化技术、GIS技术、文本挖掘技术等，这种在数字人文领域内的代表性和普遍性应用会让部分数字人文学者将其称为"数字人文技术"。需要明确的是，不管是在数字人文领域，还是在档案信息资源开发利用领域，抑或是其他各种领域，各种新兴技术都是一种工具性的技术支持，它们自身也会呈现迭代性特征，这些技术只是在各个领域中得到了有效应用而已，是技术和应用领域的关系。

问题3：在实践中，国内外对数字人文专业的毕业生的需求情况会是什么样的？

就目前来说，国内外对于数字人文学位的设置大都是探索性的，学位设置必然要考虑学生的系统培养及该学位毕业生的就业问题。虽然目前并没有明确数据来表明相关专业毕业生的就业走向，但从目前学位设置所提供的信息来看，数字人文学位培养的毕业生的主要就业方向包括但不限于图情档博美等文化记忆机构，文化遗产保护机构，人文/历史研究机构，新媒体机构，设计机构，数据分析机构等。

问题4：在数字人文研究热潮的背景下，会不会对图情档融合这个趋向有所影响呢？

我并不同意"图书情报相对来说对数字技术的掌握程度明显高于档案学"的说法，数字技术有很多不同的侧重和面向，每个学科都有自己的关注点，至少在数字化、长期保存、数字保护与修复等领域，档案学在理论和技术上的优势要高得多。数字人文对于图情档融合的影响必然是有的，并且个人认为会是正面的推进性影响。一方面，数字人文对于人文资料的要求会推动图档美博等文化记忆机构在资料开放共享上达成一致，国际上很多专题数据库、知识库由图书、文献、档案、信息等各种类型的信息复合组成，并成为数字人文项目的主要关注对象，鉴于信息整合和加强合作的必要性，澳大利亚已经成立 GLAMR 联盟；另一方面，数字人文对各类数字技术的要求会进一步促进情报学相关技术研究成果在人文资料上的开发与应用，如情报学的智能检索、关联数据、大数据分析、可视化技术、知识发现等在图书馆和档案馆提供数字人文的知识服务实践上便得到了有效应用（如上海图书馆的中国家谱知识服务平台）。此外，暂时撇开数字人文不谈，从图情档学科发展来说，图情档学科自身应对信息社会发展的需要也会走向创新融合，这主要是因为在数字时代，数字信息会共性地成为图情档机构的主要管理对象，只有顺信息化之势，加大学科融合创新，走向全方位的信息管理，学科发展才有广阔前景。

问题5：档案馆保管档案、保密的职能是否成为档案在数字人文应用方面与博物馆、美术馆存在差距的原因？

首先要纠正一个说法，从1794年《穑月七日档案法令》开始，各国档案领域便已经相继确立了"所有公共档案馆实行开放原则，每个公民有权查用档案"的原则，所以虽然保管功能是档案馆的主要职能，但是开放也是其本职工作之一。虽然各国在档案开放制度上的管理规定有所不同，但上述基本原则依然是在大多数国家都得到了法律上确立的，所以将档案馆的本职定位仅仅局限于保管和保密显然不合适。就目前来说，档案馆确实在数字人文的参与度上相对低于图书馆、博物馆、美术馆等。诚然，档案资料的开放程度确实是一个影响要素，但还有很多其他要素的影响，不可一概而论。需要明确的是，每个文化记忆机构都应该积极探索最适合本机构职能特征的数字人文应用方案，而非赶热潮地为了数字人文而数字人文，特别是对于档案馆来说，它并不仅仅作为文化记忆机构，首先还是作为政府体系的一部分而存在。

共存与合作：档案开发利用中的公共与社会力量

——2020 年"国际档案周学者谈"第四期

聂勇浩　郑　俭　董子晗　黄　妍

（中山大学资讯管理学院　广州　510006）

摘　要：档案资源的开发利用工作是一项系统工程，公共与社会力量在其中扮演着日益重要和活跃的角色。文章以访谈的形式记录了聂勇浩副教授关于公共和社会力量合作开发利用档案资源的讨论，包含档案外包、众包、社会力量参与等主要问题，并结合 2020 年国际档案周主题，对"赋能知识社会"和知识社会中的"档案"进行了相关阐述。

关键词：档案开发利用　社会力量　档案外包　众包　赋能知识社会

为庆祝 2020 年国际档案周，ICA 中国宣传组策划了系列访谈活动——"国际档案周学者谈"，活动邀请数位青年档案学者、专家，针对档案周的"赋能知识社会"主题及其他档案前沿问题进行访谈。2020 年 6 月 1 日，中山大学聂勇浩副教授受邀进行第四期访谈，以"共存与合作：档案开发利用中的公共与社会力量"为题深入探讨了相关前沿问题，并对"赋能知识社会"

作者简介：聂勇浩（1979—），男，湖南浏阳人，中山大学资讯管理学院副教授，硕士研究生导师，院长助理，主要研究方向为档案开发利用，档案公共服务，政府信息管理；郑俭（1995—），女，广东云浮人，中山大学资讯管理学院，硕士研究生，主要研究方向为档案公共服务，档案开放利用；董子晗（1996—），女，新疆昌吉人，中山大学资讯管理学院，硕士研究生，主要研究方向为档案公共服务与利用；黄妍（1996—），女，江西赣州人，中山大学资讯管理学院，硕士研究生，主要研究方向为档案公共服务，档案资源开发利用。

提出了思考。

1　档案外包

问：面对众多的档案服务外包机构，档案部门在选择外包机构时的主要考量因素有哪些？

答：第一，政策指导，相关的档案服务外包政策为档案机构在选择外包机构时提供了一个可操作化的指南。2020年6月1日，国家档案局《档案服务外包工作规范》正式生效，其包括三部分：总则、档案数字化服务、档案管理咨询服务。该规定对于如何选择外包机构有以下规定：首先，发包方应该对承包方的股权结构、法定代表人的身份、实际控制人的身份进行核实，掌握承包方公司的背景；其次，发包方应该将承包方的财务状况、项目经验、员工素质、技术能力、硬件条件等纳入对承包方的评价体系中去；最后，发包方应当对承包方的资质和信用进行考察，了解承包方是否存在不良记录。

第二，资源互补，这是档案事业寻求公共与社会力量合作的重要推动因素之一。档案部门在人力资源、技术设备、专业能力等方面存在短板，如档案部门单纯依靠自身力量对存量馆藏进行数字化耗时巨大，时过境迁的昆曲教习视频需要专业的设备来进行读取等。因此，档案部门在选择外包机构时，需要考虑双方在资源方面是否存在互补性，以及外包机构能否为档案部门提供所需要的资源。

第三，市场条件，即档案部门在购买外包服务时，需要权衡外包服务的市场状况。档案部门在评估数字化扫描这项初级业务的市场情况时，会发现由于市场发育成熟、竞争激烈，通过优胜劣汰淘汰掉了一批外包企业。在这种情况下，档案部门使用招投标的方式就可以找到合适的外包机构。如果外包的档案业务是非标准化业务，涉及档案资源开发，或按照特定的需求要求外包机构与档案部门业务要求一致以及在涉及较多安全方面的内容时，档案部门只通过招投标的方式来选择外包机构是不可取的，而是应选择官方认可的且能够建立长期合作伙伴关系的外包机构。面对定制化服务和安全方面的要求，双方能够通过协商沟通的方式，动态地推动档案业务外包的顺利进行。

问：从促进档案开发利用的角度来看，档案外包机构可以做哪些具体业务的拓展？

答：第一，档案应用技术的开发。当前，我们正踩在时代变革的门槛上，"档案工作以何种姿态加入"正处于探索阶段。随着数字资源的广泛应用和网络信息的大量出现，档案机构不能仅仅依靠自身力量来应对时代的变革，而需要获得外部力量的支持。在档案业务系统的开发、区块链等新兴技术的应用等方面，档案机构需要通过吸纳各种不同的社会力量，构建一个生态系统，共同推动档案事业的发展。2020年年初，我们通过对全国首家应用区块链技术进行电子证据存证的广州互联网企业的调研发现：为了保证区块链技术的应用，他们通过构建生态系统的方式，吸纳了各种社会力量共同参与。因此，对于档案外包机构来说，其应该突破"收、管、存"的基础性档案工作的限制，从新技术的开发、应用、突破等方面提供对档案机构的支持。

第二，档案信息资源的深度开发。我们都知道，档案的基本组织方式（基本）按照来源原则进行归类。但在2019年调研广州城建档案馆时我们发现，业务部门通常对一个地块或者建筑进行查询，而地块和建筑在不同的历史时期会由不同的单位进行开发和利用，由此形成的城建档案是支离破碎的，进而在利用时也很难查找齐全，这是城建档案在提供档案资源利用时面临的难题。与此同时，电子地图的出现为解决这一难题带来了曙光：将原先按照单位组织的档案重新按照地理空间和城建项目组建，并将其落到电子地图上，这就需要城建档案馆深入档案内部，将与空间和项目全部关联的数据抽取出来。这对于人员数量和技术能力有限的城建档案馆来说是非常困难的。因此，城建档案馆可通过与外包机构的合作来完成这个项目，利用社会力量来完成档案信息资源的深度开发。

第三，档案信息资源的商业化应用。例如，苏州工商档案管理中心与丝绸生产企业和科研单位建立了"苏州传统丝绸样本档案传承与恢复基地"联合开发丝绸档案。

2　档案众包

问：在我国的档案信息资源建设中，众包有哪些应用情境与应用前景？

答：众包是将传统由机构内部开展的业务以社会化、网络化的方式交给社会大众来实施。众包在现在的数字人文领域也有很多的应用，如许多知识的生产都是可以通过众包的方式来实现的。

众包在档案信息资源建设当中表现为两个层面：第一个层面是用户转化内容。包括：（1）文本转录，如上海市图书馆设计的全方位档案众包项目；（2）元数据的录入，如英国国家档案馆的日记项目，就是借助公众的议案，去阅读日记，捕获日记当中的一些细节、人物、场所等数据，并将其添加到日记目录的元数据中；（3）OCR 文字纠错，在档案前期工作中，我们会通过 OCR 等方式将档案转换成机器可读数据，但 OCR 经常会出错，这时众包可以完成纠错任务。第二个层面是用户贡献内容。例如，比较有名的一个项目是美国国家档案馆的"公民档案员"项目，它允许这些用户上传与之相关的数据项。还有就是给档案贴标签，贴标签能帮助档案的利用者了解档案的类型，利用者也可以根据自己的认识贴标签。这样一来就促进了社会化标引，因为我们以往的档案著录是从专家的角度对档案做描述的。不同的人对档案的认识和需求是不一样的，通过众包，可以更好地将社会公众的需求聚合起来，提高档案的利用效率。

至于众包在档案领域中的应用前景，它今后的发展应该与数字人文的发展方向接近，就是逐渐地从内容的转化和贡献的转换拓展到知识成果上来。

问：目前，我国档案开发利用中采取众包模式会遭遇哪些阻力？如何减少这些阻力的影响？

答：阻力存在很多方面，因为众包本身包括很多环节，每一个环节都会带来一些问题。在开展众包的过程中，我们一是要关注如何保证档案众包的合法合规性，二是要关注如何吸引合适的群体参与档案众包。众所周知，档案本身有保密方面的要求，有很多内容并不能公开，即使有的内容不是保密的，也会受控。因此，档案众包面临的第一个问题是资源是否可以为公众所获取，这是在考虑众包合法合规性的时候应考虑的基础性问题。第二个问题是关于档案资源的安全性，即公众在参与众包项目时，档案信息可能很容易被滥用或者复制。第二个问题能够通过适当的机制设计和规则设计加以解决，问题的关键还是在于档案的公众可接触性。如今的众包对档案的整体开放鉴定都有相当高的要求。档案的一些管理机制其实存在一些问题，在现阶段公共档案馆如果要开展众包面临的阻力会相对更大一点，但在学术研究及企业的项目建设上，众包是一个合适的应用。

针对如何能够找到合适的群体参与到众包当中来，对于这个问题我们需要从几个方面来思考。要吸引公众参与众包项目，第一种方式是物质回馈，这其实是一种最常见的方式。上海图书馆在做盛宣怀的众包项目时，其实也用到了物质上的激励。当然，物质不一定是钱，也可以是一些物品。既可以是实体物品，也可以是虚拟物品，这些都是物质回馈的方式。第二种方式是精神嘉奖，对接包者进行公开的表扬，通过提供贡献排行榜、志愿证书等方式可以帮助合适的群体加入档案众包项目。除了外部激励，我们也可以采用内部激励机制。第三种方式是有效利用娱乐消遣动机，我们可以将众包的任务设计成游戏的形式，吸引玩家的加入。例如，芬兰的一个项目就以众包形式开发了一个游戏，玩家根据在线的内容输入单词，而每一个图片上的单词都是从芬兰国家图书馆的报纸、书籍和期刊上扫描出来的。这样一来，玩家通过这个游戏帮助芬兰国家图书馆进行了有效的 OCR 校对。第四种方式是有效利用利他主义动机，当参与者知道这项工作有社会意义时，会积极参与进来，促进众包的发展。第五种方式是社交激励，众包本身会形成一个社群，因而会带来社交上的积极意义，通过社群之间的连接推动人们参与众包。

问：如何有效地对档案众包的质量管理进行评价？质量把控手段有哪些比较适用的？

答：关于如何对档案众包的质量管理进行评价，我不确定是否有一些比较成熟的评价体系，但大体可以从四个方面对评价指标进行考虑：第一，从资源的角度进行评价。它包括资源的完整性，众包成果是否能够完整地去覆盖某一个主题的内容；资源的有用性，是否能够满足特定的多样化的发展需求；资源的独特性，它本身是具有自身的特色。第二，从参与者的角度进行评价。它包括参与者自身的素质、参与者的积极性和参与者本身的范围。第三，从项目进程的角度进行评价。它包括众包过程当中业务的规范性、实施过程当中的时间或者其他的成本等。第四，从最终的众包成果角度进行评价，从成果产出来对众包的质量进行评价。

关于质量把控手段，我认为可以从前端、中端、后端来考虑。

第一，前端控制。前端上的控制首先包括众包平台准入制度，公众在参与这些特定主要任务之前，需要进行注册从而实现筛选；其次包括能力测评与任务匹配机制；最后包括专业化的指导与控制，就是对公众的任务实施要进行有效的专业化指导控制。

第二，中端交互。众包它本身带有社交的性质，我们可以通过线上的交流平台，通过社群彼此之间交流的方式，去提高众包的质量。比如，参与者有疑问的时候可以即刻进行留言，相应的档案工作人员会根据提问进行回复。

第三，后端保障。首先，可以设置黄金标准数据，这是个比较常见的方式。在做众包时，我们可以故意地掺入一些知道正确答案的任务，这样的一些数据，被称为黄金标准数据，掺入这个数据后，就可以对用户提交的结果进行质量评估。其次，可以设置专家审核制度，直接由专业人员进行审核，但这种方式有个很大的一个问题就是成本比较高，这限制了它在众包中的应用潜力。最后，还可以通过参与者互审机制，将统一的任务分配给不同的参与者，然后通过特定的技术手段将不同参与者的提交结果进行对比，整合以后形成最终的结果。

问：档案部门如何应对在众包过程中参与者行为不可控，很容易出现任务超期、随意提交结果等问题？

答：我个人认为任务超期、随意提交结果等都是关于人性的问题，这是在做任何形式的众包活动都需要面对的。在主观层面上，档案部门可以引导参与者的态度，提升参与者的档案意识。在客观层面上，可以对参与者的行为进行规范和约束。这个问题从本质上讲还是质量控制的问题，需要预判参与者会出现相关情况，根本的解决方案还是需要借助适当的质量控制机制。首先是通过设置相应的众包平台准入机制，对用户的参与资格和门槛进行限定；其次是建立完善的信誉机制，即依据用户的信誉评估结果考虑具体的任务分配数量、层次和回报等；最后是通过参与者相关的第三方机构来保证众包的效果，如上海图书馆众包项目是与南京大学合作，依靠南京大学的学生对其任务进行转录，从而实现有效控制众包结果的。

3　公共与社会力量参与

问：新技术对档案开发利用中的公共与社会力量的参与方式、参与力度有哪些影响？

答：我认为影响主要集中在三个方面：一是人人都是参与者。随着新技术的出现，一部手机就可以见证一个时代。现在，在很多情况下档案资源并不是由专业的媒体或者部门去记录，反而大都是由身处其境的人在记录。二是互动的参与方式，即新技术的出现打破了原来单向的参与方式。三是拓展了参与深度，从事务层面、资源层面到主体层面逐渐深入。最简单的参与方式是事务层面的参与，如通过反馈建议对档案工作提出个人见解和建议，典型例子如美国国家档案与文件署借助 Facebook 等社交媒体平台进行交流，及时获得社会公众的意见。新技术的出现使得参与方式从事务层面的参与深入资源层面上的参与，如公众从利用者的角度对档案进行描述（社会化、标引、添加标签），这实际也是内容层面的建设，非专业的社会力量参与到档案编研等过程，实现了多元化层面上的参与。最高层面的参与则是主体层面的参与，比较典型的是社群档案的建设。社群本身是档案建设的主导者，档案工作者则主要担当辅导员的角色，参与的方式也从资源层面上升到了主体层面，参与深度在不断深入。

问：公众参与档案开发利用的途径除众包外，还可以有哪些途径？

答：第一，公众可以成为档案资源本身的建构者。公众作为档案资源建设当中最广泛参与的力量，可以利用其影视和影像的技术、社交媒体等去记录、搜集、保存那些具有重要价值的书信，日记、口述故事、社交媒体的信息照片、视频日志等该类的一些档案材料。

第二，公众可以成为档案资源的开发者。比如说，公众可以参与到档案的编研，可以充分利用那些已经开放的数字档案资源去创作纪录片、电影、电视节目，以及开发游戏和应用程序等，更好地深挖档案资源的价值。

第三，公众可以成为档案开发利用的咨询者。公众通过表达相应的需求，提供相关的意见和建议来参与决策。

第四，公众可以成为档案开发利用的开拓者。2020 年，我们在调研中了解到社会力量在建设民间档案馆、家庭档案馆和社群档案馆的情况，如位于潮州的岭海档案馆是国内首家登记注册的省级民办档案馆，它主要收藏侨批、潮州的唱本、契约文书等，它的运营主要是民间收藏家和公众在发挥作用。

总之，民间的力量、社会的力量，可以在资源建设、服务创新等方面有效推动档案事业的发展。

4　赋能知识社会

问：您认为赋能知识社会对我们意味着什么？

答：其实我并没有新的观点，在此我介绍一些本人比较认同的观点。第一，在这样一个知识社会当中，档案工作者可以超越实体档案保管者的角色，成为概念、知识的提供者。第二，档案部门可以通过加强与外界的联系实现档案知识共享，发挥档案知识的扩散和应用作用。如果缺乏一些技术类、创新性、第三方机构的参与互动的话，档案领域的创新就会受到一定影响。三是鼓励群众参与档案部门决策，将闭合式创新转换成开放式创新。

问：您认为知识社会的档案是什么？

答：第一，我认为档案本身就是一种知识资产。很多国际标准，如 ISO15489 和 ISO30300 等都反复谈到过"文件是一种组织的智力资本"，我们国家的《企业档案工作规范》也强调企业档案是企业知识资产信息资源的重要组成部分。

第二，档案是知识社会的资源支撑。档案作为知识社会的一个矿山，它是知识社会的资源支撑，通过对档案中知识的挖掘来服务社会运行。

第三，档案是知识产权的盾牌。在知识社会当中，要保证人们对知识的创新，就要求对知识产权进行有效的保护。要对知识产权进行有效的保护，就离不开具有原始记录性质的档案，因为档案天生就是最好的证据。

　　第四，档案是知识的"公共基础设施"。档案毕竟还是具有一定公共性的，它是一种公共的资源。社会所有的机构至少是有机会、有权利去挖掘和利用档案价值的，或者所需要的知识。知识社会当中，在知识产权的保护下，始终还是需要有这样一个公共领域提供给大家，让整个知识社会能够有这样的一个公共基础，而档案资源就是公共的基础性资源中重要的一环。

谭必勇老师谈档案数据治理与电子证据

——2020 年"国际档案周学者谈"第五期

谭必勇　邵亚伟　李　跃

（山东大学历史文化学院　济南　250100；

扬州大学社会发展学院　扬州　225000；

武汉大学信息管理学院　武汉　430072）

摘　要：大数据、人工智能等新兴技术的发展与应用，法学界相关法律的修订与完善，均对于档案学研究与实践产生了较为深刻的影响。文章在赋能知识社会的背景下，分析了新兴技术与相关立法的发展对于档案数据治理、数据保全、档案知识资源可持续利用等研究与实践的影响，并基于以上进一步探讨了档案界应对威胁、推动自身发展的具体措施。最后，文章阐述了赋能知识社会对于档案、档案行业的影响。

关键词：档案数据治理　电子证据　赋能知识社会

1　学者阐述

问题 1：**在国家大数据战略背景下，档案界如何参与数据治理规则的制定，有着怎样的优势和劣势？**

从学术期刊的文章来看，档案界关于数据治理的文章相对较少，对于图

作者简介：谭必勇（1979—），男，湖南泸溪人，山东大学历史文化文化学院副教授，主要研究方向为中外档案学史、档案数据治理、开放数据与政府信息资源管理；邵亚伟（1999—），男，江苏盐城人，扬州大学社会发展学院 2017 级档案学专业本科生，主要研究方向为档案学基础理论；李跃（1999—），女，内蒙古通辽人，武汉大学信息管理学院 2018 级档案学专业本科生，主要研究方向为档案学基础理论。

书情报、公共管理等一些比较关注热门话题发展的专业关注较多。而且大数据局本身在数据治理规则制定方面有非常多的话语权，档案界包括国家档案局也只是在近几年来，特别是 2016 年《国家档案事业"十三五"规划》制定以来，才开始在这方面有所研究和探索。实则作为保存非常重要的数据资源的机构，档案部门在研究、思维、资源等方面都具有一定的优势。

关于优势，主要有三方面：一是前端控制。作为档案领域非常重要的思想，"前端控制"就是为了保障档案能够更有效地得到管理，这要求档案管理人员深入前端，在档案的前身（文件）的形成和处理阶段，都加以影响，把档案管理的要求和理念灌输其中。因此，如果档案界在前端便参与了规则的制定，显然这对于今后的资源收集有较大的益处，数据的规范性、质量方面都能得到保障。二是数据集成。档案馆既保存着非常丰富的历史资源，也保存着电子环境下生成的数据，这些数据资源对整个社会治理来说，有着非常重要的作用，如电子证照（包括浙江开展的"最多跑一次"）的业务办理中就有档案部门的参与。最近几年来，档案部门通过档案数据或者档案数字化，把很多原来的历史数据上传共享到业务系统当中，使得公安、民政等业务部门在处理行政事务时不用多次提供证据，极大地提高了工作效率。因此，档案部门可以通过数据集成将历史资源和现行资源进行集成处理，这种资源优势更加有利于一体化的协同办公。三是业务升级。档案部门处理的是"最后一公里"的问题，当前端业务开始或者接近 100% 数字化在线办理时，档案部门也需要参与到这种工作中，倒逼自身业务升级，从而使资源和业务流程的融合度更高，在此背景下，它可以极大地提升档案数据治理的质量和效率。

关于劣势，主要有两方面：一是数据治理领导力。如上所述，当前档案部门在做好后端管理的同时，也应当积极参与前端控制。那么，档案部门能否具备领导数据治理的能力，或者说能否承担起相应的责任，还有待研究和思考。以浙江等地大数据行动计划为例，其中很多项目（应用项目、重点公安项目等）的牵头单位大部分是大数据局、经信委（经济和信息化委员会）等单位，档案局很少作为主导单位参与其中，所以在领导力方面档案部门还有一定的欠缺。二是保密与数据开放共享。虽然 2016 年的《中华人民共和国档案法》对有关档案的保管期限进行了修正，但是在实践中，保密期限与数据实时开放的要求还有一定的距离，如山东省制定的"数字山东"方案，要求山东省档案馆开展一项重要工作，即数字档案管理系统开发，进行在线归档。这项工作在很多企业开展已有一段时间，在技术、系统、软件开发方面相对比较成熟，但如果档案部门真正参与到数据开发中，数据交由档案部门来主导，那么我们能在数据的开放、共享、利用方面能做多少工作，也是需要考虑的。近年来，数据治理等类似的行动取得了一些成绩，如上海、江苏、浙江等地的"一网通办"项目，档案部门也参与其中，档案作为一个接口也被纳入其中。又如，山东省档案馆做了一个档案目录中心，它可以实现在线目录查询和申请提交，但提交申请后无法获取电子版的文件，只能通过一些机要的途径，打印纸质版后寄到最近的档案馆。所以说，在这方面我们还有很长一段距离的路要走。

总之，就这个问题来说，我们有优势，但劣势也很明显。

问题 2：我国档案领域推动电子记录成为证据尚在探索阶段，是哪些因素限制了档案领域电子证据的立法？电子证据立法与双轨制、单轨制是怎样的互动关系？

就问题本身而言，"我国档案领域推动电子记录成为证据尚在探索阶段"这个说法还需要进一步探讨。2019 年，全国人大通过的《中华人民共和国档案法》（修订草案）中的第五章第三十条，关于"档案信息化建设"这一章，有这样一段："电子档案应当符合来源可靠、程序规范、要素合规的要求，不得仅因为电子档案采用电子形式而否认其法律效力。具有法律效力的电子档案可以以电子形式作为凭证使用。"虽然该草案还没有正式实施，但从这段话可以看出档案领域的最高立法层面关于推动电子证据立法有了非常大的进步，所以"尚在探索阶段"这一说法不太准确。但就研究和实践方面来说，"尚在探索阶段"也可以说是档案界当前阶段的真实写照。

限制因素：一是档案本质（管理）。一方面，限制因素主要和档案/档案管理的本质有很大关系。希拉里·詹金逊"证据神圣性"的观点强调，档案是真实的历史记录，档案的管理（特别是保管）需要完整的、不间断的保管链保障电子文件的真实性、完整性、可靠性。詹金逊甚至认为，只要脱离了这个保管链的文件和档案，都不允许再放进来，也不再承认它是档案全宗的组成部分。可见，该观点认为档案的真实性/证据价值在档案馆中是天然的，只有保管在档案馆中的档案才天然地具有行政价值，同时也是真实的。因此，档案馆作为保存真实证据的场所，是档案馆在古今中外特别是国外公共档案馆发展过程中合规性、合法性的重要体现，笔者于 2019 年出版的《中外公共档案馆发展路径比较及对策研究》一书中对此也有过专门阐述。此外，2019年颁布的《国务院关于在线政务服务的若干规定》中的第十二条规定："政府服务机构应当对履行职责过程中形成的电子文件进行规范管理，按照档案管理要求及时以电子形式归档并向档案部门移交。除法律、行政法规另有规定外，电子文件不再以纸质形式归档和移交。符合档案管理要求的电子档案与纸质档案具有同等法律效力。"这一条说明符合档案管理要求（的文件）其实就是"真实有效凭证"的代名词。对于这个问题，加拿大哥伦比亚大学的杜兰蒂和荷兰档案学家卡特拉也都有过比较深入的阐述。所以笔者认为，正是因为档案的本质（天然的证据效力、神圣性的本质），档案部门的主要任务才应当在于探索如何通过合规合法的程序保障业务系统中形成的电子文件有序地向档案机构移交，并保障移交后的档案不被篡改和损毁，从而进一步保证其在数字空间/真实记忆保管场所权威的地位。二是关切程度（起点）。从电子证据立法来看，推动电子记录/电子数据（法律界喜欢用电子数据的提法）很早就成为中外法学界关注的焦点。我国较早探讨这个问题是在 1990 年修订的《中华人民共和国著作权法》中将计算机软件和其他的文字作品、电影等并列列入受法律保护的名单当中，这也反映出计算机领域中独创性的东西也需要进行保护，如果受到侵权，便可用证据来进行维权。1999 年实施的《中华人民共和国合同法》第十一条对书面形式的合同也作出规定，认为"书面形式是指合同书、信件和数据电文（包括电报、电传、传真、电子数据交换、电子邮件）等可以有形表现所载内容的形式"。2003 年，国务院办公厅颁布的《电子公文传输管理暂行办法》中也提到了电子公文的凭证作用："电子公文是指通过国务院办公厅统一配置的电子公文传输系统处理后形成的具有规范格式的公文的电子数据。电子公文与相同内容的纸质公文具有同等的法律效力。"由此可见，当电子商务、电子政务领域应用的新数字生活方式给人们带来很多便利和风险乃至造成犯罪的同时，人们也特别关注到了电子证据的问题。因为电子证据及其取证在打击网络犯罪，维护数字空间秩序方面所具有的作用非常明显，甚至说改变了司法审批的生态。近几年，我国还出现了互联网法院，所以法学界有需求、有动力做这方面的研究。2012年，两大诉讼法也将电子数据作为独立的数据类型，（电子证据）获得了合法地位。反观档案界，学界真正大规模地关注这个问题是在2013年我国启动大数据战略后。美国国家档案馆2019年也发布了一项命令，宣布美国国家档案馆将在2022年12月31号以后全面地以电子形式接收联邦政府各机关移交的电子档案。因此，近几年来档案界才切实地感受到这种压力，因为这种管理的本质和关切的程度可能都限制了档案界在这一块难以跟其他领域（特别是法学界）进行同步研究。

互动关系：一是业务驱动（实践）。电子证据的立法和电子文件单轨制的迈进其实是在全球数字社会转型的需求下，司法领域和档案领域为适应经济社会发展而作出的反应。电子证据立法可以使电子文件的法律证据效力和取证规则得到社会大众的广泛认可，提升电子文件单轨制转型的基础和信心。同时，电子文件的单轨制转型也能够更加真实、完整地留存数字空间里面各种政治经济文化活动的记录，为司法领域打击网络空间犯罪提供更为可靠的支撑。二是问题导向（学术）。从学术层面来看，两者都有问题导向的驱动，如数字司法领域对电子数据范围和审判规则的制定和修改，可以使档案界从更新的视角来优化电子文件的管理，进行数据治理方面的研究。而电子文件单轨制转型过程中遇到的一些重大问题，也可以进一步为法学界开展电子证据立法的研究提供丰富的案例素材。

问题3：大数据背景下档案数据如何治理与构建，以维持档案知识资源的可持续发展？

第一个层面，即机构层面，在此层面做一个数据治理，实现数据归档和质量控制，这是机构层面档案数据治理最基本的一环，这个步骤有利于为机构的业务运转提供一个真实、可靠的档案数据支撑。目前，档案部门特别是已经开展电子文件在线归档的一些部门和机构，对此已经有了相关实践。虽然当前OA系统中的电子文件的归档甚至在线归档基本上不存在太大的问题，而关于专业性的、复杂的业务系统中所形成的业务档案，它的形式、形态、结构、格式更加多样，它的归档流程、质量控制更加不好把握，如何对其进行有效的治理是亟须解决的一个问题。

第二个层面就是地方或行业方面的数据治理。这一层面的主要工作是完成数据的汇交和整合，实现地方或者行业的稳步发展，为业务方面提供强大的支撑。笔者曾经调研过一些行业，如电力、自然资源，他们在这方面都有较大的需求。如果不完成资源的汇交和整合，他们的数据仍将属于分散和无序的状态，难以利用。因此，如果不做好这个层面的工作，那么也就难以谈及提供知识资源的可持续支撑。

第三个层面是国家层面的数据治理。国家层面数据的开放、共享、利用，特别是在服务平台建设、规章制度、标准规范等方面，它应该起到更大的作用。

数据治理要想为知识资源的可持续发展提供一种支撑，就要把数据从一种静态的、杂乱无序的数据变成一种有序、流动的、具有关联性的、可理解的、可挖掘的数据。目前，已经有一些机构在探讨如何完善数据治理，特别是在新基建背景下，如何通过支撑或者谋划来达到这一目的尤为值得探讨。

问题 4：如何看待档案数据治理与电子档案证据保全之间的关联？对于人工智能及其他新兴技术的依赖，对档案管理者是否会造成威胁？

关于档案数据治理与电子档案证据保全之间的关联，笔者认为主要是共融共生的关系。档案数据治理，特别是对于数据质量的控制，要求我们要提供更完整、更全面、更可靠、更可用的数据。而电子证据或者电子档案的保全，可以说是档案数据治理的一个目的，它在司法鉴定中受到较大的关注，这种关注又可以促使档案数据治理工作的进一步开展。因此，我觉得两者是"共融共生"的关系。

在人工智能迅速发展的背景下，国内理论界和实践部门在 2013 年也开始了对智慧档案馆的探索。可能在某些工作环节，人工智能已经对于档案工作人员产生了一定的威胁，它可以取代一些人工服务。关于它能否对人工服务及档案管理的需求造成一个根本性的威胁，笔者是这么认为的：

首先，一些常规性的、程序性的业务，人工智能可以起到很好的作用。例如，图书馆的图书上架、排架、还书等工作其实目前已经开始部分地由人工智能来操作了。因此，诸如这样的常规性业务在未来有可能会大幅减少，它对于常规性业务的从业人员来说会是一个威胁。但是，一些复杂、协同的业务，它需要智慧、智力的投入更大，在档案领域最能体现我们服务能力的就是编研工作。虽然现在有网络编研等，但它总的来说还是一种极具复杂性、协同性，对原创性、创新性要求非常高的一项工作。这项工作实际上很难由人工智能完全取代，只能说人类要增加更多的智力投入，这才是它的一种"威胁"。

从本质上来说，数据保全、大数据局的设立等，实际上都是对人工智能及未来新兴技术等新业态的反映。这种反映说明未来这些新兴的技术有可能使得数据管理不再对我们的档案机构有一个天然的依赖。档案馆应当积极转型，主动承担起大数据时代保存档案数据，对它进行有效保管并提供利用的职能。如果不能够承担起这一个责任，那档案馆很可能会成为一个历史档案馆。因此，如果无法对数据时代的档案进行有效管理，那么（档案馆）很可能就会被别的机构所取代，我们需要忧患意识。但是就目前来看，社会对于档案界保存真实历史记录的职能还是比较信任的。

问题 5：《最高人民法院关于民事诉讼证据的若干规定》（以下简称《规定》）的修订，在网上引发了"微博微信手机聊天记录可作法律证据进行民事诉讼"等热议，那么法学界的这种修订，对于档案界来说会形成哪些影响？档案界又该如何很好地与法律行业的修订进行良性对接？

2019 年年底刚刚修订，2020 年 5 月 1 日开始实施的《关于民事诉讼证据的若干规定》，是该类文件自 2001 年以来一次较大的调整，增加了特别多的相关条款。在此之前，有关电子数据的法律，最新的是 2015 年《最高人民法院关于适用〈中华人民共和国民事诉讼法〉的解释》中的第 116 条："电子数据是指通过电子邮件、电子数据交换、网上聊天记录、博客、微博客、手机短信、电子签名、域名等形成或者存储在电子介质中的信息。"这句话对有关电子数据的证据效力具体的认定规则的规定还不是特别的明晰，而此次修订已经把内容做了一个大的调整和细化。

此次修订的条款里面有 4 条和电子数据有关系，分别是第 14 条、15 条、93 条、94 条。第 14 条是对于 2015 年最高人民法院的司法解释做了一个补充，对于"什么是电子数据"做了进一步的界定。3月26日最高人民法院曾在官方微信公众号上发布一篇推文，解释了对第15条进行修正的原因：他们咨询了计算机方面的专家，其认为这个电子数据应当包含内容数据、衍生数据、环境数据和通信数据，这四个方面的数据，这些和电子文件的背景信息、结构信息、内容信息类似。所以说，这是一种影响。但是，这种修正反而让我们更加深入地思考关于电子文件的背景信息、结构信息、内容信息的要素是否也需要作出调整。此外，还有一些条款也涉及其他问题，如第93条里面提到了判断电子数据真实性的7条比较可靠的因素，其中有一条"电子数据是否是在正常的往来活动中形成和存储的"，第94条提到"电子数据存在下列情形的时候，人民法院可以确认其真实性"，其中有两条"第3在正常的业务活动中形成的"、"第4以档案管理方式保管的"。可见，这两个条款进一步凸显了档案领域做好电子文件管理工作的重要性。因为条款认为在正常业务活动中形成的，以电子或者档案管理方式保管的，是非常重要的一个"真实性"的标准。

关于对档案界的影响笔者认为：对一些新鲜的事物，其规则的制定不用太着急，很多问题还没有弄明白的时候宜粗不宜细。但是，当研究与实践推进到一定阶段的时候，就一定要细化，使之变成可操作的程序、流程，让更多的人知道如何去操作、认定。

关于如何进行良性的对接：第一个是学理上的梳理是必要的。《规定》第15条特别提到了"原件"，电子文件原件、电子数据原件，到底是什么？档案领域提到的原件和司法认定当中的原件，它们之间有什么样的异同？笔者认为对此可以进行梳理，为电子文件管理规章制度的制定做一些理论准备，为档案界和法律行业的对接奠定一个良好的学理基础。第二个是业务流程的优化。以区块链为例，《档案学通讯》2020年第1期刊登了3篇关于区块链专题的文章，其中第三篇是中国人民大学刘品新教授从司法角度谈的区块链和档案文件管理。可以说区块链作为当下非常重要的一个技术，在电子文件或者文档管理的鉴定、存储的流程中，包括档案信息服务方面，都有着非常大的用处。第三个是电子数据本身的治理。能否做好电子数据治理或者电子文件治理，涉及其能否作为有效的证据直接在法律界发挥作用。目前互联网法院的证据取证既有自我的系统，也有第三方的平台，所以笔者觉得无论是在内容方面还是在技术方面、服务方面，档案界都可以参与合作。此外，关于数字取证的问题，加州大学的 Anne J. Gilliland 教授主张在档案领域取消"鉴定"这个环节，她认为传统的鉴定环节（之所以存在）实际上是因为档案保管的场所不够用，在云存储、大数据这样的海量存储技术发展越来越成熟的环境下，可以取消这样的一个环节。Gilliland 教授认为"鉴定"是弱化证据的过程，而不是增强证据的过程。基于此，笔者认为需要融入"治理"的理念，治理崇尚去粗取精，去伪存真，所以"治理"可以使"取消鉴定"这个问题的争议变小。

问题 6：赋能知识社会对我们意味着什么？

一是在当前的大数据时代，我们需要提升自身数据素养，包括对数据工具、数据的使用及数据发挥的作用要有一个基本认知；提升对档案数据及其他数据的接纳度。二是树立创新思维，没有创新，即使拥有数据思维，接触到一些数据，没有敏感性思维也是行不通的。在学术研究中培养良好的学术敏感性，可以让我们在看到档案行业出现一些新业态、新现象、新做法时，预测到这些变化背后潜在的重大机遇，同时预判出其中存在的风险，所以我们必须树立创新思维，开阔视野，在此基础上深挖档案财富。因为档案资源是丰富的，尤其是我们身处于一个获取数据途径、接触档案的实践方式都超越前人的一个好的时代，我们能够接触到更多的档案实践，能够看到更多的不一样的档案财富。2018 年，笔者曾带学生去参观常州的档案博览中心，从档案展览中的工资条、社保单中可以看出 20 世纪 80 年代末，这些还未破产的企业的发展和工人待遇都是非常好的，但他们现在已经成为一段历史。由此延伸，我们必须要有危机意识、创新思维。总之，时代潮流浩浩荡荡，我们只有不断提升综合素质才能适应多变的社会。因此，我们需要通过上述三个方面将档案蕴涵的知识地图激活、增值，并转为一个组织、一个地区甚至是一个国家和民族的财富，这也是档案行业需要做的贡献和档案行业存在的价值所在。

问题 7：知识社会的档案是什么？

首先，档案是赋能知识社会的底层数据。知识社会运转过程中会形成大量的信息、记录，这些记录实质就是未来的档案。档案是社会的真实历史纪录，反映了社会运转的规律。因此，我们对其进行挖掘可以赋能、激活许多东西。其次，档案是提供知识服务的持续源泉。档案与图书、文物相比有很大区别，特别是相对于文物来说，档案是可再生的资源、有机的生长体。因为档案馆中保存的卷宗、全宗、馆藏量是会增加的，可以源源不断地为知识社会各项工作的运转提供源泉。再次，档案还是解读知识社会的文化密码。要想认识、了解一个社会，档案是一个很好的途径。在中国第二历史档案馆，无论是著名的领袖的签字，文华图专的入学考试试卷，还是美国国家档案馆当时写给我国国史馆代理馆长的亲笔信，傅振伦先生的一些原始底稿，都会使我们脑海里浮现那些时候的场景，那么未来我们的子孙世代在解读当下社会时，档案能否为他们提供解读社会的文化密码并且具有更多的文化密码，这是我们这一代人在大数据时代背景下所需要思考的。最后，档案是治理知识社会的智能工具。档案本身也可以作为治理工具，前面提到的底层数据、源泉、密码都可以在社会治理中发挥作用，可以帮助我们更好地看待前人在治理社会过程中的智慧和经验，所以我们甚至可以把档案作为改变未来社会运转的重要工具。

2　现场问答

问题 1：档案的保管期限有意义吗？

档案的价值具有一定的动态性。现实存在的问题是大多档案馆在库房允许的情况下一般不会做档案鉴定，档案保管期限的意义在于对档案馆的档案进行划分，长期保存的档案需要进行二鉴，而要不要进行二鉴则取决于档案馆自身的实际情况——一是库房问题，二是考虑档案在某一阶段价值会发生变化。英国史学家汤因比在与英国国家档案馆人员聊天时得知由于铁路的私有化、库房与人力的不足，他们认为这些英国铁路建设一百多年来的档案没有必要再保存在公共档案馆中，就把它们销毁了，汤因比就此回答："你们这种行为大概会让公众十分愤怒，特别是对于那些研究经济史的人而言是很大的损失。"所以关于档案鉴定，我们应该从更宏观的角度来看待，而不是从一个单位的角度来探讨，同时在未来是否需要做销毁式鉴定，也是值得考量的。

问题2：如何理解档案界所说的档案数据这个概念？它与数据有什么本质区别？

档案数据和数据，可以从"文件与档案"的关系来考量。法律上所说的电子数据，一般是在业务活动当中所形成的真实记录。但是，如果数据要转为档案数据，一定要有档案部门的介入，或者它一定要具有档案的属性。结合司法领域的解释，档案数据应该是在正常的业务往来过程中形成的，具有一定保存价值的，以档案管理的方式加以提取和保管的数据。可见，档案数据最重要的两点特征在于：在正常的业务往来过程中形成；以档案管理的方式加以提取和保管，综合来看就是档案数据的形成环境和提取保存方式要符合特点的要求。

问题3：档案数据治理是话语体系的转变，还是技术变迁下的重大变革？

这既是一次重大变革，也是争取、掌握话语权的过程。随着近年来的数字转型，有不少的专家将其与东晋桓玄以纸代简（这一事件）来进行类比。目前来看，有关档案数据管理或者数据治理的研究也是我们千年一遇的机会，我们正好处于这样一个时代。关于目前的单轨制和双轨制，在双轨制往单轨制转型的过程当中，单轨制何时才能完全定型，对于档案界来说也是一个真正的大变革。

这个变化的过程是一个长期的过程。这体现在数据治理过程当中还需要有人文关怀，因为目前还有相当一部分人和群体难以融入数字社会。如果要求他们进行数字转型，可能过于严苛，甚至可能会造成很大的问题。因此，在转型过程中，档案领域要积极应对，同时也要关注到这部分人的需求，用人文的观点来看待数字转型社会当中因为数字鸿沟等问题有可能边缘化的群体。

关于话语体系的转变，如果档案界不去研究甚至排斥前沿问题，那么在整个数字转型的过程中档案界就会丧失话语权。因此，当下在数字政府建设、大数据中心建设、新基建等领域中，都需要有档案的声音。

它既是一个重要变革，也是电子文件管理由双轨制向单轨制漫长转型过程中一个必然会面临的工作。这个工作做得好不好，跟这个学科、这个职业的发展都有密切的关系。

知识社会下档案学术研究、学科发展、人才培养的探讨

——2020 年"国际档案周学者谈"第六期·档案圆桌派

张卫东[1]　任　越[2]　高大伟[3]　曹佳瑜[4]　张晨文[5]　施玥馨[6]

（1　吉林大学管理学院　长春　130022；

2　黑龙江大学信息管理学院　哈尔滨　150080；

3　郑州航空工业管理学院信息管理学院　郑州　450046；

4，5　中国人民大学信息资源管理学院　北京　100872；

6　武汉大学信息管理学院　武汉　430072）

摘　要：文章在赋能知识社会的背景下，讨论了档案学的学科发展与人才队伍的建设所面临的机遇与挑战，论谈邀请到了多年从事档案学教育、档案学研究的三位嘉宾，分别围绕"毕业论文与档案学研究""青年档案学者眼中的档案学未来的发展""彼此支持，共同发展的档案学"三个主题进行分享与讨论，并在此基础上，强调了青年一代档案学者的责任与担当。

关键词：档案研究　人才培养　学科发展

作者简介：张卫东（1981—），男，河北霸州人，吉林大学管理学院教授，主要研究方向为档案学理论及应用、档案与数字人文、社交媒体与用户行为；任越（1981—），男，黑龙江哈尔滨人，黑龙江大学信息管理学院教授，主要研究方向为档案学基础理论、档案文化、档案价值；高大伟（1983—），男，河南郑州人，郑州航空工业管理学院信息管理学院副教授，主要研究方向为档案学基础理论、档案信息化、科技档案管理；曹佳瑜（1992—），女，河南郑州人，中国人民大学信息资源管理学院硕士，现就职于中国兵器工业档案馆，主要研究方向为数字档案馆、档案信息化；张晨文（1994—），女，河南郑州人，中国人民大学硕士研究生，主要研究方向为档案学基础理论；施玥馨（1998—），女，陕西西安人，武汉大学信息管理学院硕士研究生，主要研究方向为档案文献遗产、数字人文。

1　主题 1：毕业论文与档案学研究

1.1　主题 1－A：选题和研究热点

高大伟老师：

选题是研究成功的基础：

第一是注意选题来源。一方面，我们要从档案实践、经典文献中发现问题，或从不同的角度认识、研究他人论文中的观点，通过对他人研究的整合，发现问题；另一方面，档案学与其他学科都有关联，如社会学、人类学、文化学、管理学、心理学等。档案学学生更要重视从这些学科交叉处发现问题，创新选题角度。具体而言，档案学学生可以通过查阅文献综述、课题指南，以及深度参与导师课题等方式发现问题，获得新的选题来源。

第二是立足大局。论文研究与选题应该与档案事业发展、党和国家的重大关切结合起来。例如，在国家号召传承优秀传统文化遗产的背景下，档案界可以思考在档案文化遗产、工业档案遗产等方面，就如何开展档案文化性工作开展研究。总之，立足大局，即立足档案事业高质量发展的大局，并将其与自身兴趣相结合，反复思考，进而作出贴近实际、能够落地的研究。

第三是选题的风险问题。论文选题中存在研究热点，而热点中其实也会有冰点，对此要进行冷思考，评估研究的难易度。例如，一些选题经常出现双主题型题目，以"档案资源建设中的共建共享研究"为例，这个题目天然包括共建、共享两个部分，在具体写作过程中很难将两者综合到一起。此外，背景嵌套型选题也存在风险，如"×××背景下档案××××研究"，需要考虑如果去掉前置背景，论文是否仍能成立。对于抽象型表达的选题往往存在研究意义不明确的问题，如模式研究、构建研究。因此，我们建议论文写作使用较为平实的话语来直接表达所要研究的内容。

张卫东老师：

选择一个合适的题目相对困难。个人认为学位论文选题应遵循两个原则，一个是"老题新作"，通过不同的视角、理论和研究方法，在旧问题的基础上提出新的发现；另一个是"小题大做"，在研究中避免宏大、学生难以驾驭的选题。

关于论文写作，许多老师都作过精彩的报告，如学科领军人冯惠玲老师曾作主题为"档案学研究选题举要"的讲座；又如，初景利、徐拥军、赵彦昌、张全海老师等均在不同场合以讲座形式讲解学术论文写作问题；再如，张斌老师最近在《图书情报知识》中发表了关于档案学热点的文章，文章对档案学研究热点的分布和趋势进行了分析。同时，人大报刊复印资料公布的图情档热点评选中也包括档案学研究的一些热点问题。此外，我们也可关注各档案学术期刊的选题指南，如《档案学通讯》《图书情报工作》《山西档案》等。

个人认为档案学研究热点存在"两个不变"和"一个变"。第一个不变，即档案学基础理论。这种研究是面向档案学的元问题，是档案学研究的永恒话题，目前这方面的研究相对较少。具体包括两点，一是应关注新环境、新背景，新环境下档案学理论的反思和创新；二是注重培育和发扬本土理论，如数字记忆、档案双元价值论、档案本体实践论等，以推动形成具有中国话语体系的档案学理论。第二个不变是档案内容的开发利用/组织挖掘/知识发现，这是体现学科特色、展现学科自信的重要内容。"一个变"是根据档案学研究、档案工作实践环境的变化所产生的热点，包括新技术的运用、机构改革等问题。围绕这些新变化会产生很多时间长短不一的热点。例如，从档案数据管理走向档案数据治理，档案与数字人文研究，数字转型背景下的电子文件管理，机构改革背景下的档案管理体制创新等。同时，重大突发事件的档案管理也是一个短暂的热点选题。因此，热点的选择要抓住"两个不变"，同时顺应环境和技术的变化，因势利导，以确定有说服力、有理论和实践贡献的选题。

1.2　主题 1−B：写作与日常训练

任越老师：

论文的写作和学术训练不是一蹴而就的。学术能力和学术行为，需要长时间的学术训练和积累，对于高质量论文的写作，个人认为可从以下三个方面入手：

第一，多阅读文献。文献是写作的基础，是获取外部知识的重要来源。文献包括国内文献和国外文献两种。对于本科生而言，国内文献是必须要看的资源，但其对外文文献的获取并不熟悉。外文文献可以从更广的平台获取，如国外网站和期刊等。只有涉猎足量的文献，才能阅读文献、分析文献、撰写文献综述；通过撰写文献综述梳理学术史、了解学术动态，更好地把握要选择的题目。

第二，多进行论文写作训练。论文写作对于本科生而言难度较高，本科生可以从写作课的训练中积累经验；有志读研究生的同学更需常写常练，可以先从小论文开始着手，循序渐进。在写作中通过模仿论文的结构框架和语言选择（但不是抄袭）最终形成自己的文章，积累属于自己的学术技巧和框架。

第三，拓展学术视野。多阅读与档案学相关的其他学科的书籍，如文学、史学、社会学、图书馆学、情报学等，这些都可以给写作和研究赋予思路和灵感。同样，通过读书能够了解学术方法和行文结构，有助于个人学术习惯和论文写作思路的养成。

张卫东老师：

个人不建议同学们从现状、问题、对策去撰写论文，而应摒弃三段式的写作范式，因为这样的论文缺少营养。提升论文写作能力主要包括两个关键词：规范和聚焦。

第一，规范。规范就是要按照规范的范式来进行研究。规范可以从四个方面展开：首先，引言部分应准确说明文章要研究或解决的问题；其次，进行文献研究和文献综述，在前人的研究中寻找理论支持和依据，同时明确当前研究在前人的基础上具有哪些创新；再次，运用相对规范的研究方法，任何一个学科的研究都有方法，研究生写作常用的研究方法有四种，在后文详细阐述；最后，发现和提出有用的结论。文章提出问题后，要有理论依据、有方法、有过程。发现和结论不能与研究的目的脱节，不能用一些万能或者普适性的建议和对策。所谓老题新作，新作即新发现、新抓手。

第二，聚焦。论文写作应聚焦于主题，逐层破题。在论述方面，很多不同主题的文章都以档案的起源和定义开篇，并没有围绕主题进行抽丝剥茧的研究。所以论文写作可以参照"提出问题—分析问题—解决问题"的逻辑，在整个过程中围绕提出的研究命题展开论述。

1.3 主题1-C：技术与方法

张卫东老师：

任何一个学科的研究都有方法。但目前的状况是，档案学的研究方法被质疑。参考"安吊灯"的一种说法，行文不能想当然地否定别人，并提出自己的意见。因此，技术和方法对学术研究的作用是，让文章中的每一句话都有依据，经得起推敲；避免口语化表述、问题和对策"假大空"等问题。研究生写作常用的研究方法可以有以下四种：

第一，文献分析法。个人认为文献综述有两个重要词汇："登高"和"临远"。例如，文献综述中是否引用研究主题所在领域中权威、核心作者的论文与观点。"登高"是指站到文章质量的高度上，不引用发表在非档案期刊或出于其他目的而发表的论文。"临远"是在检索时，尽量囊括主题。例如，"基于数字人文的档案资源开发"这一选题，仅以"数字人文＋档案资源开发"进行检索是不全面的，而是要对与该问题相关的研究、相邻的概念等进行多种检索和详细分析，才能保证检索文献时"临远"，获取比较优质的文献资料。

第二，调查法。无论是网站调查还是实地调查，建议调查者在调查前和论文中表明调查的目的、对象、时间和过程，做好调查前的准备工作，如对微信公众号的调查，梳理罗列开设时间、创办者等一些主题框架，清晰的框架有助于破题。也就是说，调查前调查者应根据选题制作一个明确的指标或框架，以指导调查工作有序、有效开展。

第三，问卷法。这种方法在实际运用中存在很多问题，一是受访问对象是非档案人员，如以朋友、家人充当"档案专家"。这种调查数据的质量很低，因而对于调查对象的选择，一定要有针对性地选择适合研究主题的用户、专家或工作人员。二是问卷调查后仍旧以定性分析方式得出一般性的结论。我们建议如果应用问卷法，那么最好是通过定量分析的方式，从数据中提炼问题、分析问题。

第四，访谈法。有些同学认为打电话就是做访谈。个人建议无论是半结构化还是其他形式的访谈，均需要提前拟定访谈提纲；另外，可以用质性的研究方法分析访谈结果。总之，做研究时要有方法，使所提出的问题、使用的语言，任何一句话都能够有依据、有说服力。另外，研究方法有很多，我们也可以借鉴其他学科的方法。

高大伟老师：

关于方法论的问题。档案学的研究方法从改革开放以来甚至更早，就被广泛讨论。个人认为方法就像马克思主义中提到的，"既是世界观，又是方法论"，实际上方法与内容关系非常密切。

第一，讲方法的前提是形成一套自己理解档案现象的世界观，即对档案与档案工作是否具有宏观、独特，有个人特色的理解，从而形成一种自己的"套路"。这个"套路"不在"多"，而在"精"。以我个人为例，在写作中发现很多档案现象可以从价值、技术、形态这三个维度进行分析，这种方式可形成一种自己的范式。在范式的具体应用方面，我们以研究电子公文和电子科技档案的区别为例，从价值上来看，一个是行政管理，一个是工程质量控制和产品质量控制，价值不同，整个工作体系自然不同。从技术角度分析，电子公文所使用的处理系统是 OA 办公自动化系统，与产品生产管理系统、工程信息建设系统等不同，其业务逻辑在信息系统中的实现也有差别；再从形态来看，公文的形态依据机关公文格式标准，而科技类电子文件的形态需要要明确元数据、本体属性、科技文件与科技档案的关系等问题。这就是一种"套路"。每个人都可以有自己的世界观，每个人的世界观也可以更加多元。

第二，在研究过程中将方法与内容相结合时，需要较好地把握学科史或某种理论的文脉。比如，档案教学科目的变化，从历史文书学、历史文献编纂等科目，发展到档案文献编纂、档案编研，再到现在大量的文章研究开发和服务。从学习角度而言，我们应该分析这种变化是如何一步步发展到现在的，其中的文脉是什么，进而从中窥见档案学科的核心关注点和思路。再如，档案的搜集、征集，而现在的文章中常用采集一词，谈论本体、语义、数据库问题，那么这些词汇之间是什么关系，其核心思路是什么，这些都是所谓的"文脉"问题，是应该掌握的文脉和方法。如果研究单纯使用一些方法，而没有建立在学科史之上，研究结果很可能只是"浅层科普"。因此，只有以学科史为基础，探寻学科的思路，才能将其内化为自己的方法。

第三，具体方法的使用应以内容为核心，而不是方法的堆砌，方法一定服务于内容的创新。

总之，我们要有自己的世界观和方法论。要关注学科史，了解问题的文脉，理解过去的人是怎么做的，现在的人又要继承什么。档案学虽然没有很多专门性的方法，但不妨去总结一下他人的"套路"。

1.4　主题1－D：理论与实践

高大伟老师：

这个问题是所有档案学者和档案工作者都在思考的问题。下面我分享两点个人想法。

首先，理论应该有立场，即要搞清楚自己在做什么，是基础理论研究、应用理论研究还是应用技术研究。例如，从档案信息开发的技术问题逐渐推演到为用户服务，再推演到用户的权利，研究思路在不断向前、向上延伸，直到无法继续，这就是基础理论研究，同时将理论研究落到具体的应用上也是必需要关注的。因此，在进行研究时必须首先搞清楚自己的立场。学生大多进行应用理论研究，应用理论研究需要有清晰的基础理论假设，其可以不做基础理论的探讨，但必须搞清楚假设。

其次，分工问题。科学研究强调分工，社会科学一般有四个基本分工：一是科学之学，即研究科学。比如，研究档案管理、档案如何整理等，这是一个科学的现象，要去分析它的科学问题，掌握规律。二是哲学之学，即研究为什么要这么做。比如，整理的原因、为什么会有档案记忆的说法、要构建什么样的记忆体系，这是哲学意义上的思考。三是事业之学，对于实际工作中的项目研究，需要用在科学之学中的研究内容来指导事业之学。事业之学的假设并不否定实践和政策，而是响应和服务实践。比如，对项目的研究，是在项目拟定的限制条件之内作进一步的探索，需要满足项目的基本要求，产出更具体的、更实际的成果。四是公共之学，学术研究需要传承，需要宣传与交流，进得到社会的认可。

任越老师：

个人认为对于理论与实践问题，如果没有理论者的一些前沿性的思考与研究，那么实践问题的推动将相对受限。因此，理论和实践问题应该是档案学界和档案实践界共同参与和讨论的问题。对于学生和老师来说，理论研究是非常关键的一个因素，所以基础理论问题的研究应得到重视，理论问题的学习、思考也应延伸至整个学术研究周期中。

第一，基本术语方面。进行理论问题研究需要个人对档案学科的基本术语有一定的了解。很多同学在论文中阐述的学术术语与所要研究的问题不是最贴近的。原因是同学们没有把学术术语最原始的部分弄清楚。像前文张卫东老师提到的全宗理论、来源原则、文件生命周期理论，都可以作为学术研究的基础，但很少有同学对这些理论的来龙去脉、学术史有一个完整的认识。这是目前很多学生在理论研究方面最欠缺的问题，即对基本术语不熟悉、对问题理解不深入。

第二，经典著作的阅读。每个领域或理论学术研究都有经典著作的问世与出版。档案领域的十三本旧著基本囊括了中国档案学基础理论的很多知识。如果对这些内容不了解，何谈对现在的档案工作有了解，所以理论研究首先要注意专业基本术语和经典著作的阅读。但是，理论并非脱离实践。学者和学生，也要多关注实践问题，主要是关注档案领域亟须解决的问题，并做有针对性的思考。例如，重大事件过程中档案机构的职责研究，档案工作能为社会公共卫生事件提供哪些经验、做出哪些贡献。这就是实践问题，而且研究中迫切需要把实践问题融入理论之中，但是不主张研究问题的投机性，强调系统性和创新性。另外，理论应该真正融入实践全过程，深入实践问题的本质，寻找切入点，不能只停留在表面。这样才能明确问题，使学术成果表现得更加透彻。

1.5　主题 1－E：论文写作中的"师生关系"

任越老师：

在论文写作方面，无论是本科还是研究生阶段，我认为大家要将论文写作当作一种修行，真正建立对学术研究的尊重和敬畏。

关于师生关系，对本科生的培养主要通过与他们交流和沟通，拉近与同学们的距离，努力成为他们学习与情感的依靠。对于本科生的论文撰写，我们应尽量尊重学生的想法，在课程中历练学生的写作能力。对研究生的培养方式主要是引导、督促学生独立思考。通过组会制度，对他们进行引导和训练，让研究生掌握学习的方法。

张卫东老师：

我会和学生一同讨论选题，确定主题、方法，并做好数据、语言组织的工作，最后与学生确定完成时间节点。为避免学生拖延的情况，我认为第一是学生和导师应该加强沟通，让学生明确其与导师是一个科研共同体，学生也要主动与老师交流，共同思考问题的解决方案。第二是要守时，即使到了截止日期，研究没完成也要与老师汇报，这是诚信问题。

就论文而言，摘要是文章核心内容的凝练。日常的小论文写作，也要要求学生做规范性的摘要，按照目的、意义、过程、方法、结论的规范来写。这样就能看到这篇文章中是否使用方法，方法是否得当。大论文的摘要篇幅占比较长，更要有规范，这里就不再赘述。此外，文献综述、方法选择、研究结论和致谢的部分也都是老师们关注的重点。

高大伟老师：

写论文的过程并不容易。这个过程需要反复思考，要给学生时间结点，让学生积极主动去思考。师生关系需要共同维护。与老师积极互动可以极大提高课堂效率，学生与老师之间的知识传递量也会明显增加。因此，搞科研要能苦中作乐、注重长期积累，这样才会有收获，并在逐步攻克学术困难中建立学术自信。

2 主题2："青年档案学者"眼中的档案学未来的发展

张卫东老师：

我认为档案学目前处在一个最好的时代，也是一个最坏的时代。最好的时代，就是指学科正在形成学术共同体，同时也组建了基于青年学者，基于档案学科和图情档一级学科的民间机构，有利于与姊妹学科的融合和交叉。总体而言，整个专业的研究生态很好。从期刊文章视角上看，目前学科研究的选题百花齐放，对与专业相关的各种问题都有涉猎。从档案学教育来看，第一志愿生源的比例逐渐提高，从其他专业转入的情况增多，说明社会对档案专业的认可程度在提升。从研究本身来讲，学者能在较为透彻地认识自身学科地位、学术环境、教育转型中，通过提高研究水平，推动提升学科地位和社会地位。最坏的时代，则是面对飞速发展变化的外部环境，特别是信息技术的应用，档案专业的学科边界在模糊。不仅是档案学科，还包括图书馆学和情报学，都面临着来自于各个领域的"侵入"，特别是计算机学科的影响。要在这样的环境当中提高学科自信，且能快速有效地回应变化，是很具有挑战性的。

这要求我们坚守专业的源问题，无论是应用何种技术、与谁交叉融合，都要基于学科本源、基于特有馆藏。坚守档案馆藏内容的揭示和开发是去利用、去跨界、去合作、去融合的基点。这是学科发展的重要抓手。

任越老师：

诚然，档案学科现在的社会认同还没有很大的改善，大众对于档案专业的固有的认知尚待开发。这需要档案机构采取切实行动，让大众能够真正知道和了解档案工作，从而逐渐减少社会公众对档案行业或者档案学专业的误解。

目前，很多高校在推行档案学专业培养方案的改革。在原有课程体系当中增加了很多对档案行业来说不那么明显的课程，如人力资源管理、大数据技术等。我认为这些课程的引入对我们档案专业来说是好事，有助于档案专业主动去了解其他专业或学科的知识和方法。档案学科没有方法和基础理论的言论，一方面是因为其不够了解档案学学科，另一方面是学科自身并没有将其核心内容传播出去。档案学界如此，档案行业亦是如此。

高大伟老师：

档案学的未来需要每一个档案人坚持不懈的努力。谈到档案学的发展问题，我认为档案学现在确实是机遇和挑战并存的。

先说危机，从企业角度来讲，现在企业档案工作正在转型，信息化技术也在快速发展。企业机制体制更加灵活，裁员、转岗变得常见，档案工作存在弱化、边缘化、古董化的情况。同时，信息化的发展对档案部门在数字时代的资源管控能力提出了更高的要求。冯惠玲老师认为在后保管模式下，档案部门的核心工作要点不是管理资源，而是控制资源；而档案实践部门之所以存在各种问题，也是源于管控资源能力有限。很多集团公司在做数字化管控平台，在这个过程当中，档案部门的立场、格局、角色到底应该是什么？这是一个值得思考的问题。面对已经完成数据化的产品档案、三维数据模型档案、建设项目档案，档案部门又是否有能力去管理。如果没有能力去管控，就无法整合和开发，无法凸显数据的生产能力、体现档案人员的价值。如果档案部门无法解决这些问题，在企业里就很可能被整合。事实上，在许多企业中，此前相对独立的档案机构正在逐步变为某一部门的下属部门，档案部门的独立性受到了很大影响。

从宏观层面来说，随着档案机构改革的深入，档案工作、档案行政管理及档案治理均在加强。综合档案馆更为关注文化事业，政府的工作报告中也频频出现档案，这都有利于档案部门争取新的发展机会，加强档案在文化事业中的作用。同时，处在"十三五"规划末和"十四五"规划初，档案数据化战略、在现有体制下建立健全档案管理体系、推动管理能力和治理能力现代化等问题也备受关注。

在任何时刻，危机和机遇都是共存的。无论何时，我们都要坚持，要守正创新，尤其是要加强科研。当下面对的问题，仅靠单纯的工作是无法解决的，必须要去深入研究以实现档案工作的转型与发展。而在这个过程中，不仅个人能得到发展，而且也会对企业的战略转型工作有所助力。档案学未来可期、大有作为，但关键还是要档案人主动担当，勇于作为、敢于创新，真正把成绩做出来。我想这就是所有档案人秉持的报国精神、担当精神和使命责任。

3 主题3：彼此支持，共同发展的档案学

主持人：

无论是"危"还是"机"，我们都可以看到有一个很明显的困境，就是针对档案学这一较小的学科，很多学校都会出现因为师资匮乏或者学校整合等问题，影响整个档案学科发展的现象，所以我想请三位老师和大家分享一下，你们希望去打造一个什么样彼此支持和共同发展的档案学？

高大伟老师：

每一个选择档案学专业并把大好青春奉献给这个学科的档案学人，都时刻思考着学科建设和社会实践问题，我认为这是非常可敬和可爱的，希望大家在未来的学习中能够与老师和实践部门多交流，能够乐观团结、彼此支持。或许会出现不同的学术观点、不同的研究倾向或是决策思路，这些都是可以相互交流、探讨和商榷的，因为大家有着共同的目标和愿景。同时，我希望大家在研究中都能培养问题意识、专业思维和反思精神，在不断提升学术素养中共同促进档案学科的发展。

任越老师：

我认为档案学科团体是一个关系十分融洽且十分团结的学术共同体。这种学术共同体在上一代，也就是20世纪60年代出生的那一批资深学者们身上已经形成并牢固，这一代也基本上传承了这种情谊。2014年举办的"首届青年档案学者论坛"，为我国的青年档案学者创造了一个平台，每年都会有新的面孔加入进来。在这个平台当中，青年学者们能够共同成长，而且通过这个平台，也建立了很好的学术沟通机制，使档案人之间的学术情谊由此得到最大化的延续。这些群体的存在其实标志着中国档案青年学者们的关系和情谊，所以我也希望能够看到更多在读的硕士和博士同学，投身于档案学专业的发展中。

张卫东老师：

我有两个体会和想法，第一是入了档案门就是档案人。对于大一的新生，建议你们要为学科的壮大贡献自己的力量。无论是奔走呼号地宣传，还是脚踏实地做研究，都要为学科的发展做自己的贡献。第二个观点是，在这样一个相对复杂的环境中，要形成学科学术共同体。大家要在一起互相支持，在每个人的能力范围之内，在每个层次上发挥自己作用，以此逐步扩大档案学科影响力。学科的发展离不开老一代档案学前辈的拓荒和耕耘，也离不开中青年老师们的努力，更希望有更多的后浪为之付出。

主持人：

非常感谢各位老师，祝老师和同学们"国际档案日"快乐！

溯清宫档案之百年沧桑，创史学研究之万世辉煌

——李国荣老师"清宫档案与清史研究"讲座纪要

高雅婷

（辽宁大学历史学院　沈阳　110136）

摘　要： 中国第一历史档案馆副馆长李国荣老师在辽宁大学历史学院作的"清宫档案与清史研究"学术讲座，共分六大主题，他深入解读了清宫档案与清史研究的千丝万缕的关系，并为未来的档案史学研究指明了研究方向，提出了全新课题。

关键词： 清宫档案　清史　内阁大库　档案编纂

2020 年 6 月 24 日晚 19：00—21：00，辽宁大学历史学院在腾讯会议（会议 ID：187909787）平台举办了题为"清宫档案与清史研究"的学术讲座。本次讲座由中国第一历史档案馆副馆长、《历史档案》杂志社社长李国荣老师主讲，除了辽宁大学历史学院的师生外，还有两百余人共同参与了此次讲座。讲座内容精彩丰富，信息量巨大。

1　清宫档案的历史沧桑

清宫档案与殷墟甲骨、敦煌藏经并称为 20 世纪初中国古代文化的三项重大发现，其数量庞大、内容丰富、研究价值高，但始终经历坎坷与磨难。在

作者简介： 高雅婷（1997—），女，江苏盐城人，辽宁大学历史学院档案学专业硕士研究生，主要研究方向为清代地方档案整理与研究。

讲座一开始，李国荣老师就为我们详细阐述了清宫档案曾经面临的几次重大危机：19世纪英法联军火烧圆明园、八国联军侵华导致大量档案惨遭浩劫；光绪二十五年（1899）30万件内阁大库档案被朝廷以无用、占地之由火烧；民国初年的八千麻袋事件；抗战期间，这批珍贵的清宫档案更是先后经历了三次辗转迁移，最终才得以留存于世。另外，李馆长还大致梳理了中国第一历史档案馆的发展沿革史，为我们展示中国第一历史档案馆在不同历史时期的名称变化与所属机构。最后，李国荣老师指出，历史上清宫档案的沧桑舛厄与国家民族命运息息相关，而清宫档案历经劫难仍能幸存于世，实属中华民族的文化幸事。

2 清宫档案与国学大师的情缘

民国时期，鲁迅、王国维、蔡元培、郭沫若等诸多国学大师都给清宫档案予以了高度关注和重视。鲁迅在教育部任社会教育司科长期间曾多次接触大内档案，1928年撰文《谈所谓"大内档案"》犀利指责官僚政客对历史档案的极端不负责任的态度和公开盗窃的行为。王国维在充当溥仪南书房行走期间也曾接触过大内档案，先后发表《内阁大库书发现》《库书楼记》《最近二三十年中国新发现之学问》三篇文章向社会推介明清档案。蔡元培在任北京大学校长期间，召集胡适、李大钊等学者组成档案整理委员会，对内阁大库档案整理刊布；在创立中央研究院任院长及担任故宫文献馆理事长期间，他极力筹款为中央研究院历史语言研究所购入八千麻袋档案，使这部分内阁大库档案最终得以保存。傅斯年得知"八千麻袋"事件后，多方奔走呼号，并且成立明清史料编刊会，编选出10编《明清史料》。郭沫若为中国第一历史档案馆赠诗题名。李国荣老师指出，国学大师们对清宫档案的关注和重视，充分反映了国人对民族文化珍存的敬重；而清宫档案的艰辛面世，也成就和增添了国学大师的辉煌。

3　清宫档案造就清史专家

如果说民国时期的国学大师们对发现清宫档案是充满惊奇的珍视与敬重，那么清宫档案则造就了一批又一批当代的清史专家，他们以档治史的辉煌成果和群体感悟深刻揭示出清史研究离不开清宫档案。李国荣老师在该部分向我们列举出多位清史专家对清宫档案的态度：中国史学会会长戴逸教授曾经直言"离开了档案就不可能做严肃的深入的研究。所以第一历史档案馆是我们巨大的历史文化宝库，有着几乎取之不尽的文化资源和历史材料"；南开大学副校长郑天挺教授认为"离开了历史档案无法研究历史"；中央民族大学王钟翰教授曾直言"如果没有档案，我就没有发言权"。此外，冯尔康、朱诚如等诸多著名学者的研究均表明：历史档案的充分利用，是开展史学研究的重要前提。在讲解过程中，李国荣老师还辅以和珅犯罪全案档中的和珅家产记录、内务府活计档中的雍正炼丹记录、雍正时期档案中的乾隆生母记载三个实例，形象而又生动地向我们展示了原始档案在史学研究活动中的重要价值。

4　清宫档案是清史工程的基石

我国古代素来有"盛世修史""隔代修史"的优良传统。民国初年，北洋政府曾经设立清史馆专门编修清史，历经 14 年最终撰成《清史稿》。虽然《清史稿》使用了清国史馆历年所搜集的各种史料，但基本上没有使用清宫秘藏的大内档案，结果出现了许多历史上的错讹而遭后人诟病。2002 年，党中央、国务院作出了开启清史工程、重新纂修清史的重大决定。国家清史工程启动之初，就确定了"档案先行"的学术部署，即把历史档案的整理利用这样一件重要而艰巨的基础性工作放在首位。中国第一历史档案馆也始终积极支持、大力配合，李国荣老师向我们详细讲述了清宫档案服务于清史工程的四个主要方面：一是专项档案整理，二是专题档案出版，三是主体编撰项目，四是项目成果审核。在这一服务过程中，清宫档案与清史工程互惠互利：一方面，数量庞大、内容丰富的清宫档案成为这一国家学术工程的基石，为编修清史提供了史料保障和资源支撑；另一方面，清史工程大大推动了清宫档案的整理开发和业务建设。中国第一历史档案馆更是搭乘了清史工程的专列，从基础整理到专项出版，从承担撰写到专家审读，在服务和参与清史工程中推出一大批优秀的业务成果，大大提升了兰台学术水平。

5　清宫档案编纂出版的百年辉煌

百年来特别是近四十年来，清宫档案作为国家重要的历史文化资源被持续不断地深层发掘。李国荣教授将清宫档案的百年编纂出版史分为三个阶段，分别是拓荒管理时期（1925—1948 年）、奠定基础时期（1949—1980 年）、全面服务时期（1981—2020 年）。在此期间，中国第一历史档案馆在档案文种的系列出版、档案专题的系列编撰、档案丛刊的系列刊布及清宫档案的研究等方面都取得了丰硕的研究成果，共计编纂出版明清档案史料 243 部 3704 册，为明清历史研究奠定了厚实的资料基础，也为社会各界的文化建设提供了珍贵的文献基石。在档案的出版中，李馆长向我们介绍了明朝档案、清帝上谕档、清帝起居注、朱批奏折系列、军机处随手登记档、军机处电报等系列档案的主要编纂成果；在档案专题的系列编纂中，李馆长为我们罗列了中国台湾专题档案、西藏专题档案、新疆专题档案、东北专题档案、西南专题档案、粤港澳专题档案、清代历史人物专题档案、清宫史专题档案、中外关系专题档案等不同专题的档案编纂成果。除此之外，李馆长还向我们展示了一百年来中国第一历史档案馆依据清宫档案所出版的档案丛刊、研究文集、学术著作和主创的文献纪录片等。李馆长指出：清宫档案的整理开发，既是社会各界共同合作的成果，又是中国传统文化走向世界的缩影，同时也是国家文化事业大发展的历史必然。

6　清宫档案走进信息时代

20 世纪 50 年代末，计算机的出现和逐步普及，使得信息的数量、信息传播的速度、信息的重要性等都呈现几何倍数增长，人类进入了前所未有的信息时代。陈旧的档案纸张并未淹没在全新的技术环境中，反而迸发出了更加绚烂的火花。截至 2020 年，中国第一历史档案馆馆藏清宫档案共计 1065 万件，其中实现数字化的档案有 789 万件，实现数字图像查阅利用 420 万件，实现网上远程检索档案目录 370 万件，实现全文数据检索七大专项档案，实现满文软件开发。清宫档案与数字化技术完美结合，明清档案事业走进了新时代，而中国第一历史档案馆也与新时代同行，面向未来、面向社会、面向世界，全面致力于构建信息时代的文化理念、推进国家宝藏的全面开发、提升中华文化的国际合作。

讲座结束后，各位老师和同学就自己的困惑和李国荣老师展开了交流互动。有同学提问该如何对档案中存在的修改或者杜撰的现象进行有效甄别，李国荣老师表示：档案是原始资料的原始资料，搞史学研究离不开档案。但是，部分档案的记录确实存在好大喜功、隐恶扬善的现象。我们在学术研究中首先要尽量选用最原始未经加工的一手资料，其次是要结合文献、方志等多种史料，多方查阅对比，仔细考证档案内容的可信度，避免孤证，唯有如此方能真正做到去伪存真、去粗取精。赵彦昌老师与李馆长也就"应当如何改善高校档案学专业与档案馆实践工作严重脱节"这一问题展开交流。李馆长表示：当前高校档案教育与档案实践工作脱节的问题确实存在。大学是培养档案学专业学生的主要基地，但与此同时，学校也还应该把档案馆的实际工作操作经验转化为治学理论，适度引入教学，从而使档案学专业的学生更好地适应新时代的档案工作。针对这一问题，一方面，高校可以经常邀请档案实践工作者到校内召开讲座，及时为同学们引入档案实践一线的工作成果和工作经验；另一方面，也可以把学生定期带进档案馆，引导他们积极参与档案实践工作。

最终，本次讲座于当晚 21：00 圆满结束，我院师生向李国荣老师热情的分享与生动的讲解致以感谢，同时也热烈欢迎李老师有机会能亲自来辽宁大学，在历史档案的开发利用和史学研究等方面为我们作进一步指导！

第七届全国高校青年档案学者学术论坛综述

高振华

（四川大学公共管理学院　成都　610065）

摘　要：第七届全国高校青年档案学者学术论坛于 2020 年 11 月 6 日在四川大学召开，论坛主题为"跨界与融合：档案事业的发展展望"。会议围绕数据范式与档案管理的数字转型、多元技术与档案工作的数字赋能、我国档案事业的前沿探索、档案事业跨界融合的多元路径等展开探讨，为青年档案学者交流研究成果、推进理论创新搭建了平台。

关键词：跨界融合　档案事业　档案学　青年档案学者

2020 年 11 月 6 日，由四川大学主办、四川大学公共管理学院承办的"第七届全国高校青年档案学者学术论坛"在成都市科华苑宾馆隆重举行。该届论坛以"跨界与融合：档案事业的发展展望"为主题。四川大学副校长姚乐野教授，四川省档案馆副馆长周书生，四川大学公共管理学院院长史云贵教授，教育部档案学教指委副主任委员、中山大学大数据研究院院长陈永生教授，教育部档案学教指委秘书长、中国人民大学信息资源管理学院党委书记徐拥军教授，辽宁大学中国档案文化研究中心主任、辽宁大学历史学院档案学系主任赵彦昌教授，教育部档案学教指委副主任委员、四川大学公共管理学院乔健教授出席论坛开幕式。来自中国人民大学、南京大学、武汉大学、南开大学、山东大学、辽宁大学等全国各地 20 余所高校及四川省档案馆、《北京档案》杂志社等单位的 170 余名学者参与此次论坛，共谋档案事业发展

作者简介：高振华（1999—），男，山东潍坊人，四川大学公共管理学院 2017 级档案学本科生，主要研究方向为档案信息开发与利用。

契机，共探档案学科生存之道。

上午的开幕式由乔健教授主持，姚乐野副校长、周书生副馆长、史云贵院长分别致辞，欢迎莅临蓉城的青年档案学者并预祝此次论坛取得圆满成功。开幕式结束后，与会代表合影留念。

主旨报告环节，周书生副馆长作题为"新时代档案馆的文化使命与担当"的主旨报告，指出新形势下国家综合档案馆应深入贯彻习近平总书记关于档案工作和文化建设的重要论述，并从省档案馆开展文化建设的实际工作切入，认为当前工作尚存在资源分散、共享不足，创新不够、手段滞后，开放不足、利用受限等问题，提出要在档案宣传、档案编研、档案展览、档案影视和工作机制等方面彰显新作为。陈永生教授作题为"走向融合：档案事业发展的开放与包容"的主旨报告，他从档案的本质出发，分析了业界思维定势的形成，探讨了在数字转型背景下档案概念外延不断扩展、边界日益模糊的困境中档案部门如何转变思维，明确档案的"确定性"与"不确定性"，以开放包容的姿态迎接变化、应对挑战。徐拥军教授作题为"后现代档案学理论批判"的主旨报告，论述了后现代档案学理论的核心内容，认为后现代档案学理论突出不确定性致使档案客观性的迷失、倡导无中心意识致使档案整体的碎片化、推崇解构主义致使档案叙事的游戏化、主张多元价值观致使档案文本意义的颠覆，提出要通过强化档案资政、注重档案发声、敢于档案亮剑、推进档案育人等措施发挥档案价值。赵彦昌教授作题为"多元视角下清代档案整理与研究的思考"的主旨报告，分析了档案馆对清代档案的整理、编纂与出版及档案学家对清代档案的研究现状，从历史学、法学、经济学、民族学尤其是档案学等多元视角对清代档案整理与研究工作进行了详细梳理与总结。

下午，四大分会场同步会议。分会场一的主题为"数据范式与档案管理的数字转型"，会议上半场由吉林大学管理学院邓君教授主持。西藏民族大学管理学院赵生辉教授作题为"档案领域本体数据集衍生证据价值实现机理探析"的发言，中国人民大学信息资源管理学院师资博士后祁天娇作题为"档案数据化：从机器可阅读到机器可理解"的发言，四川大学公共管理学院蔡娜副教授作题为"'数据库'时代的档案叙事功能与转型研究"的发言。会议下半场由云南大学历史与档案学院系主任胡莹副教授主持。中国人民大学信息资源管理学院副院长牛力副教授作题为"打开尘封的文化宝库"的发言，四川大学公共管理学院赵跃副研究员作题为"'档案数据'一词的使用语境与学科内涵"的发言，山东大学历史文化学院许晓彤助理研究员作题为"电子文件证据性概念模型研究"的发言。

分会场二的主题为"多元技术与档案工作的数字赋能"，会议上半场由上海大学图书情报档案系周林兴教授主持。四川大学公共管理学院周文泓副教授作题为"计算档案学：三层理解逻辑"的发言，武汉大学信息管理学院档案与政务信息学系副系主任王平副教授作题为"档案智慧化服务平台关键技术及应用：档案基础业务平台构建"的发言，云南大学历史与档案学院黄体杨副教授作题为"数字时代个人存档面临的挑战及破解逻辑：基于档案工作者访谈记录的扎根理论研究"的发言。会议下半场由北京联合大学应用文理学院谢永宪教授主持。华中师范大学信息管理学院院长助理陈慧副教授作题为"AI赋能档案收集与整理：工程档案智能收整平台设计"的发言，西北大学公共管理学院李姗姗副教授作题为"数字人文视域下电影档案资源的建构与开发"的发言，南开大学商学院白文琳讲师作题为"档案部门参与政府治理现状调查与评析"的发言。

分会场三的主题为"我国档案事业的前沿探索"，会议上半场由南昌大学人文学院聂云霞教授主持。黑龙江大学信息管理学院朱天梅副教授作题为"档案学专业课程游戏化教学思维及应用"的发言，郑州航空工业管理学院信息管理学院高大伟副教授作题为"档案虚拟仿真实验教学改革研究与实践"的发言，南京大学信息管理学院2019级博士研究生张帆同学作题为"治理视阈下档案社会组织研究：基本内容、发展现状及未来趋向"的发言，南京大学信息管理学院2018级博士研究生古琬莹同学作题为"口述档案资源建设实践特征、问题与对策分析：基于口述档案资源建设数据分析"的发言。会议下半场由河北大学管理学院李颖副教授主持。北京联合大学应用文理学院房小可副教授作题为"档案学科视角下社会记忆构建框架研究"的发言，广西民族大学管理学院徐辛酉副教授作题为"企业形象塑造中的档案支撑模式"的发言，郑州大学信息管理学院常大伟讲师作题为"新修订档案法配套制度建设的基本思路与重点内容"的发言。

　　分会场四为学生会场，主题为"档案事业跨界融合的多元路径"。会议上半场由四川大学公共管理学院系主任王萍副教授主持，吉林大学管理学院宋雪雁教授点评。中国人民大学信息资源管理学院2019级硕士研究生龙家庆同学与2020级硕士研究生姚静同学作题为"加拿大国家图书档案馆（LAC）参与数字政府建设的实践与启示"的发言，河北大学管理学院2019级硕士研究生谢巍弘同学作题为"基于数字人文的档案信息传播优化研究"的发言，四川大学公共管理学院2020级硕士研究生马晓玥同学作题为"基于PDCA的馆藏档案破损评估模型构建与实证研究"，山东大学历史文化学院2019级硕士研究生魏亮亮同学作题为"数字人文视域下的档案知识服务模式转型研究"。王萍副教授和宋雪雁教授分别就以上四位同学的论文展开点评，认为论文选题均具有创新性、趣味性，论证过程严谨，研究思路清晰，研究内容具有富集性，可以深入研究和发掘，也希望在各位同学们的努力下让学术研究变得有趣、轻盈。会议下半场由黑龙江大学信息管理学院任越教授主持，西北大学公共管理学院王铮副教授点评。云南大学历史与档案学院2019级博士研究生何志丽同学作题为"我国图情档领域新冠肺炎相关研究综述"的发言，中国人民大学信息资源管理学院2020级硕士研究生陈怡同学作题为"新西兰档案行政监管体系的特点及启示"的发言，四川大学公共管理学院2020级硕士研究生代林序同学作题为"信息贫困视域下青少年社交媒体信息管理现状研究"的发言，郑州航空工业管理学院信息管理学院2019级硕士研究生蒋雪洁同学作题为"基于数字人文的少林档案信息资源建设初探"的发言。任越教授和王铮副教授对四位同学的论文表示充分肯定，认为论文选题新颖独到、梳理扎实，注重运用其他学科的理论，希望同学们在现有基础上拓展出更多可发展路径，走出自己的创新之路。

　　分论坛茶歇期间，与会师生齐聚报告厅浏览学术海报并积极互动提问，交流学术成果，活跃学术氛围。本届论坛的召开为广大青年档案学者交流研究成果、推进理论创新搭建了平台，取得了丰硕成果。会议最终确定第八届全国高校青年档案学者学术论坛将于2021年在黑龙江大学举办。

《中国档案研究》（第十辑）稿约

　　《中国档案研究》由辽宁大学中国档案文化研究中心主办，中心主任赵彦昌教授担任主编，以为档案学界奉献高水平的学术研究成果为最终目标，从2017 年开始每年出版两辑，每辑 20 万字左右，第十辑截稿时间为 2021 年 6月 30 日，欢迎国内外高校档案学专业师生、档案馆同仁惠赐佳作。

　　1. 《中国档案研究》实行双向匿名评审制，论文须符合学术规范，严禁抄袭及剽窃他人成果，如有以上学术不端行为，一经发现，论文不予录用并在两年内不接受该作者投稿。论文选题以档案学学科范围的学术论文为主。论文作者以不超过三人为宜，尤喜独撰。

　　2. 论文基本格式项目包括：题名、署名、单位（注明单位、城市、邮编）、中文摘要（150 字左右）、中文关键词（3～5 个）、正文、注释（注明引用页码，使用脚注、自动生成，不影响排版串页，每页重新编号，使用①②③编号）、作者简介（可附作者小传，注明单位、籍贯、职务、职称、学历、代表作及主要研究方向）等，整体篇幅以万字左右为宜，特别优秀稿件则不限字数。论文结构层次一般以三个层次为限，用"1"、"1.1"、"1.1.1"表示。

　　3. 来稿一律使用脚注（即页下注），注释著录方式参照《信息与文献参考文献著录规则》（GB/T7714－2015）。

　　主要举例如下：

　　（1）学术论文类。

　　①赵彦昌，李兆龙．吐鲁番文书编纂沿革考（上）［J］．档案学通讯，2013（6）：95.

　　（2）著作类。

①赵彦昌．中国古代档案管理制度研究［M］．北京：人民出版社，2011：36．

（3）学位论文类。

①戴旸．基于群体智慧的非物质文化遗产档案管理研究［D］．武汉：武汉大学，2013：9．

（4）报纸类。

①陈继齐．海南省档案馆与都市报联合开发档案信息资源［N］．中国档案报，2007－3－19（2）．

（5）析出文献（论文集类）。

①周林兴．基于信息生态视域的档案信息资源开发研究［C］//赵彦昌．中国档案研究（第二辑）．沈阳：辽宁大学出版社，2016：97－109．

因为网络文献的不稳定、不确定性，所以建议学术论文尽量少用或不用网络文献。

4．请务必注明作者地址（细化到门牌号）、邮政编码、工作单位、固定电话/手机号、电子邮箱等，以便发快递邮寄样书，一般只发百世汇通快递。

5．《中国档案研究》仅接受电子邮箱投稿，本刊信箱：zycwxn@163.com，一般不接受纸版稿件。建议使用网易、新浪、搜狐、QQ等常用邮件系统投稿。

6．我们将以赠送样书形式支付稿酬，图书出版后赠送作者样书3册，如有作者需要更多样书，请直接与主编联系邮寄事宜。

7．为适应我国信息化建设，扩大本系列丛书及作者知识信息交流渠道，丛书中收录文章已被《中国学术期刊网络出版总库》及CNKI系列数据库收录，其中作者文章著作权使用费与稿酬一次性给付，并免费为作者提供文章引用统计分析资料。如作者不同意文章被收录，请在来稿时声明，研究中心将做适当处理。

8．我们只接收未发表稿件，不收录已经发表学术论文，另被本系列丛书收录的论文，请勿再重复发表，以免引发版权纠纷。

《中国档案研究》编辑部

2020年6月